Axel Schwarz · **Der variable Zins**

Schriften zum Wirtschaftsrecht

Band 62

Der variable Zins

Zinsanpassungsklauseln in vorformulierten Kreditverträgen

Von

Dr. Axel Schwarz

Duncker & Humblot · Berlin

CIP-Titelaufnahme der Deutschen Bibliothek

Schwarz, Axel:
Der variable Zins: Zinsanpassungsklauseln in vorformulierten Kreditverträgen / von Axel Schwarz. – Berlin: Duncker u. Humblot, 1989
(Schriften zum Wirtschaftsrecht; Bd. 62)
Zugl.: Saarbrücken, Univ., Diss., 1988
ISBN 3-428-06645-6
NE: GT

Satz: Hagedornsatz, Berlin 46
Druck: Berliner Buchdruckerei Union GmbH, Berlin 61
Printed in Germany

ISSN 0582-026X
ISBN 3-428-06645-6

Meinen Eltern

Inhaltsübersicht

Inhaltsverzeichnis

Abkürzungsverzeichnis

aA	anderer Ansicht
aaO	am angegebenen Ort
Abs.	Absatz
abw	abweichend
AcP	Archiv für die civilistische Praxis (zitiert nach Band, Jahrgang und Seite)
aE	am Ende
aF	alte Fassung
AG	Amtsgericht (zitiert mit jeweiligem Ortsnamen)
AGB	Allgemeine Geschäftsbedingungen
AGB-Banken	AGB der im Bundesverband Deutscher Banken zusammengeschlossenen Institute, aufgestellt 1937 und wiederholt geändert, ua 1955, 1969, 1976, 1977, 1984 und zuletzt zum 1.1. 1986, abgedruckt idF 1986 bei Baumbach/Duden/Hopt, HGB, 27. Aufl., 1987, AGB-Banken (8); idF 1984 abgedruckt in der dtv-Textausgabe, Bankrecht, 14. Aufl., München, 1984; zur Fassung 1977 vgl. Werhahn/Schebesta F. Textanhang 1
AGBG	Gesetz zur Regelung des Rechts der Allgemeinen Geschäftsbedingungen vom 9. 12. 1976 (BGBl I 3317)
AGB-Kreditgenossenschaften	AGB der gewerblichen und ländlichen Kreditgenossenschaften, die nahezu unverändert die AGB-Banken verwenden, idF 1977 abgedr. bei Werhahn/Schebesta F. Textanhang 2, zur AGB-Novelle 1984 siehe Ergänzung Werhahn/Schebesta, Wiesbaden, 1985
AGB-Sparkassen	AGB der Sparkassen und Girozentralen, hrsg. vom Deutschen Sparkassen- und Giroverband, nF 1975, 1977, 1983 (Text ZIP 1983, 1255) und 1.1. 1986 (Text der Änderungen Bek Nr. 81/85 7. 10. 1985 BAnz Nr. 195)
allg.	allgemein
allgM	allgemeine Meinung
Alt.	Alternative
aM	anderer Meinung
Anh.	Anhang
Anm.	Anmerkung
AP	Nachschlagewerk des Bundesarbeitsgerichts — Arbeitsrechtliche Praxis — (zitiert nach Entscheidungsnummer und Gesetzesstelle)
ArbG	Arbeitsgericht
Art	Artikel
AT	Allgemeiner Teil
Aufl.	Auflage
AVB	Allgemeine Versicherungsbedingungen
BAG	Bundesarbeitsgericht
BAGE	Entscheidungen des Bundesarbeitsgerichts (zitiert nach Band und Seite)
BAnz	Bundesanzeiger
BauR	Zeitschrift für das gesamte öffentliche und zivile Baurecht (zitiert nach Jahr und Seite)

BB	Betriebs-Berater (zitiert nach Jahr und Seite)
B.Bl.	Betriebswirtschaftliche Blätter (zitiert nach Jahr und Seite)
Bd; Bde	Band, Bände
Bek	Bekanntmachung
BGB	Bürgerliches Gesetzbuch vom 18. 8. 1896 (RGBl I 195, BGBl III Nr. 400-2)
BGBl	Bundesgesetzblatt (1949/1950; zitiert nach Jahr und Seite)
BGBl I; II; III	Bundesgesetzblatt Teil I; II; III (1951 ff; zitiert nach Jahr, Teil und Seite)
BGH	Bundesgerichtshof
BGH Warn	Warneyer, Rechtsprechung des Bundesgerichtshofs in Zivilsachen, enthaltend mit Leitsätzen versehene Entscheidungen, soweit sie nicht in der allgemeinen Sammlung abgedruckt sind, ohne Entschädigungsrecht, Landwirtschaftsrecht, gewerblichen Rechtsschutz zitiert nach Jahr, Nr. und Seite)
BGHZ	Entscheidungen des Bundesgerichtshofes in Zivilsachen (1.1951 ff; zitiert nach Band und Seite)
BT-Drucks	Bundestags-Drucksache (zitiert nach Wahlperiode und Nr.)
BVerfG	Bundesverfassungsgericht
BVerfGE	Entscheidungen des Bundesverfassungsgerichts (zitiert nach Band und Seite)
BVerwG	Bundesverwaltungsgericht
BVerwGE	Entscheidungen des Bundesverwaltungsgerichts (zitiert nach Band und Seite)
bzgl	bezüglich
bzw.	beziehungsweise
Capital	Monatlich erscheinende Zeitschrift der Gruner & Jahr AG und Co., Hamburg
cic	culpa in contrahendo
DB	Der Betrieb (zitiert nach Jahr und Seite)
ders.	derselbe
Der Spiegel	Wochenschrift des Spiegel-Verlages, Rudolf Augstein GmbH und Co. KG, Hamburg
d.h.	das heißt
Die Bank	Monatlich erscheinende Zeitschrift der Bank-Verlag GmbH, Köln
Diss.	Dissertation (zitiert Diss. mit jeweiligem Ort und Jahresangabe)
DM	Deutsche Mark
DNotZ	Deutsche Notarzeitschrift (früher Zeitschrift des Deutschen Notarvereins; zitiert nach Band und Seite)
Einl	Einleitung
Entsch	Entscheidung
entspr.	entsprechend
Entw	Entwurf
etc	et cetera
EWiR	Entscheidungen zum Wirtschaftsrecht
f, ff	folgend(e)
FamRZ	Ehe und Familie im privaten und öffentlichen Recht, Zeitschrift für das gesamte Familienrecht (zitiert nach Jahr und Seite)
FS	Festschrift
Fundst.	Fundstelle

Fußn	Fußnote
gem	gemäß
GG	Grundgesetz für die Bundesrepublik Deutschland vom 23. 5. 1949 (BGBl 1, BGBl III 1 Nr. 100-1)
ggf	gegebenenfalls
grds	grundsätzlich
hA	herrschende Ansicht
Hagenmüller I, II, III	Hagenmüller, Karl-Friedrich, Der Bankbetrieb, Band I, II, III (siehe LitV)
HBG	Hypothekenbankgesetz idF vom 5. 2. 1963, BGBl I 81
HGB	Handelsgesetzbuch vom 10. 5. 1897 (RGBl 219, BGBl III 4 Nr. 4100-1)
hL	herrschende Lehre
hM	herrschende Meinung
HRR	Höchstrichterliche Rechtsprechung (zitiert nach Jahr und Nr.)
Hrsg	Herausgeber
HS	Halbsatz
idF	in der Fassung
iE	im Ergebnis
iS; iSd	im Sinne; im Sinne des, der
iVm	in Verbindung mit
JR	Juristische Rundschau (zitiert nach Jahr und Seite)
JW	Juristische Wochenschrift (zitiert nach Jahr und Seite)
JZ	Juristenzeitung (1951 ff; davor DRZ und SJZ; zitiert nach Jahr und Seite)
Kap.	Kapitel
KG	Kammergericht
KuK	Kredit und Kapital (zitiert nach Jahr und Seite)
LG	Landgericht (zitiert mit jeweiligem Ortsnamen)
Lit	Literatur
LitV	Literaturverzeichnis
LM	Lindenmaier-Möhring, Nachschlagewerk des Bundesgerichtshofes (zitiert nach Paragraph und Ordnungsziffer)
MDR	Monatsschrift für Deutsches Recht (zitiert nach Jahr und Seite)
mE	meines Erachtens
Münch-Komm	Münchener Kommentar zum Bürgerlichen Gesetzbuch (zitiert MünchKomm/Bearbeiter)
mwN	mit weiteren Nachweisen
NJW	Neue Juristische Wochenschrift (zitiert nach Jahr und Seite)
Nr.	Nummer
OLG	Oberlandesgericht (zitiert jeweils mit Ortsnamen)
Rdnr(n)	Randnummer(n)
RegE	Regierungsentwurf
RG	Reichsgericht
RGRK	Das Bürgerliche Gesetzbuch mit besonderer Berücksichtigung der Rechtsprechung des Reichsgerichts und des Bundesgerichtshofes, Kommentar, hrsg: früher von Reichsgerichtsräten, jetzt von Mitgliedern des Bundesgerichtshofes, 5 Bde, 12. Aufl., (1974 ff, zitiert RGRK-Bearbeiter)
RGZ	Entscheidungen des Reichsgerichts in Zivilsachen (zitiert nach Band und Seite)

Rspr	Rechtsprechung
S.	Seite
SAE	Sammlung arbeitsrechtlicher Entscheidungen der Vereinigung der Arbeitgeberverbände (zitiert nach Jahr und Nr.)
Sparkasse	Monatsschrift der Deutscher-Sparkassen-Verlag GmbH, Stuttgart (zitiert nach Jahr und Seite)
ua	unter anderem
uä	und ähnliches
Urt	Urteil
usw	und so weiter
uU	unter Umständen
UWG	Gesetz gegen den unlauteren Wettbewerb vom 7. 6. 1909 (RGBl 499, BGBl III 4 Nr. 43-1)
VersR	Versicherungsrecht. Juristische Rundschau für die Individualversicherung (zitiert nach Jahr und Seite)
vgl.	vergleiche
VO	Verordnung
Vorb.	Vorbemerkung
WM	Wertpapier-Mitteilungen (zitiert nach Jahr und Seite)
WuB	Wirtschaft- und Bankrecht (Entscheidungssammlung)
z. B.	zum Beispiel
Zeit	Die Zeit, Wochenblatt der Zeit-Verlag Gerd Bucerius KG, Hamburg
ZgK	Zeitschrift für das gesamte Kreditwesen (zitiert nach Jahr und Seite)
Ziff	Ziffer
ZIP	Zeitschrift für die gesamte Insolvenzpraxis (zitiert nach Jahr und Seite)
ZPO	Zivilprozeßordnung idF vom 12. 9. 1950 (BGBl I 535, BGBl III 3 Nr. 310-4)
ZRP	Zeitschrift für Rechtspolitik (zitiert nach Jahr und Seite)

1. Problemstellung

Wer sich die Diskussion um die Wirksamkeit von Ratenkreditverträgen, Zinsberechnung nach Kreditkündigung und Tilgungsverrechnungsklauseln vergegenwärtigt[1], wird nicht umhinkommen, von einem Umbruch des Bankrechts zu sprechen. Sind Banken betroffen, handelt es sich fast durchweg um Themenbereiche, in denen die beteiligten Kreise, aber auch die Öffentlichkeit besonders sensibel reagieren[2]. Banken nehmen in unserer Wirtschaftsordnung eine Sonderstellung ein[3]. Zur Gewährleistung des Gläubiger- und Funktionenschutzes im Kreditwesen existiert eine Vielzahl von Sicherungsinstrumenten[4], die anderen Branchen fremd sind. Der unternehmerische Erfolg der Banken beruht dabei nicht zuletzt darauf, daß es ihnen weithin gelungen ist, durch vorsichtige Geschäftspolitik nicht nur Verluste zu vermeiden, sondern die zur Existenzsicherung erforderlichen Gewinne zu erzielen. Von der juristischen Diskussion bisher weitgehend vernachlässigt dient diesem Ziel auch der variable Zins, durch den sich die Bank das Recht einräumen läßt, den Preis ihrer Ware Kapital einseitig verändern zu können. Bis zum Urteil des BGH vom 6. 3. 1986 — III ZR 195/84 (München) —[5] waren die Konturen dieses Rechtsgebietes nur andeutungsweise zu erkennen. Aber auch nach diesem Urteil sind mehr Fragen offengeblieben, als dies wünschenswert sein kann. Mit der vorliegenden Arbeit soll daher ein Versuch unternommen werden, eine Gesamtdarstellung der für die Praxis bedeutsamen Probleme des variablen Zinses zu geben. Diese Untersuchung erstreckt sich insbesondere auf

— die Darstellung der rechtlichen Bedeutung des Zinses sowie des Zinssatzes mit bankbetriebswirtschaftlichem Bezug (Kapitel 2.1 und 2.2),

---

[1] Vgl. z. B. die Kolumnen von Löwe ZIP 1986, 163 und Mundorf ZIP 1987, 139.

[2] Vgl. z. B. „Der Spiegel" Nr. 26, 40. Jahrg., 23. 6. 1986 S. 40ff mit der Überschrift „Im Gewinnrausch: die fetten Banken", und Nr. 15, 41. Jahrg., 6. 4. 1987, S. 58ff; oder auch „Neue Revue" Nr. 43, 18. 10. 1985 mit der Überschrift „Banken machen Riesen-Reibach — Sparer sind die Dummen!"; Schirmacher, in Capital (Heft 12), 1984, S. 249, Elbern/Moll, in Capital (Heft 1), 1985, S. 43f; Blohm, in Zeit, 19. 9. 1986, S. 29f; Friedel, in Stern, 20. 11. 1986, S. 98ff; Zeitschrift der Stiftung Warentest, „test", 22. Jahrg., April 1987, Heft 4, S. 14ff; Müller, Die Banken verdienen prächtig und die Kunden zahlen die Zeche, FR 19. 4. 1986, S. 5.

[3] Vgl. z. B. Obst/Hintner, 37. Aufl., S. 109ff; Bieg, Bankbilanzen und Bankaufsicht, 1983, S. 19 im Hinblick auf die Eigenkapitalausstattung der Kreditinstitute; vgl. auch Tabelle in Die Bank, 1986, S. 651ff.

[4] Vgl. Bieg aaO S. 36ff.

[5] BGHZ 97, 212 = NJW 1986, 1803 = WM 1986, 580 = MDR 1985, 826 = ZIP 1986, 698 = BB 1986, 1874 = DB 1986, 1276 = WuB I E 1. — 13.86 Stützle; EWiR § 315 BGB 1/86, 653 (Köndgen) = Sparkasse 1986, 318.

— der Strukturierung der Zinsanpassungsklauseln (Kapitel 2.3),
— die Grundprobleme der Wirksamkeit von Zinsanpassungsklauseln aus AGB-, währungs- und preisordnungsrechtlicher Sicht (Kapitel 3),
— die rechtliche Behandlung unwirksamer Zinsanpassungsklauseln, insbesondere mit Blick auf eine Aufrechterhaltung durch ergänzende Vertragsauslegung (Kapitel 4), und schließlich
— die materiellen und prozessualen Rechtsanwendungsprobleme, unter Berücksichtigung des § 315 BGB (Kapitel 5 und 6).

Dabei wird nicht verkannt, daß sich die Bankpraxis der Zinsanpassung weithin nicht an juristischen Gesichtspunkten orientiert, sondern vielfältigen kapitalmarktbedingten Zwängen, aber auch Möglichkeiten unterliegt. Dies kann jedoch nicht bedeuten, daß dieser wirtschaftlich so bedeutsame Bereich rechtsneutral zu behandeln ist. Die vorliegende Arbeit richtet sich an alle, die in der Rechtsanwendung mit Problemen des variablen Zinssatzes befaßt werden,
— den Bankjuristen, der Zinsanpassungsklauseln formulieren muß,
— den Rechtsanwalt, der die Wirksamkeit einer Zinsanpassung zu rechtfertigen oder anzugreifen hat,
— den Richter, der nicht nur über Wirksamkeit oder Unwirksamkeit zu entscheiden hat, sondern gegebenenfalls selbst einen angemessenen Zinssatz festsetzen muß, aber auch
— an die juristische Forschung, der sich mit der Aufarbeitung all dieser Probleme ein weites Betätigungsfeld erschließen wird.

2. Grundlagen

Das Verständnis der Wirkungsweise von Zinsanpassungsklauseln setzt eine Beschäftigung mit deren Gegenstand voraus. Es ist zunächst zu klären, was unter Zins und Zinssatz juristisch und bankbetriebswirtschaftlich zu verstehen ist[1].

2.1 Zins im Rechtssinn und Zinssatz

Der Zins im Rechtssinne stellt aus der Sicht des Darlehensnehmers das Entgelt für die Kapitalnutzung dar, aus der Sicht des Darlehensgebers das Entgelt für die Kapitalentbehrung[1]. Dieser Preis wird bemessen nach dem Zinssatz, der seinem Wesen nach einen Zinsanspruchsberechnungssatz darstellt[2]. Dieser besteht in einem Bruchteil des überlassenen Kapitals[3] und bemißt sich nach der Laufzeit des Darlehens[4]. Er wird proportional der Zeitdauer geschuldet. Periodizität ist dabei nicht konstitutiv für den Zinsbegriff[5].

---

[1] Zur Unterscheidung von Zins im wirtschaftlichen und im rechtlichen Sinne vgl. z. B. Oesterreich WM 1979, 822; RGZ 86, 399, 401.

[1] Zur Entwicklung des Zinsbegriffes vgl. Staudinger/Karsten Schmidt, 12. Aufl., § 246 BGB Rdnr 7 mwN; aus der Rechtsprechung RGZ 89, 399, 400; 118, 165, 166: „Entgelt für die Einräumung des Kredits"; RGZ 160, 78, 86: „Vergütung für den Gebrauch, nicht die Überlassung des Kapitals"; RG HRR Bd. 16 (1940) S. 544; BGH BB 1975, 1129, 1130; NJW 1979, 540, 541; NJW 1979, 2092, 2093; aus der Literatur Palandt/Heinrichs, 46. Aufl., § 246 BGB Anm 1; MünchKomm/von Maydell, 2. Aufl., § 246 BGB Rdnrn 3 — 9, insbes. 6; Gabler, Wirtschafts-Lexikon S. 2411; Bank-Lexikon Sp. 2047; Seidenzahl, Bank- und Börsenlexikon, 2. Aufl., S. 362; Oesterreich WM 1979, 822; ders. MDR 1979, 13, 14; ders. MDR 1979, 13, 14; Belke BB 1968, 1219, 1221; Canaris NJW 1978, 1892; Vallenthin, Rechtsgrundlagen des Bankgeschäfts, 1974, S. 50: „Preis der Überlassung des Gebrauchs des Kapitals"; Jährig/Schuck, Handbuch des Kreditgeschäfts, 4. Aufl., S. 106: „Entgelt für Geldbeschaffungskosten"; noch anders Steppeler Sparkasse 1986, 121, 122: Entgelt für die „tatsächliche" Kapitalnutzung; Soergel/Lippisch/Häuser, 11. Aufl., § 608 BGB Rdnr 1; Erman/Schopp, 7. Aufl., § 608 BGB Rdnr 1; Erman/Sirp aaO § 246 BGB Rdnr 2; Cahn/Farrenkopf ZIP 1986, 416, 418; MünchKomm/Westermann § 608 BGB Rdnr 1; ders. zum Kreditgeschäft Rdnr 10 vor § 607 BGB; vgl. auch Baums WM Sonderbeilage Nr. 2/1987 S. 8; zur Bedeutung der Tilgung in diesem Zusammenhang siehe Löwe NJW 1987, 937, 939.

[2] Vgl. Oesterreich MDR 1979, 13, 14; Baums WM Sonderbeilage Nr. 2/1987 S. 3.

[3] Vgl. Oesterreich WM 1979, 822; ders. MDR 1979, 13, 16; Palandt/Heinrichs, 46. Aufl., § 246 BGB Anm 1; RGZ 1986, 399, 400f; von Maydell, Geldschuld und Geldwert, S. 209ff.

[4] Vgl. Oesterreich WM 1979, 822; ders. MDR 1979, 13, 16; Palandt/Heinrichs, 46. Aufl., § 246 BGB Anm 1.

[5] Vgl. Palandt/Heinrichs, 46. Aufl., § 246 Anm 2; Belke BB 1968, 12, 19f mwN; Canaris NJW 1978, 1891; Larenz AT § 12 VIII; RGZ 108, 285.

Wenn auch die Zinszahlungspflicht selbst keine Essentiale des Darlehensvertrages[6] darstellt, so ist jedenfalls bei allen verzinslichen Krediten die Hauptleistung des Darlehensnehmers geprägt durch die Zins- und Tilgungssätze als wesentlichen Eckpfeilern der Leistungsverpflichtung[7]. Die Vereinbarung des Zinssatzes stellt somit eine Vereinbarung über die Höhe der Gegenleistung des Darlehensnehmers dar[8]. Die Zinssatzangabe in Prozent gibt dabei als Preiszähler den Nominalzinssatz wieder. Daneben wird die Höhe des zu zahlenden Zinses in der Bankpraxis auch durch die Wahl der Preisbezugsbasis bestimmt[9]. Durch Einbeziehung der Faktoren der Preisbezugsbasis soll der Effektivzinssatz wiedergegeben werden. Die hierdurch bedingte Problematik hat zur erbitterten Diskussion der Wirksamkeit von Zinsberechnungsklauseln geführt[10].

Welcher Zinssatz vereinbart ist, ist durch Auslegung zu ermitteln. Nennt die Vertragsurkunde einen effektiven Zinssatz iSd § 4 der Preisangabenverordnung[11], so ist dieser als vereinbart anzusehen[12]. Fehlt in der Vertragsurkunde allerdings die Angabe eines effektiven Jahreszinses, sollte der Nominalzinssatz als vereinbart angesehen werden[13]. Ebenso ist bei Annuitätendarlehen ohne

---

[6] Vgl. Schmuck BB 1986, 1794, 1795.

[7] So LG Stuttgart NJW 1987, 657 = DB 1987, 271 mit Anm Brych = WM 1987, 68 = ZIP 1987, 27 = BB 1987, 430 = WuB I E 4. — 2.87 Bruchner = EWiR § 9 AGBG 2/1987, 7 Häuser (Zinsberechnung bei Annuitätendarlehen, Wirksamkeit bejaht, Urteil vom 23. 12. 1986 — 25 O 539/86); vgl. ferner Oesterreich WM 1979, 822, 823; BGH WM 1967, 321, 323; Canaris NJW 1978, 1891, 1895.

[8] Vgl. Brych DB 1987, 42.

[9] Vgl. Krümmel, Bankzinsen S. 45; Baums WM Sonderbeilage Nr. 2/1987 S. 1.

[10] LG Stuttgart aaO (Fußn 7) und NJW 1987, 193 = ZIP 1986, 1315 = BB 1987, 428 = WM 1986, 1432 = WuB I E 4. — 1.87 Fischer = EWiR § 9 AGBG 21/86, 1053 Köndgen; OLG Frankfurt a. M. DB 1987, 42 mit Anm Brych; OLG Köln ZIP 1987, 25; Canaris NJW 1987, 609 ff; Kollhosser ZIP 1986, 1429 ff; Schmuck BB 1986, 1794 ff; Baums WM-Sonderbeilage Nr. 2/1987; Bader BB 1986, 534 ff; ders. BB 1986, 1797 ff; ders. BB 1987, 348 ff; Löwe NJW 1987, 937 ff; Trinkner/Wolfer BB 1987, 425 ff; Köndgen NJW 1987, 106 ff; Schreiben des Finanzministeriums Baden-Württemberg vom 18. 2. 1987 — U 4300 — 28/87, ZIP 1987, 571 mit Anm Löwe; LG Frankfurt WM 1988, 613; jetzt entschieden durch BGH, Urt. v. 24. 11. 88 — III ZR 188/87 (Stuttgart) — NJW 1989, 222.

[11] Verordnung zur Regelung der Preisangaben vom 14. 3. 1985, BGBl I 580, in Kraft insoweit seit 1. 9. 1985; vgl. dazu Boest NJW 1985, 1440, 1441; Kunz MDR 1985, 539, 541; Gimbel/Boest, Die neue PAngV 1985, § 4; die Ausführungshinweise der Wirtschaftsministerien der Länder zur PAngV 1985, abgedruckt bei Gimbel/Boest 1 b, Anhang 2 S. 83 ff; ferner Baums WM Sonderbeilage Nr. 2/1987 S. 4 und 14.

[12] Für diesen Fall vgl. Canaris NJW 1987, 609, 614; vgl. auch OLG Köln ZIP 1987, 25, 26 unter Einbeziehung des Tilgungsplans, allerdings zweifelhaft, da der Tilgungsplan regelmäßig erst nach Abschluß des Kreditvertrages erstellt wird; zur Berechnungsmethode als Rechtsfrage vgl. Staudinger/K. Schmidt, 12. Aufl., § 246 BGB Rdnr 157; vgl. ferner Büschgen BB-Beilage 9/1984 S. 8 zur Bedeutung und S. 6 zur Ermittlung des richtigen Effektivzinssatzes.

[13] BGH NJW 1979, 805, 807 = LM BGB § 138 (Bc) Nr. 18 spricht insoweit von einem „Darlehensvertrag ohne Vereinbarung eines effektiven Jahreszinses".

Angabe eines Effektivzinssatzes als Hauptpreisabrede nur die Vereinbarung des Nominalzinses anzusehen[14].

Welche rechtliche Bedeutung zusätzlich formulierten Klauseln zukommt, die etwa wie Zinsberechnungsklauseln den vereinbarten Zinssatz abändern, oder aber wie Zinsanpassungsklauseln abändern können, ist dann zu prüfen, wobei es zunächst gleichgültig ist, ob diese Klauseln im Ergebnis zu einer Änderung des vereinbarten Nominal- oder Effektivzinssatzes führen. Es ist ja durchaus der Fall denkbar, daß die Vertragsurkunde einen effektiven Zinssatz nennt, der nicht durch die Anwendung der Zinsberechnungsklauseln gedeckt ist. Bei der Ermittlung dessen, was eigentlich als Zinssatz vereinbart ist, wird es auch nicht entscheidend darauf ankommen können, ob dem Nominalzins ein Indizwert[15] für den Effektivzins zukommt. Auf die dadurch bedingten Fragestellungen wird in Zusammenhangen mit dem Bezugspunkt der Zinsanpassungsklausel (unten 2.3.3.1) und der Frage nach der Wirksamkeit der Zinsanpassungsklausel im Hinblick auf das AGBG (unten 3.1) eingegangen werden. An dieser Stelle soll nur insoweit angemerkt werden, daß aus der Qualifizierung der Zinssatzvereinbarung als Preisabrede folgt, daß jedenfalls diese einer Angemessenheitskontrolle nach den § 9ff AGBG entzogen ist, wie sich aus § 8 AGBG ergibt[16].

Zinsen werden, abgesehen von den Fällen gesetzlicher Grundlage, kraft vertraglicher Vereinbarung geschuldet[17], wobei im Bankwesen zwischen Aktiv- und Passivzinsen zu unterscheiden ist, d.h. zwischen Sollzinsen, die die Bank erhält, und Habenzinsen, die die Bank z.B. für Einlagen an den Kunden zu vergüten hat[18]. Im allgemeinen wird die Höhe des zu zahlenden Zinssatzes im Kreditvertrag ausgewiesen, beim variablen Zins mit einer Änderungs- bzw. Anpassungsmöglichkeit. Die Zinshöhe kann auch stillschweigend vereinbart sein[19]. Bei Fehlen einer Vereinbarung sehen die ABG der Banken vor, daß für Privatkunden der „Preisaushang-Regelsätze im standardisierten Privatkundengeschäft" und ergänzend das „Preisverzeichnis" maßgebend sind, Ziffer 14 (2) S. 1 AGB-Banken, und im übrigen der Zinssatz durch die Bank im Rahmen des billigen Ermessens nach § 315 BGB zu bestimmen ist, Ziffer 14 (2) S. 2 und 3, (3)

---

[14] So Kollhosser ZIP 1986, 1429, 1436.

[15] Vgl. Brych DB 1987, 271 in seiner Kritik an Köndgen NJW 1987, 160.

[16] Vgl. Kollhosser ZIP 1986, 1429, 1436; Soergel/Ursula Stein, 11. Aufl., § 8 AGBG Rdnr 9; Löwe/von Westphalen/Trinkner, § 8 AGBG Rdnr 2; Staudinger/Schlosser, 12. Aufl., § 8 AGBG Rdnrn 2, 3 und 6; Schlosser ZIP 1985, 449, 453; Trinkner/Wolfer NJW 1987, 425, 428; Baums WM Sonderbeilage Nr. 2/1987 S. 9, 10; auch LG Heidelberg ZIP 1987, 629 zur Wertstellungsklausel, dazu OLG Karlsruhe ZIP 1987, 1443 = EWiR § 9 AGBS 3/88, 105 (H. P. Westermann), und jetzt: BaH Urt. v. 17. 1. 1989 — XI ZR 54/88 — ZIP 1989, 154ff = NJW 1989, 582f.

[17] Vgl. statt aller MünchKomm/von Maydell, 2. Aufl., § 247 BGB Rdnrn 17 — 19.

[18] Vgl. z.B. Schoenle, Bank- und Börsenrecht, 3. Aufl., S. 82ff zum anwendbaren Zinsrecht; Bank-Lexikon Sp. 2048.

[19] Vgl. Vallenthin aaO S. 50; zu den Grenzen siehe MünchKomm/von Maydell, 2. Aufl., § 246 BGB Rdnr 26.

AGB-Banken (gleichlautend AGB-Kreditgenossenschaften) und Ziffer 9 (3) AGB-Sparkassen[20]. Die Höhe der Zinsvergütung muß nicht unwandelbar feststehen[21], kann z. B. von wechselnden Umständen bestimmt sein, wie z. B. dem Bundesbank-Diskontsatz[22], wie auch von anderen Faktoren, auf die im Rahmen der Erörterung der Zinsanpassung (insbesondere in Kapitel 5) einzugehen sein wird. In einzelnen ist, insbesondere was Kreditgebühren und laufzeitunabhängige Leistungen angeht, vieles umstritten[23]. Auf diese Fragen kommt es jedoch im Zusammenhang mit der Erörterung der Zinsanpassung nicht an.

2.2 Zins im betriebswirtschaftlichen Sinn

Unentbehrlich für das Verständnis des Anpassungsmechanismus bei Zinsanpassungen ist der wirtschaftliche Kontext[1]. Es ist daher zu erörtern, aus welchen Bestandteilen der Zins wirtschaftlich gesehen besteht, und wie er zu kalkulieren ist[2].

2.2.1 Bestandteile des Zinses

Als Preis bildet sich der Zins nach allgemeinen marktmäßigen Gesetzen[3], beinhaltet demnach einen Ausgleich für die dem Darlehensgeber entstehenden Kosten sowie einen Anteil zur Deckung des durch die Kreditgewährung geschaffenen Risikos, und sollte darüberhinaus auch einen Gewinn beinhalten[4].

2.2.1.1 Kosten

Auf der Kostenseite ist zum einen der durch den Geschäftsbetrieb und zum anderen der durch die Refinanzierung bedingte Aufwand zu unterscheiden. Auch wenn letzten Endes der Wettbewerb über die Höhe der Zinsen entscheidet, sind dennoch alle Kreditkosten in die Sollzinsen einzubeziehen[5].

---

20 aA noch: Schinnerer, Bankverträge, Teil 1, 2. Aufl., S. 181: nur „gesetzmäßige" Zinsen sollen geschuldet sein; Knüppel, Der Kreditvertrag, Diss., Greifswald, 1919, S. 43, wonach (außer im HGB-Bereich) bei Fehlen einer Vereinbarung über den Zins die Vermutung gelten soll, daß die Zinshöhe durch den jeweiligen Lombardsatz zuzüglich eines Aufschlages bestimmt sein soll; vgl. auch Palandt/Heinrichs, 46. Aufl., § 246 BGB Anm 3b.

21 Vgl. Oesterreich MDR 1979, 13, 14, zugleich zum Problem der Verbücherung.

22 Vgl. RGZ 118, 156; BGH LM § 247 BGB Nr. 2.

23 Vgl. nur Palandt/Heinrichs, 46. Aufl., § 246 BGB Anm 1; Scholten NJW 1968, 385.

1 Zur wirtschaftstheoretischen Begründung des Zinses vgl. z. B. Bank-Lexikon Sp. 2047.

2 Siehe auch Scholz ZIP 1986, 545, 546.

3 Vgl. z. B. Bank-Lexikon Sp. 2047.

4 Vgl. schon RGZ 118, 165, 167, vollständiger tabellarischer Überblick über die Zins- und Zinsstrukturtheorien bei Ippisch, Bankbetriebliches Zinsspannenmanagement, Diss., Wien, 1984, S. 132-135; vgl. auch Zimmerer Kreditwesen, 1985, S. 21 ff.

2.2.1.1.1 Betriebsaufwand

Als einem wirtschaftlichen Unternehmen erwachsen der Bank Betriebsaufwendungen, d.h. Aufwendungen für die Produktivfaktoren Arbeit und Betriebsmittel. Diese nicht direkt einer Sparte des Aktivgeschäftes zuzuordnenden Kosten machen im Durchschnitt ca. 30% der Gesamtkosten aus[6]. Die Betriebsaufwendungen in diesem Sinne stellen den Oberbegriff dar für die Personalaufwendungen, die sachlichen Geschäftsaufwendungen sowie die Abschreibungen auf das betriebliche Sachanlagevermögen[7]. Besondere Kostenbelastungen können einen erhöhten Effektivzins bedingen[8].

2.2.1.1.2 Refinanzierung

Die Refinanzierungskosten werden im allgemeinen als wesentlicher Faktor des Zinses sowie als dessen Untergrenze angesehen[9]. Die Mittelbeschaffung erfolgt durch Eigen- und Fremdfinanzierung[10]. Die Kreditinstitute erhalten Zinsen für gewährte Kredite (Sollzinsen) und zahlen selbst Zinsen für Einlagen und sonstige fremdbeschaffte Mittel (Habenzinsen). Für die Rentabilität des Geschäftsbetriebes ist erforderlich, daß der Sollzinssatz den Habenzinssatz übersteigt (positive Zinsspanne)[11].

Auch wenn in einer marktwirtschaftlichen Ordnung die Preisbildung primär nicht nach Kostenfaktoren erfolgt, sondern von Angebot und Nachfrage beeinflußt wird[12], ist an dieser Stelle die Erkenntnis wichtig, daß das Zinsverhalten auf der Aktivseite wesentlich bestimmt wird durch die Passivverzinsung[13]. Der allgemeine Liquiditätsgrundsatz[14] verlangt, daß das Aktivgeschäft dem Passivgeschäft entsprechen muß[15]. Die Verschiedenartigkeit der Refinanzierungsstruktur der einzelnen Kreditgeber bedingt erhebliche Unterschiede in den

---

[5] Vgl. Bank-Lexikon Sp. 2049; Scholz ZIP 1986, 545, 546 und 556; zur Kalkulation der Mindestmarge vgl. Schlenzka, in Innovationen im Kreditmanagement, 1985, S. 42ff.

[6] So Schlenzka aaO S. 42, 46.

[7] Vgl. z.B. Hagenmüller III S. 120f; zum Anteil des Nichtrefinanzierungsaufwandes am Gesamtaufwand vgl. auch Scholz ZIP 1986, 545, 553, insbesondere zu Verzugsfall. Zu Verwaltungsaufwand und kalkulatorischen Kosten vgl. auch Reifner ZIP 1987, 545, 547 mwN.

[8] Vgl. Staudinger/K. Schmidt, 12. Aufl., § 246 BGB Rdnr 136 mwN.

[9] Vgl. Steffan, Handbuch des Real- und Kommunalkredits, 2. Aufl., S. 443.

[10] Vgl. Hagenmüller I S. 223ff.

[11] Vgl. Vallenthin aaO S. 70; vgl. auch § 11 KWG und die Grundsätze des Bundesaufsichtsamtes für das Kreditwesen abgedruckt bei Szagunn/Wohlschieß, 4. Aufl., Anhang zu den §§ 10 und 11 KWG.

[12] Vgl. in anderem Zusammenhang Ulmer BB 1982, 1125, 1126.

[13] Vgl. Hagenmüller III S. 333; Herbst in Handbuch des Real- und Kommunalkredits (HRSG. Steffan) S. 669.

[14] Vgl. die Darstellung bei Scholz ZIP 1986, 545, 547.

[15] Vgl. Terpitz, Festschrift für Johannes Bärmann, 1975, S. 953, 954 mwN.

Kapitalbeschaffungsrisiken und Kapitalbeschaffungskosten[16]. Das Risiko veränderter Refinanzierungsbedingungen kann sowohl durch einen kalkulatorischen Aufschlag als auch durch Zinsanpassungsklauseln berücksichtigt werden[17].

2.2.1.1.2.1 Eigenfinanzierung

Die Aufbringung eigener Mittel erfolgt durch das haftende Eigenkapital[18]. Wenn auch das Eigenkapital das günstigste Finanzierungsmittel darstellt, weil hierfür keine Zinsen zu zahlen sind, muß doch berücksichtigt werden, daß im allgemeinen auch für einen Teil des Eigenkapitals (Grund- bzw. Stammkapital) Gewinnausschüttungen erwartet werden, die der Höhe des investierten Kapitals angemessen sein sollen. Hinsichtlich der zum Eigenkapital zu rechnenden und im wesentlichen durch Selbstfinanzierung gebildeten gesetzlichen und freien Rücklagen liegt der Fall insofern anders, als dafür keine Gewinnausschüttungen vorgenommen zu werden brauchen. Tatsächlich werden aber auch hierfür Gewinnausschüttungen erwartet[19].

2.2.1.1.2.2 Fremdfinanzierung

Das Passivgeschäft erfolgt durch Sicht- und befristete Verbindlichkeiten, durch Spareinlagen[20], sowie durch Rediskontierung von Wechseln und Akzepten und durch Lombardierung von Wertpapieren[21]. Hinzu kommt die Ausgabe von Pfandbriefen und Kommunalobligationen[22].

Bei gleicher Fristigkeit der Mittel liegen die Zinssätze für aufzunehmende Gelder höher als für Einlagen. Der Grund hierfür ist, daß der Kreditsuchende sich in der Regel in einer schwächeren Position befindet[23].

Beim Einlagenkapital ist zu unterscheiden zwischen echten und geschöpften Einlagen. Die echten Einlagen gehen auf Vorleistungen der Kunden zurück. Sie

---

[16] Vgl. Büschgen BB-Beilage 9/1984 S. 1f mit Tabelle 3: Anteile der Einlagen und aufgenommenen Kredite von Kreditinstituten sowie von Nichtbanken an der Bilanzsumme aufgeschlüsselt nach Bankengruppen; auch Scholten NJW 1968, 385, 386.

[17] Vgl. OLG Frankfurt NJW 1986, 1355 für Leasing.

[18] Vgl. Hagenmüller I S. 225f.

[19] Vgl. Hagenmüller III S. 335f: Leverage Effekt, wonach die Rentabilität des bestehenden Eigenkapitals solange verbessert wird und es sich lohnt, solange Fremdkapital einzusetzen, wie der Aufwand für die letzte Einheit des eingesetzten Fremdkapitals kleiner ist als der mit dem Fremdkapital erzielte Ertrag; zur Kalkulation der Eigenkapitalkosten vgl. Schlenzka, in Innovationen im Kreditmanagement, 1985, S. 42, 44ff.

[20] Vgl. Hagenmüller I S. 240ff; Systematik bei Obst/Hintner, 37. Aufl., S. 379.

[21] Vgl. Hagenmüller I S. 295; Schoenle, Bank- und Börsenrecht, 3. Aufl., S. 61 ff; zu den Refinanzierungsquellen der Banken und ihren Kosten, vgl. auch Reifner ZIP 1987, 545, 552f mwN.

[22] Vgl. Hagenmüller III S. 339.

[23] So Hagenmüller III S. 336.

entstehen aufgrund von baren Einzahlungen, Überweisungen, Gutschriften von Inkassopapieren oder verkauften Wertpapieren usw. (Spar-, Termin-, Sichteinlagen). Geschöpfte Einlagen entstehen dadurch, daß die Kreditinstitute ihren Kunden Kredite gewähren, z.B. indem das Kreditkonto belastet und das laufende Konto erkannt wird. Sie vermindern sich entsprechend dem Abzug der Kreditsumme. Auf der Möglichkeit der Einlagenschöpfung beruht die Geldschöpfungsfähigkeit des Bankensystems[24].

Zur richtigen Beurteilung der Zinssätze sind Korrekturen angebracht:
- für Sichteinlagen, Termin- und Spareinlagen sind unterschiedlich hohe Reserven bei der Deutschen Bundesbank zu unterhalten. Der Zinssatz der Einlagen erhöht sich somit kalkulatorisch um die Mindestreservekosten.
- Sichteinlagen, Termin- und Spareinlagen bewirken unterschiedlich hohe Betriebsaufwendungen[25].

Die Kreditaufnahme beim Zentralbanksystem[26] erfolgt im wesentlichen in Form der Rediskontierung von Wechseln und Akzepten sowie der Lombardierung von Wertpapieren und Ausgleichsforderungen. Sie ist in der Regel nur kurzfristig. Allerdings kann eigentlich nur die Lombardierung von Wertpapieren als Aufnahme von Fremdkapital angesehen werden, da die Rediskontierung von Wechseln und Akzepten lediglich einen Aktivtausch bewirkt, also keine Veränderung der Kapital-, sondern nur der Vermögensstruktur. Die Rediskontierung von Wechseln bei den Zentralbanken stellt jedoch eine der wesentlichen Möglichkeiten zur Beschaffung liquider Mittel dar. Der Effekt ist der gleiche wie bei der Geldaufnahme bei anderen Kreditinstituten. Diskont- und Lombardsatz werden vom Zentralbankrat festgesetzt. Daneben kann die Finanzierung durch Kreditaufnahme bei anderen Geschäftsbanken, Versicherungsgesellschaften und Privaten erfolgen, wobei die Zinssätze auszuhandeln sind[27].

Aus einer Änderung der Refinanzierungskosten, auf die die kreditgewährende Bank oft keinen Einfluß hat, folgt das Bedürfnis zu einer Anpassung des Zinses der den Kunden gewährten Kredite. Hier ist von Bedeutung, worin die hauptsächliche Kreditquelle der Bank besteht[28]. So sind, um ein Beispiel zu nennen, für Spareinlagen, der hauptsächlichen Kreditquelle der Sparkassen und Kreditgenossenschaften, erfahrungsgemäß geringere Zinsen zu zahlen als für durch Kredit aufgenommene Fremdmittel[29].

---

[24] Vgl. Hagenmüller III S. 336.

[25] Vgl. Hagenmüller aaO.

[26] Vgl. dazu Hagenmüller III S. 338.

[27] Vgl. Hagenmüller aaO: „Heißes Geld".

[28] Wie sich dies bei Zinsänderungen und deren Überprüfung auswirkt, ist in Kapitel 6.2.3 „Technik der Überprüfung" dargestellt.

[29] Vgl. Herbst aaO S. 655.

2.2.1.2 Risikoanteil

Mitbestimmend für die Höhe eines Zinssatzes sind aber auch die durch die allgemeinen wirtschaftlichen Verhältnisse bedingten Risiken[30], wie Geldentwertung, weiter die Risiken des Kreditgeschäftes im allgemeinen (besonders durch Transformationsprozesse), sowie die durch die besonderen Verhältnisse der Kreditnehmer bedingten Risiken (Ausfallrisiko)[31].

2.2.1.2.1 Kaufkraftschwund

Zu den Risiken im Geschäftsbereich der Banken gehört insbesondere auch das in- und ausländische Geldwertrisiko[32]. Das Risiko einer schleichenden Geldentwertung trägt typischerweise bei Kreditgeschäften der Kreditgeber als Geldgläubiger[33]. Auch wenn rechtstheoretisch gesehen die Zinszahlung dem Darlehensgeber keinen Ausgleich für einen Geldentwertungsverlust bieten soll, da der Zins das Entgelt für die Kapitalnutzung bzw. -entbehrung, nicht aber Entschädigung für eine wirtschaftliche Aushöhlung des Kapitals darstellt, so ist doch zumindest wirtschaftlich eine Beziehung zwischen Geldentwertung und Zinssatz herzustellen[34]. Wenn Geld abstrakte Vermögensmacht darstellt, die in Währungseinheiten verkörpert ist, so repräsentiert eine bestimmte Summe von Währungseinheiten nicht zu jedem Zeitpunkt das gleiche Maß an abstrakter Vermögensmacht, da sich dieses Verhältnis mit den Schwankungen des Geldwertes ändert[35]. Aus diesem Grund ist der Schwund der Kaufkraft ein Risiko, das bei allen Kreditgeschäften zu berücksichtigen ist. Der Kreditgeber muß ein Entgelt für die Übernahme dieses Risikos erhalten, daß die Kaufkraft der vereinbarten Geldsumme zur Zeit der Zahlung niedriger als zur Zeit des Vertragsschlusses ist[36]. Da sich eine Indexierung der Darlehensschuld im

---

[30] Zum Risikobegriff vgl. Kugler, Konzeptionelle Ansätze zur Analyse und Gestaltung von Zinsänderungsrisiken in Kreditinstituten, 1985, S. 11ff; vgl. RGZ 118, 165, 167; Hagenmüller III S. 359 ff: Übersicht über die Risiken des Bankgeschäftes; zum Umfang des Risikofaktors des notleidenden Kredits bei Ratenkreditbank vgl. Reifner ZIP 1987, 545, 546; Scholz ZIP 1986, 545, 556; ferner Steffan, Grundlagen des Realkredits in Handbuch des Real- und Kommunalkredits, 2. Auflage, Frankfurt a. M. 1977, S. 75; Büschgen, Bankbetriebslehre, Wiesbaden 1972, S. 46.

[31] Zur Risikovorsorge durch Kreditausfall- und Zinsänderungsrückstellungen im Jahresabschluß vgl. Hesberg KuK 1983, S. 31ff.

[32] Vgl. Hagenmüller III S. 355, grundsätzlich Küpper, Zinssätze bei Geldentwertungen, Frankfurt a. M., 1984.

[33] Vgl. Horn, Geldwertveränderungen, 1975, S. 17; Gerke S. 25: „Das Geldwertänderungsrisiko ist nicht eindeutig dem Schuldner oder Gläubiger aufzubürden, da weitgehend unkalkulierbar"; Thiele JZ 1971, 292; MünchKomm/von Maydell, 2. Aufl., § 244 BGB Rdnr 16 und § 246 BGB Rdnr 24; zu Geldwertänderung als Planungsrisiko vgl. Staudinger/Jürgen Schmidt, 12. Aufl., § 242 BGB Rdnrn 1148ff.

[34] Vgl. von Maydell aaO S. 209 mit anschaulichem Beispiel; auch Jahr, Gutachten 1966, BT-Drucksache V/1160 S. 178ff; Gerke, Gleitklauseln, 1980 S. 25ff.

[35] So von Maydell aaO S. 41.

Hinblick auf § 3 WährG verbietet[37], sich andererseits insbesondere bei langfristig gewährten Darlehen der juristische Aspekt der Geldentwertung ergibt[38], wird ein bestimmter Geldentwertungssatz in Form eines höheren Nominalzinssatzes jeweils von Anfang an einzukalkulieren sein[39]. Dies belegen auch die unterschiedlichen Zinssätze der Hypothekenbanken je nach Dauer der Festschreibung des Zinssatzes, auch wenn die Kreditinstitute im allgemeinen für das inländische Geldwertrisiko nur wenig anfällig sein dürften, da sich aktive und passive Geldwerte nahezu die Waage halten[40]. Versuche, das Geldwertrisiko durch echte Wertsicherungsklauseln aufzufangen, sind in der Praxis nur selten anzutreffen[41].

2.2.1.2.2 Zinsänderungsrisiko

Unter Zinsänderungsrisiken sind allgemein partielle Bankrisiken zu verstehen, deren Entstehungsursachen in Änderungen relevanter Zinssätze liegen[42]. Während mit dem Faktor der Refinanzierungskosten[43] die aktuelle Situation zum Zeitpunkt des Vertragsabschlusses wiedergegeben wird, erfaßt der Begriff des Zinsänderungsrisikos die Wahrscheinlichkeit einer Änderung dieser Situation, die bereits in der Refinanzierungsstruktur angelegt ist.

Vom Grundsatz her kann eine Bank, von Eigenkapital und unverzinslicher Barreserve einmal abgesehen, nur soviel Kredite gewähren, wie sie sich selbst Kapitalmittel im Passivgeschäft beschafft hat. Bezieht man jedoch die zeitliche Struktur der Zuflüsse und Anlagen in eine Betrachtung ein, besteht diese Übereinstimmung nicht[44]. Ein gutes Verständnis zum Einstieg in die Problema-

---

[36] Vgl. Mittelbach, Wertsicherungsklauseln S. 22, Rdnr 16.

[37] Zur Problematik siehe unten Kapitel 3.2 „§ 3 WährG".

[38] Vgl. Rasch BB 1971, 753.

[39] Vgl. Stützel, Das Mark-gleich-Mark-Prinzip, Baden-Baden 1979, S. 68f; Bank-Lexikon Sp. 2047, 2048; auch Löwe BB 1982, 152; Rudolph KuK 1979, 181, 182f mwN; RGZ 135, 56, 59; 118, 165, 167.

[40] Vgl. Hagenmüller III S. 427; zu Geldentwertung und Ertragsbesteuerung der Kapitalzinsen vgl. Bettermann ZRP 1974, 13, 17; als historische Reminiszenz in diesem Zusammenhang Herschel JW 1937, 1407: „Hypothekenzinsen in Höhe von 8 oder 9%, wie sie noch heute bei einwandfrei gesicherten Hypotheken vorkommen, stellen eine unerträgliche Belastung des Schuldners dar".

[41] Vgl. BGH WM 1959, 1198ff; LG Hamburg BB 1963, 247, 248; zum Versuch, das Risiko der Geldwertänderung durch Mindestklauseln abzuwälzen vgl. Schloz, Das Recht der Wertsicherungsklauseln seit der Währungsreform, Diss., Heidelberg, 1965, S. 70; zur Anwendung des Valorismus vgl. Bohndorf, Wertsicherungsklauseln, Diss., Hamburg, 1966, S. 14.

[42] Vgl. Kugler, Konzeptionelle Ansätze zur Analyse und Gestaltung von Zinsänderungsrisiken in Kreditinstituten, 1984, S. 132 ff, 136; engere Begriffe finden sich bei Rolfes KuK 1985, 529, 530; Rudolph KuK 1979, 181, 184ff; Dieckhöner, Rentabilitätsrisiken aus dem Hypothekargeschäft von Kreditinstituten in Zeiten der Geldentwertung, 1984, S. 180ff.

[43] Siehe oben 2.2.1.1.2 „Refinanzierung".

[44] Vgl. Scholz, Walter KuK 1979, 517, 519.

tik vermitteln die Beispiele von Scholz[45], die nachfolgend wiedergegeben werden. In diesen Beispielen wird von einer Modellbank ausgegangen, die auf der Aktivseite Kredite im Wert von 100 Mill. DM vergeben und auf der Passivseite Darlehen im gleichen Wert aufgenommen hat.

Beispiel 1:

	Betrag Mill. DM	Laufzeit Jahre	Zinssatz %
aktiv	100	10	8
passiv	100	5	6

In diesem Beispiel hat sich die Bank nur für 5 Jahre zum Zinssatz von 6% eingedeckt. Nach Ablauf der ersten 5 Jahre realisiert sich ein Zinsänderungsrisiko, wenn der im Passivgeschäft zu zahlende Zins höher ist als 6%.

Beispiel 2:

	Betrag Mill. DM	Laufzeit Jahre	Zinssatz %
aktiv	100	10	beweglich
passiv	100	10	8

Dieses Beispiel geht von einer Vereinbarung eines an den Marktzinsen orientierten Zinssatzes für das Aktivgeschäft aus. Sinkt dieser Marktzins, realisiert sich das Zinsänderungsrisiko.

Beispiel 3:

	Betrag Mill. DM	Laufzeit Jahre	Zinssatz %
aktiv	100	10	beweglich
passiv	100	5	6

In diesem Beispiel sind Fristen- und Konditionendivergenz kombiniert. Während der ersten 5 Jahre, für die sich die Bank auf Zahlung eines Passivzinses von 6 % festgelegt hat, bewirkt eine Senkung des Marktzinses die Realisierung des Zinsänderungsrisikos. Vom 6. Jahr an steht den beweglichen Aktivzinsen die Möglichkeit gegenüber, sich am Markt zu den dann geltenden Sätzen oder zu beweglichen Konditionen einzudecken.

Im Gegensatz zu der Darstellung im vereinfachten Modell, ist es in der Praxis allerdings außerordentlich schwierig zu erkennen, in welchem Umfang derartige

---

[45] Vgl. Scholz aaO S. 521 f.

Risiken konkret bestehen[46]. Ursachen und Wirkungen lassen sich vielfach systematisieren[47]. Die folgende Darstellung orientiert sich an der Arbeit von Kugler[48].

2.2.1.2.2.1 Transformationsprozesse und Inkongruenzen

Determinanten des Zinsänderungsrisikos sind neben der Entwicklung der Marktzinssätze[49] Inkongruenzen im Bereich der Aktiv- und Passivstrukturen[50]. Solche Inkongruenzen entstehen durch banktypische Transformationsprozesse zur Beseitigung von qualitativen Diskrepanzen in Kapitalangebot und -nachfrage[51].

(1) Losgrößentransformation[52]:
Kreditoren stellen Mittel in anderen Betragshöhen zur Verfügung als Debitoren sie nachfragen (z.B. werden Spareinlagen in größere Aktivkredite transformiert).

(2) Raumtransformation[53]:
Gemeint ist damit die Überbrückung regionaler, nationaler oder internationaler Divergenzen.

(3) Artentransformation[54]:
Die juristische Qualität angebotener und nachgefragter Finanzmittel wird verändert, indem z.B. Beteiligungstitel in Forderungstitel und umgekehrt umgewandelt werden.

(4) Zeittransformation[55]:
Kapitalnachfrage und -angebot treten zu unterschiedlichen Zeiten auf, z. B. wenn Bereitstellung und Auszahlung von Krediten zeitlich auseinanderfallen.

(5) Quantitätstransformation[56]:
Gemeint ist damit die „Kreditschöpfungskapazität", die es Kreditinstituten ermöglicht, ein höheres Gesamtvolumen an Kapitalnachfrage zu befriedigen, als das Passivkreditangebot zu leisten in der Lage wäre.

---

46 Vgl. Scholz aaO S. 523.

47 Vgl. z.B. Rudolph KuK 1979, 181, 185ff; Dieckhöner aaO S. 230 ff, 317ff.

48 Kugler aaO (Fußn 1) S. 152ff.

49 Vgl. Kugler, Konzeptionelle Ansätze zur Analyse und Gestaltung von Zinsänderungsrisiken in Kreditinstituten, 1984, S. 157ff.

50 Vgl. Kugler aaO S. 170ff.

51 Vgl. Kugler aaO S. 171 mwN.

52 Vgl. Kugler aaO S. 171.

53 Vgl. Kugler aaO.

54 Vgl. Kugler aaO.

55 Vgl. Kugler aaO S. 172.

56 Vgl. Kugler aaO.

(6) Fristentransformation[57]:
Sie resultiert daraus, daß im Falle vergleichsweise kürzerfristiger Kreditlaufzeit zur Finanzierung der längerfristig verwendeten Vermögensgegenstände eine Anschlußfinanzierung erforderlich wird[58].

(7) Risikentransformation[59]:
Die Bank übernimmt Risiken, und transformiert sie, indem sie sie in reduziertem Umfang weitergibt.

Die dadurch bedingten Inkongruenzen lassen sich wie folgt beschreiben:

(a) Fristeninkongruenzen[60]:
Die unterschiedliche Fristigkeit von angebotenen und nachgefragten Finanzmitteln zwingt die Banken zu Fristentransformation. Von positiver Fristentransformation spricht man, wenn die Laufzeit von Aktivpositionen größer ist als die von Passivpositionen. Umgekehrt spricht man von negativer Fristentransformation, wenn die Laufzeit von Aktivpositionen kürzer als die von Passivpositionen ist. Folge der positiven Fristentransformation ist insbesondere das Geldanschlußrisiko, das sich realisiert, wenn die Substitution bzw. Prolongation von Einlagen nicht oder nur zu einem erhöhten Zins möglich ist[61]. Das in diesem Zusammenhang mit der Kreditgewährung von den Banken übernommene Risiko besteht im Zinssteigerungsrisiko bei längerfristiger Ausleihung vergleichsweise kürzerfristiger Einlagen. Soweit die Zinsen der erforderlichen Refinanzierung den Eigenzins der zu finanzierenden Vermögensdispositionen übersteigen, kann es zu Eigenkapitalverlusten kommen[62]. Bei fast allen großen Zusammenbrüchen waren kurzfristig aufgenommene Mittel langfristig gebunden[63]. Entsprechend beanstandet das Bundesaufsichtsamt die langfristige Kreditvergabe mit festem Zinssatz, wenn diese nur aus Mittel mit variablem Zins refinanziert wird[64].

(b) Zinskonditioneninkongruenzen[65]:
Sie entstehen durch unterschiedliche Konditionsvereinbarungen im Aktiv- und Passivgeschäft. So können einerseits variable Zinsen vereinbart sein, die

---

[57] Vgl. Kugler aaO.

[58] Vgl. Bieg, Bankbilanzen und Bankaufsicht, 1983, S. 8ff; Szagunn/Wohlschieß, 4. Aufl., 1986, § 11 KWG Rdnr 7; auch die Beispielsfälle 1 und 3 oben bei 2.2.1.2.2.

[59] Vgl. Kugler aaO S. 172f.

[60] Vgl. Kugler aaO S. 174.

[61] Vgl. Kugler aaO S. 175; Bieg aaO S. 10.

[62] Vgl. Bieg aaO S. 10.

[63] Vgl. Kühnen, Festschrift zum 70. Geburtstag von H. Rittershausen, 1968, S. 145, 147; zur Realisierung diesesRisikos im Fall der Herstatt-Bank vgl. Blei, Früherkennung von Bankenkrisen, Diss., Berlin, 1984, S. 157ff.

[64] Vgl. Nielsen, Das Bankrecht, 4. Aufl., 1978, S. 153 unter Hinweis auf das Rundschreiben (Az I 1-31-2/77) der Präsidentin des Bundesaufsichtsamtes für das Kreditwesen vom 23.11.1977, auch abgedruckt bei Kugler aaO S. 131 f.

[65] Vgl. Kugler aaO S. 182.

die Anpassung an das Marktzinsniveau ermöglichen sollen, und zum anderen feste Zinssätze für eine im voraus bestimmte Laufzeit (Zinsbindungsfrist) fixiert sein. Das oben genannte Beispiel 2[66] weist eine solche Konditioneninkongruenz auf.

(c) Kündigungsinkongruenzen[67]:
Aktiv- bzw. Passivgeschäft wird hierbei nach den Laufzeiten der Kredite differenziert. Es lassen sich planmäßige Tilgungsmodalitäten (Tilgung am Laufzeitende, Ratentilgung, Annuitäten) und außerplanmäßige (vgl. §§ 247, 609a BGB) unterscheiden.

(d) Volumeninkongruenzen[68]:
Je nach dem Umfang der jeweils relevanten Festzinsgeschäfte läßt sich ein volumensmäßiger Aktivüberhang (Finanzierungs- oder Deckungslücke) oder ein volumensmäßiger Passivüberhang (Anlagelücke) unterscheiden.

Alle Arten von Inkongruenzen treten in der Praxis vielschichtig kombiniert auf[69]. Die rechnerische Erfassung des Zinsänderungsrisikos gestaltet sich daher äußerst schwierig. Hinzu kommt als typisches Dilemma der Zinsrisiko-Analyse, daß sich Zinsänderungsrisiken durch bloße Umkehr der Zinstrends in Zinsänderungschancen verwandeln und umgekehrt[70].

2.2.1.2.2.2 Liquiditätspolitik durch Zinsanpassungsklauseln

Es fehlt nicht an Versuchen, ein Instrument zur Beurteilung des Zinsänderungsrisikos einer Bank zu schaffen[71]. Bis heute existiert jedoch kein einheitlich anerkanntes Konzept zur Quantifizierung, Beurteilung und Steuerung von Zinsänderungsrisiken[72]. Alle Modelle stellen hohe Anforderungen an Problemadäquanz und Praktikabilität[73]. Das gesamte Zinsänderungsrisiko zu einem Stichtag soll in kompakter Form anhand einer Zielgröße quantifiziert werden[74].

Die theoretischen Ansätze zur Analyse von Zinsänderungsrisiken sind vielfältig. Während Rolfes[75] vier Grundkonzeptionen unterscheidet, sind es bei Kugler[76] allein sieben bilanzorientierte und zwei algebraische Ansätze, unter Hinzufügung seiner konzeptionellen Erweiterung[77].

---

66 Siehe oben 2.2.1.2.2.

67 Vgl. Kugler aaO S. 186ff.

68 Vgl. Kugler aaO S. 194.

69 Vgl. Kugler aaO S. 197.

70 Vgl. Kugler aaO S. 200: „Ambivalenter Charakter von Zinsänderungen".

71 Vgl. Wondrak KuK 1986, 401ff.

72 Vgl. Wondrak aaO; Schmidt, Hartmut KuK 1981, 249.

73 Vgl. den Kriterienkatalog von Kugler aaO S. 212 mit Abb. 24.

74 So Wondrak KuK 1986, 401f.

75 Rolfes KuK 1985, 529ff.

76 Kugler aaO S. 218ff.

Alle diese Verfahren sind Entscheidungshilfen der Liquiditätspolitik, d.h. des Bemühens, unter Wahrung der Rentabilität allen Zahlungsansprüchen gerecht werden zu können[78]. Sie stellen gegenüber früheren Methoden, wie z.B. der „Goldenen Bankregel“[79], dem Deckungsprinzip[80], bzw. Kongruenzprinzip[81] einen Fortschritt dar.

Allerdings ist aus juristischer Sicht Kritik angebracht. Prämisse der bankbetrieblichen Rechnungsverfahren ist, daß Zinsanpassungsklauseln die Anpassung an den Marktzins erlauben und deshalb mehr oder weniger risikofrei seien[82]. Zinsanpassungsklauseln können jedoch Zinsänderungsrisiken nur dann völlig ausschließen, wenn sie eine jederzeitige Anpassung in beliebiger Höhe erlauben würden[83]. Davon kann spätestens seit dem Urteil des BGH vom 6. 3. 1986[84] nicht mehr ausgegangen werden. Zwar lassen Zinsänderungsklauseln[85] eine jederzeitige Anpassung zu, die allerdings durch eine kapitalmarktbedingte Änderung der Refinanzierungssituation bedingt und der Höhe nach sich an dem Ausmaß der Änderung orientieren muß. Eine Anpassung kann daher nicht „beliebig“ sein, weder was den Zeitpunkt angeht, noch die Ursache oder den Umfang. Für Zinsgleitklauseln, die eine automatische Anpassung an eine Referenzgröße vorsehen[86], traf diese Voraussetzung ohnedies nicht zu[87]. In

---

[77] Vgl. Kugler aaO S. 261 ff; neben den dort beschriebenen Verfahren sind in jüngster Zeit hinzugekommen: Das Konzept der Zinserfolgselastizität, vgl. Rolfes Kuk 1985, 529 ff und das dynamische Simulationsmodell von Dieckhöner, Rentabilitätsrisiken aus dem Hypothekargeschäft von Kreditinstituten in Zeiten der Geldentwertung, 1984, S. 218 ff; vgl. auch die vergleichende Darstellung von Wondrak Kuk 1986, 401 ff, der wiederum die Durations-Analyse befürwortet, die Schmidt, Hartmut KuK 1981, 249 ff und Rudolph KuK 1979, 181 (Kapitalwertmethode) vertreten.

[78] Zu den Finanzierungsgrundsätzen vgl. Szagunn/Wohlschieß, 4. Aufl., § 11 KWG Rdnr 19 ff.

[79] wonach sich Kapitalbeschaffung und -verwendung in ihren Fristen entsprechen müssen, vgl. Hagenmüller III S. 360.

[80] das auf ein Gleichgewicht zwischen Aktiv- und Passivgeschäft abzielt, vgl. Fehl, Systematik des Rechts der Allgemeinen Geschäftsbedingungen, 1979, S. 184; von der Decken ZgK 1971, 672, 677.

[81] das zu untergliedern ist in eine Refinanzierungs-, Umlauf- und Laufzeitkongruenz, vgl. Fehl aaO; Szagunn/Wohlschieß aaO und Rdnr 25; Büschgen, Bankbetriebslehre, S. 557; im Grundsatz anerkannt durch die Neuregelung des § 609 a BGB vgl. Rottenburg WM 1987, 1, 5; siehe auch § 9 Abs. 1 a HBG.

[82] Vgl. Schmidt, Hartmut KuK 1981, 249, 258; Scholz, Walter KuK 1979, 517, 523 (Anm. zu Beisp. 5); vorsichtig formuliert bei Kugler aaO S. 315 Fußn 3; Rolfes KuK 1985, 529, 535, der die Vernachlässigung variabler Zinsänderungsrisiken zwar kritisiert, aber mit Blickrichtung auf die einschränkende Verzinsung des Eigenkapitals.

[83] Vgl. Kugler aaO.

[84] III ZR 195/84 — BGHZ 97, 212 ff (weitere Fundst. siehe Kap. 1 Fußn 5); siehe auch 3.1.5.3 „Bestimmtheitsgrundsatz“ und 2.3.3.3 „Auslegung“.

[85] Im hier verstandenen Sinn, vgl. 2.3.1.1.2 „Zinsänderungsklausel“.

[86] Siehe 2.3.1.1.1 „Zinsgleitklausel“.

[87] Vgl. Kugler aaO mwN.

diesem Zusammenhang zeigt sich allerdings eine Schwachstelle des zitierten Urteils des BGH vom 6. 3. 1986. Es ist nämlich nicht eindeutig zu bestimmen, was unter „kapitalmarktbedingten Wandlungen der Refinanzierungsmöglichkeiten“[88] zu verstehen ist, im Gegensatz zu „Gründe der innerbetrieblichen Kalkulation (unabhängig von einem Wechsel ihrer Refinanzierungsbedingungen)“[89], die eine Anpassung nur erlauben, wenn dies besonders vereinbart ist. Betrachtet man die im vorigen Abschnitt dargestellten Transformationsprozesse und die dadurch bedingten Inkongruenzen, wird sich allgemein formulieren lassen:

— Eine Zinsanpassung aufgrund von Zinsänderungsklauseln ist nur möglich, wenn zwischen Vertragsabschluß und Anpassungszeitpunkt eine relevante Änderung des Marktzinses eingetreten ist, der kausal die Refinanzierungssituation des Kreditgebers beeinflußt.

— Reine Realisierung von Risiken aus Inkongruenzen rechtfertigt danach keine Zinsanpassung.

2.2.1.2.3 Ausfallrisiko

Neben dem passiven Kreditrisiko[90] z. B. der Fristentransformation[91] steht das aktive Kreditrisiko[92] des Kreditausfalls als ein dem Geldgeschäft immanentes Risiko[93]. Es realisiert sich, wenn Kreditnehmer den Kredit, entsprechend Zinsen, Provision und Gebühren, nicht oder nicht fristgerecht zurückzahlen, und ist abhängig vom Sicherungsgrad der Kreditforderung[94]. Ihm wird entgegengewirkt unter Beachtung der Vorschriften des KWG, der Grundsätze der Sparkassen und Mustersatzungen, der Empfehlungen des Deutschen Genossenschaftsverbandes etc.[95] durch Kreditwürdigkeitsprüfung[96], durch Kreditüberwachung[97], aber auch durch Risikoabwälzung[98]. Im letztgenannten Sinne stellt es ein für die Zinshöhe mitbestimmender Faktor dar[99]. Bei der

---

[88] Vgl. BGH aaO S. 222 (siehe Fußn 14).

[89] Vgl. BGH aaO.

[90] Vgl. Hagenmüller III S. 419.

[91] Siehe 2.2.1.2.2 „Zinsänderungsrisiko“.

[92] Vgl. Hagenmüller III S. 409.

[93] Vgl. Büschgen, Bankbetriebslehre, S. 557.

[94] Vgl. Büschgen, BB-Beilage 9/1984 S. 3.

[95] Vgl. Hagenmüller III S. 410f.

[96] Vgl. Hagenmüller III S. 414.

[97] Vgl. Hagenmüller III S. 417.

[98] Vgl. Hagenmüller III S. 410f; Rudolph KuK 1979, 181, 183 mwN; zur Kalkulation der Kreditrisikokosten vgl. Schlenzka, Innovationen im Kreditmanagement, 1985, S. 42, 46ff.

[99] So schon RGZ 118, 165, 167; vgl. Reifner ZIP 1987, 545, 546, wonach der notleidende Kredit als Risikofaktor der normalen Kreditherauslage mitberechnet werden muß; zur These von der Abgeltung des Risikos im Zins vgl. Wilhelm KuK 1982, 572ff.

Kreditvergabe können sowohl die wirtschaftlichen Verhältnisse des Kundenkreises im allgemeinen (drohender oder realisierter Ausfall) als auch die speziellen wirtschaftlichen Verhältnisse des um einen Kredit nachsuchenden Kunden berücksichtigt werden[100]. Einerseits sind Kreditnehmer geringerer Bonität eher bereit höhere Zinsen zu vereinbaren als solche fragloser Bonität[101]. Zum anderen werden über die Ausweitung der Zinsspanne auch weitere Risiken, z. B. des Auslandsengagements, abgedeckt[102]. Je nach Schwerpunkt des Kreditgeschäfts ergeben sich für die einzelnen Kreditinstitute unterschiedliche Risikostrukturen[103]. Ausfallrisiken lassen sich durch variable Zinssatzklauseln jedenfalls in der bisher gebräuchlichen Form nicht auffangen[104].

2.2.1.3 Gewinn

Jede unternehmerische Tätigkeit zielt neben Risikominimierung vornehmlich auf Gewinnmaximierung[105]. Dies gilt auch für die Banken[106]: Bei der Kalkulation des Zinssatzes ist ein angemessener Gewinnzuschlag zu berücksichtigen[107].

Das Gewinnstreben ist darauf gerichtet, einen in Geld ausgedrückten Überschuß der Erträge über die Aufwendungen zu erzielen[108]. Ein gemeinwirtschaftliches Wirtschaftsprinzip, das grundsätzlich auf Kostendeckung einschließlich eines Risikozuschlags ausgerichtet ist und auf Erzielung von darüberhinausgehenden Gewinn verzichtet, ist auch bei Kreditinstituten nicht anzutreffen[109]. Von den produktiven Faktoren Arbeit, Betriebsmittel und Kapital kommt in diesem Zusammenhang gerade dem Kapital die Funktion eines selbstständigen produktiven Faktors zu[110]. Für diesen Produktivfaktor Kapital sind Aufwendungen in Form von Zinsen und Provisionen zu erbringen, neben anderen Geschäftsaufwendungen[111], während Erträge aus dem Einsatz des Kapitals in Form von Zinsen, Provisionen und Gebühren anfallen[112].

---

[100] Vgl. Becker WuB I A — 1.85.

[101] Vgl. Büschgen, BB-Beilage 9/1984 S. 3 und 15; Staudinger/Karsten Schmidt, 12. Aufl., § 246 BGB Rdnr 135.

[102] Vgl. Interview des Sparkassen-Präsidenten Helmut Geiger in „Der Spiegel", Nr. 26, 40. Jahrg. 23. 6. 1986, S. 52f.

[103] Vgl. Büschgen, BB-Beilage 9/1984 S. 12f: „Risikostruktur als Heterogenitätsfaktor".

[104] Vgl. insbes. 2.3.1.1.2 „Zinsänderungsklausel" und 5.1.1.1.2 „Sonstige Realisierung von Risiken".

[105] Vgl. Ulrich, Festschrift zum 70. Geburtstag von H. Rittershausen, 1968, S. 171, 173.

[106] Vgl. Bericht der Studienkommission, S. 156 Rdnr 509; Büschgen S. 45, 49.

[107] Vgl. RGZ 118, 165, 167; LG Heidelberg WM 1975, 1271, 1272.

[108] Vgl. Hagenmüller III S. 293, 304; Scholz ZIP 1987, 545, 557.

[109] Vgl. Hagenmüller III S. 296; zu Sparkassen siehe unten 5.3.

[110] Vgl. Hagenmüller III S. 304ff.

[111] Vgl. Hagenmüller III S. 304.

[112] Vgl. Hagenmüller III S. 307.

Da heute die Kreditkonditionen in dem durch Angebot und Nachfrage bestimmten Rahmen[113] frei vereinbart werden können[114], lassen sich zwar keine generellen Aussagen über Kreditkostenhöhe und Gewinn machen, was nichts daran ändert, daß die Preispolitik der Bank auf einer Kalkulation beruhen sollte[115]. Die Deutsche Bundesbank führt zwar Erhebungen zur Ertragslage der Kreditinstitute durch, die aber nicht in allen Einzelheiten veröffentlicht werden[116].

2.2.2 Kalkulation

Kreditinstitute als Unternehmen, die Bankgeschäfte betreiben[117], insbesondere Kredite nehmen und geben[118], können betriebswirtschaftlich den Preis ihrer Leistung, also die Höhe des Zinses, kalkulieren. Die Bankkalkulation besteht in einem Aufbereiten und In-Beziehung-setzen von leistungsbedingtem Wertverzehr (Kosten), Leistungsmengen und leistungsbedingtem Wertzuwachs (Erlöse) zum Zwecke der wirtschaftlichen Kontrolle, der Selbstkostenermittlung und der Erfolgskontrolle im Bankbetrieb[119].

Auf der Kostenseite ergibt sich ein leistungsbedingter Wertverzehr insbesondere durch die Betriebs- und die Wertkosten, zu denen neben Provisionen und Risikokosten insbesondere Zinsen zu rechnen sind[120], denen in diesem Zusammenhang das weitaus stärkste Gewicht zukommt[121].

---

[113] Vgl. Steffan S. 443; Bank-Lexikon Sp. 2047, 2048; ferner Ulmer BB 1982, 1125, 1126 in anderem Zusammenhang.

[114] Zur früheren Rechtslage vgl. Nielsen, Das Bankrecht, S. 150 zu den Beschränkungen aufgrund der Zinsverordnung vom 5. 2. 1965 und zur Zinsfreigabeverordnung vom 21. 3. 1967 (BGBl 1961 S. 352); Bank-Lexikon Sp. 2049; Immenga BB 1967, 696 zu den Auswirkungen der Zinsfreigabe; Kaeferlein, Der Bankkredit und seine Sicherungen, Stuttgart 1953 S.2 zum zentralen Kreditausschuß vor 1945; Zahn, Die Deutsche Bank-Kredit-Gesetzgebung, 1937, S. 327ff zu Haben- und Sollzinsabkommen; ebenso Moser, Die Kreditinstitute im Gesetz gegen Wettbewerbsbeschränkungen, Diss., Mainz, 1961, S. 38f; ferner Koch, Banken und Bankgeschäfte, Jena 1931, S. 100f; Vallenthin, Rechtsgrundlagen des Bankgeschäfts, 1974, S. 51f; Strauch, Bankpraxis, 2. Aufl., 1921, S. 297; eine allgemeine Grenze der Zinsgestaltung bildet § 138 BGB, vgl. z. B. Palandt/Heinrichs, 46. Aufl., § 138 BGB Anm 2.

[115] Vgl. Büschgen, Bankbetriebslehre S. 490; von der Decken ZgK 1971, 672 zu Rückflußübersicht und Dispositionsvorausschau.

[116] Vgl. Scholz ZIP 1986, 545, 547; eine tabellarische Übersicht zu Zinsüberschuß und Betriebsergebnis im Vergleich zwischen Teilzahlungsbanken, Großbanken und Sparkassen findet sich bei Reifner ZIP 1987, 545, 554 mwN.

[117] Vgl. die Legaldefinition in § 1 Abs. 1 KWG; Schoenle, Bank- und Börsenrecht, 3. Aufl., S. 2.

[118] Vgl. Obst/Hintner, 37. Aufl., S. 626ff; zu den Arten der Bankgeschäfte auch Schoenle aaO S. 5 und Hagenmüller I S. 19; Scholz, Walter KuK 1979, 517, 518f; Flechsig, Kundenkalkulation in Kreditinstituten, Diss., Frankfurt a. M., 1982; Diepen, Der Bankbetrieb, 10. Aufl., S. 661ff; Priewasser, Bankbetriebslehre, 2. Aufl., S. 144ff.

[119] Vgl. Hagenmüller III S. 156.

[120] Vgl. Hagenmüller III S. 157, 160.

Die Erlöse ergeben sich aus der Verwertung der Bankleistung am Markt. Sie stellen grundsätzlich das Produkt aus Leistungmenge und Preis dar[122]. Zu unterscheiden ist zwischen Betriebserlösen und Werterlösen, wobei zu den letzteren neben Diskont und Provisionen insbesondere Zinsen gehören[123].

Eine Preisuntergrenze wird dabei durch die Selbstkosten gebildet. Der Selbstkostenermittlung dienen diejenigen Rechnungsverfahren, die Kosten zu Marktleistungen in Beziehung setzen[124]. Zu den Selbstkosten treten Risikoanteil und Gewinnspanne[125].

2.2.2.1 Zinsspanne

Das Problem der Bank besteht darin, eine bestimmte, sich aus der Differenz von durchschnittlichen Aktiv- und Passivzinssätzen ergebende Bruttozinsspanne zu erwirtschaften, wobei heute stärker als früher auf die Erzielung einer Nettobedarfszinsspanne abzustellen ist, da erfolgsabhängige Ausgaben (Dividende und Tantiemen) zu bestreiten und offene und stille Rücklagen zu bilden sind[126].

Die Zinsspanne[127] ist aufzufassen als Überschuß aus Zinserträgen und Zinsaufwendungen, bzw. als Differenz zwischen Einstandskosten für Einlagen und Ertrag aus den werbenden Aktiva[128].

Theoretisch kann z. B. bei Erhöhung der Mindestreserven die Zinsspanne sinken und vorübergehend sogar negativ werden[129]. Um nicht die wirtschaftliche Existenz der Bank zu gefährden, müssen Zinsspanne und Erträgnisse aus dem Dienstleistungsgeschäft mindestens die persönlichen und sachlichen Geschäftskosten decken. Das Eigenkapital übernimmt insoweit die Funktion eines Risikopuffers[130]. Eine positive Zinsspanne ist für die Rentabilität unabdingbar[131].

---

121 So Hagenmüller III S. 175.

122 Vgl. Hagenmüller III S. 159.

123 Vgl. Hagenmüller III S. 160.

124 Vgl. Hagenmüller III S. 164.

125 Vgl. oben 2.2.1.2 „Risikoanteil", und 2.2.1.3 „Gewinn".

126 Vgl. Hagenmüller III S. 182.

127 Auch Zinsmarge, vgl. Steffan, Grundlage des Realkredits, S. 75; Gabler Wirtschafts-Lexikon Sp. 2424.

128 Vgl. zu Zinsüberschuß und Betriebsergebnis die Tabelle bei Reifner ZIP 1987, 545, 554; zur Bestimmung der Determinanten einer Zinsmarge vgl. Ippisch, Bankbetriebliches Zinsspannenmanagement, Diss., Wien, 1984, S. 6ff, besonders Schaubild S. 31 zur Mindestmarge im Sinne einer kostendeckenden Aufpreiskonzeption.

129 Vgl. Jährig/Schuck, Handbuch des Kreditgeschäfts, 4. Aufl., 1982, S. 72.

130 Vgl. Jährig/Schuck aaO S. 76.

131 Vgl. Vallenthin, Rechtsgrundlagen des Bankgeschäfts, 1974, S. 50.

2.2.2.2 Zinsspannenrechnung

Da in der Regel zwischen Mittelbeschaffung und Mitteleinsatz die dispositive Entscheidung der Geschäftsführung des Kreditinstitutes über die Verwendung der Überschußreserve (Primärliquidität) steht, läßt sich keine zwangsläufige Beziehung zwischen bestimmten Aktiv- und Passivposten begründen[132]. Hinzu kommt, daß verschiedenartige Faktoren auf die Rentabilität der einzelnen Geldleihgeschäfte einwirken, die im Rahmen der Bestimmung der Geldströme rechnerisch schwer bzw. nicht exakt zu ermitteln sind[133].

Gleichwohl kann die Zinsspannenrechnung als wichtigstes Mittel zur laufenden Rentabilitätskontrolle sowie als wesentlicher Bestandteil des bankbetrieblichen Rechnungswesens angesehen werden[134]. Sie führt zwar aufgrund der aufgezeigten Schwierigkeiten der Kostenzurechnung nicht zu einem absolut richtigen Ergebnis, gibt jedoch Aufschlüsse über Rentabilität der einzelnen Geschäftssparten und ist somit für die Geschäftspolitik von großer Bedeutung[135].

Zu unterscheiden sind Gesamt- und Teilzinsspannenrechnung[136].

Bei der Gesamtzinsspannenrechnung erfolgt eine globale Betrachtung des Gesamtgeschäftes, indem die Differenz zwischen Zinserlösen und Zinskosten, jeweils ausgedrückt in Prozent der Bilanzsumme, ermittelt wird[137]. Die insoweit exakteste Berechnungsweise kann aufgrund einer tagesdurchschnittlichen Bilanzsumme erfolgen[138].

Die Teilzinsspannenrechnung stellt den Versuch dar, Erfolgsspannen aus bestimmten, miteinander korrespondierenden Erfolgselementen zu gewinnen. Dies erfolgt durch Ermittlung der Beziehungen zwischen bestimmten Werterlösen und Wertkosten durch Aufstellung einer Schichtenbilanz[139]. Hierbei werden also gewisse sich entsprechende Geschäftssparten miteinander in Beziehung gesetzt, z. B. Giroeinlagen zu Wechselkrediten, Termineinlagen zu Kontokorrentkrediten, Spareinlagen zu Hypothekenkrediten etc[140].

Die Zinsspanne kann errechnet werden, indem die Summe der Zinserträge zu bestimmten Aktivposten und die Summe der Zinsaufwendungen zu den entsprechenden Passivposten in Beziehung gesetzt und dadurch ein durch-

---

132 Vgl. Hagenmüller III S. 243.

133 Vgl. Hagenmüller III S. 314; auch Scholz ZIP 1987, 545, 546 zum Problem der „Universalbanken als Gemischtwarenhandlung in Bankdienstleistungen“

134 Vgl. Gabler Wirtschafts-Lexikon Sp. 2424.

135 Vgl. Gabler Wirtschafts-Lexikon aaO.

136 Vgl. Hagenmüller III S. 181 ff und 241 ff.

137 Vgl. Hagenmüller III S. 181.

138 Vgl. Hagenmüller III S. 183.

139 Vgl. Hagenmüller III S. 241; vgl. die Tabellen 4—14 bei Ippisch, Bankbetriebliches Zinsspannenmanagement, Diss., Wien, 1984.

140 Vgl. Gabler Wirtschafts-Lexikon Sp. 2424; vgl. Ippisch aaO S. 17ff.

schnittlicher Soll- bzw. Habenzinsfuß ermittelt wird. Die Differenz zwischen diesen Soll- und Habenzinssätzen ergibt den reinen Zinsgewinn in Prozent des berücksichtigten Kapitals (Bruttozinsspanne)[141]. Die um Verwaltungsertrag und Verwaltungsaufwand korrigierte Bruttozinsspanne stellt die Nettozinsspanne (Reingewinn) dar, während die Differenz zwischen der Bruttozinsspanne und Nettozinsspanne die Bedarfsspanne (Unkostenkoeffizient) ergibt[142].

2.3 Zinsanpassungsklausel

Da wirtschaftliche Verhältnisse einem stetigen Wandel unterliegen, läßt sich das Ausmaß künftiger Zinsänderungen auf dem Geldmarkt nicht zuverlässig abschätzen. Zwar kann auch das Risiko veränderter zukünftiger Rahmenbedingungen kalkulatorisch aufgefangen werden[1], doch bedingt dies eine Prognose, die sowohl Kreditgeber als auch Kreditnehmer benachteiligen kann. Wird die zukünftige wirtschaftliche Situation zu schlecht eingeschätzt, drückt sich dies in einem entsprechend erhöhten Zinssatz aus, der den Darlehensnehmer benachteiligt; wird sie zu positiv eingeschätzt, könnte ein entsprechend niedrig angenommener Zinssatz den Darlehensgeber benachteiligen[2]. Es besteht daher ein anerkennenswertes Bedürfnis, das mit der zunehmenden Laufzeit eines Kredites steigt, den Zinssatz veränderten Rahmenbedingungen anpassen zu können[3]. Diesem Bedürfnis dienen Zinsanpassungsklauseln der unterschiedlichsten Art.

2.3.1 Erscheinungsformen

Die bisherige Regelung des Kündigungsrechtes in § 247 BGB[4] verstärkte die Tendenz zu Krediten mit variablem Zinssatz[5]. So mannigfaltig die Erscheinungsformen von Zinsanpassungsklauseln sind[6], so vielfältig sind deren

---

[141] Vgl. Gabler Wirtschafts-Lexikon aaO.

[142] Vgl. Gabler Wirtschafts-Lexikon aaO; Bank-Lexikon Sp. 2051 zu Zinsertragsbilanz; dazu auch Gabler Wirtschafts-Lexikon Sp. 2415; als Beispiel einer Berechnung siehe Gabler Wirtschafts-Lexikon Sp. 2417, 2418; zu Berechnungen von Refinanzierungssätzen nach Kreditkündigung vgl. Reifner ZIP 1987, 545ff, 552ff; Scholz ZIP 1986, 545ff, 555ff.

[1] Vgl. 2.2.1.1.2 „Refinanzierung", und 2.2.1.2.1 „Kaufkraftschwund".

[2] Vgl. Gerke, Gleitklauseln im Geld- und Kapitalverkehr, 1980, S. 25ff.

[3] Das ist auch der Ausgangspunkt der Überlegung im Urteil des BGH vom 6.3.1986 — III ZR 195/84 — BGHZ 97, 212, 216 = NJW 1986, 1803, 1804 = WM 1986, 580, 581 = ZIP 1986, 698, 699 (weitere Fundst. siehe Kap. 1 Fußn 5); ebenso LG Frankfurt a. M. WM 1985, 316, 317; Brandner in Ulmer/Brandner/Hensen, 5. Aufl., Anhang §§ 9—11 Rdnr 282.

[4] Zur bisherigen Rechtslage vgl. von Heymann, Die Kündigung von Darlehen nach § 247 BGB, Frankfurt a. M., 1984; zu neuen Kreditformen, auch zum Fall eines variablen Zinses gekoppelt mit einer kapitalbildenden Lebensversicherung vgl. Zeitschrift der Stiftung Warentest, „test" Heft 4, 1987, 22. Jahrg., April 1987, S. 14.

[5] Vgl. von Heymann BB 1987, 415.

Unterscheidungsmöglichkeiten. So könnte man sicherlich Tatbestands- und Rechtsfolgearten unterscheiden[7], möglicherweise aber auch eine Systematisierung nach ihren Wirkungen versuchen[8], nach den Preisänderungsfaktoren gliedern[9], oder auf eine Vielzahl anderer Unterscheidungskriterien abheben[10]. Entsprechend uneinheitlich ist die Terminologie[11]. Da die unterschiedlichen Arten von Zinsanpassungsklauseln vor allem hinsichtlich der Anpassungstechnik differieren, sind diese zur Grundlage der nachfolgenden Darstellung gemacht worden[12]. Zinsanpassungsklausel wird dabei als Oberbegriff für alle Klauseln verstanden, die eine Zinssatzänderung bewirken können[13].

2.3.1.1 Variabler Zins

Als Zinsanpassungsklauseln im eigentlichen Sinne werden dabei diejenigen aufgefaßt, die einen variablen Zinssatz beinhalten. Der variable Zinssatz hat mit der Neuregelung des § 609 Abs. 2 BGB eine Legaldefinition erfahren. Variabel ist ein Zinssatz nur dann, wenn jederzeit eine Änderung des Zins satzes eintreten kann[14]. Maßgebend ist allein die zeitliche Komponente, nicht die Frage, ob eine Zinssatzänderung auf einer Entscheidung des Darlehensgebers nach § 315 BGB beruht oder durch eine Bindung an eine Referenzgröße bedingt ist[15]. Nicht darunterzufassen sind Darlehen mit zeitlich begrenzter Zinsbindung und Kredite, bei denen ein zunächst fester Zinssatz nach einer bestimmten Zeit verändert werden kann[16].

2.3.1.1.1 Zinsgleitklausel

Die Bedingungen des variablen Zinssatzes erfüllen Zinsgleitklauseln, die für eine automatische Anpassung des Zinssatzes an bestimmte Sätze bei Verände-

---

[6] Vgl. zum Problem der Preisanpassung allgemein z. B. Kunth/Wollburg BB 1985, 230, 231 (Energielieferungsverträge); zu Technik der Konditionenanpassung auch Köndgen/König ZIP 1984, 129, 131; zu eigenen Vordrucken der Banken vgl. auch Terpitz, Festschrift für Johannes Bärmann, 1975, S. 953, 960 Fußn 32; zur Zinsänderungsklausel im Ratenkreditgeschäft vgl. Scholz, Franz-Josef, PAngVO 1985, S. 12f; zu Anpassung der Zinsen im Einlagengeschäft vgl. Staudinger/Karsten Schmidt, 12. Aufl., § 246 BGB Rdnr 66.

[7] So Bilda, Anpassungsklauseln in Verträgen, 2. Aufl., 1973, S. 23ff.

[8] Vgl. Wolf ZIP 1987, 341, 345 f, der zwischen Festpreisabreden, Preisabsprachen mit einfacher Verbindlichkeit und unverbindlichen Preisvereinbarungen unterscheidet.

[9] Vgl. Wolf aaO S. 346 f.

[10] Vgl. die ins einzelne gehenden Differenzierungen bei Wolf ZIP 1987, 341ff.

[11] Vgl. Staudinger/Karsten Schmidt, 12. Aufl., § 246 BGB Rdnr 64.

[12] In Anlehnung an Staudinger/Karsten Schmidt aaO.

[13] Ähnlich Wolf ZIP 1987, 341, 342; Staudinger/Karsten Schmidt aaO.

[14] Vgl. von Heymann BB 1987, 415, 420.

[15] Vgl. von Rottenburg WM 1987, 1, 5.

[16] Vgl. von Heymann BB 1987, 415, 418.

rung einer Referenzgröße sorgen[17]. Die Ankoppelung des Zinssatzes an den Diskont- oder Lombardsatz der Bundesbank hat dabei ihre frühere Bedeutung verloren, da sich das Zinsgefüge seit Jahren oftmals vom Bundesbankdiskontsatz entfernt[18]. Ihrem Wesen nach handelt es sich um eine automatische Preisanpassungsklausel[19], bei der der Rahmen der Änderung im voraus durch die Klausel selbst bestimmt ist[20].

Aus der veröffentlichten Rechtsprechung sind bekannt geworden:
— LG Heidelberg WM 1975, 1271f: Zinssatz von 3¾ % über dem jeweiligen Diskontsatz der Deutschen Bundesbank, kombiniert mit Mindest- und Zinsänderungsklausel.
— RGZ 118, 152, 156: Festsetzung eines Zinsfußes, der sich dem jeweiligen Reichsbankdiskont anpaßt sowie Zinserhöhungen nach Maßgabe der Dividende der Stammaktien der Schuldnerin.
— BGH LM Nr. 1 zu § 247 BGB: Lombardsatz als Zinssatz.

2.3.1.1.2 Zinsänderungsklausel

Zinsänderungsklauseln geben dem Kreditgeber das Recht, durch Gestaltungserklärung den Zinssatz zu ändern[21]. Der Unterschied zur Zinsgleitklausel besteht in der konstitutiven Wirkung der Erklärung des Kreditgebers. Im Unterschied zur Kündigungsklausel bewirkt die Ausübung des Zinsänderungsrechts keine (auch keine bedingte) Lösung des Vertragsverhältnisses; auch setzt die Zinsänderung keinen Vertrag mit dem Darlehensnehmer voraus[22].

In der Praxis sehen solche Klauseln verschiedene Bezugsgrößen vor, z. B.
— Abhängigkeit von Kapitalmarktverhältnissen[23],
— Vorbehalt zur jederzeitigen Konditionsanpassung[24],

---

[17] Vgl. Staudinger/Karsten Schmidt, 12. Aufl., § 246 BGB Rdnr 65; Krümmel, Bankzinsen, 1964, S. 256.

[18] Vgl. Scholz ZIP 1986, 545, 554.

[19] Vgl. Wolf ZIP 1987, 341, 342.

[20] Was sie von der Kündigungsklausel unterscheiden soll, MünchKomm/Westermann § 608 BGB Rdnr 8; zu Gleitklauseln auch Gerke, Gleitklauseln im Geld- und Kapitalverkehr, 1980, S. 18ff; Jährig/Schuck, Handbuch des Kreditgeschäfts, 4. Aufl., 1982, S. 106, auch zu Spareckzins (Satz für Spareinlagen mit gesetzlicher Kündigungsfrist) als Bezugsgröße; Nielsen, Das Bankrecht, 4. Aufl., 1978, S. 153.

[21] Vgl. Staudinger/Karsten Schmidt, 12. Aufl., § 246 BGB Rdnr 66; in der Terminologie von Terpitz aaO S. 958 Zinsgleitklauseln; vgl. allg. Wolf ZIP 1987, 341, 342.

[22] Vgl. Staudinger/Karsten Schmidt, 12. Aufl., § 246 BGB Rdnr 66, der mwN deshalb die Zinsänderungsklausel als Anwendungsfall des § 315 Abs. 2 BGB betrachtet. Das ist ungenau: nicht die Zinsänderungsklausel ist ein Anwendungsfall des § 315 Abs. 2 BGB, sondern die auf ihr beruhende Zinsänderung!

[23] Vgl. Herbst, Sparkassen, (in Handbuch des Real- und Kommunalkredits), 2. Aufl., 1977, S. 669, der ebenfalls von Zinsgleitklauseln spricht; Terpitz aaO S. 958; Vordruck 201 006 dgverlag 7.85.

[24] Vgl. Jährig/Schuck aaO S. 106; Vordruck 201 006 dgverlag 7.85: „Die Bank ist berechtigt, den Zinssatz zu ändern, wenn sie dies (z. B. wegen.....) für erforderlich hält“.

— „bis-auf-weiteres"-Vorbehalt (baw-Vorbehalt)[25],
— Abhängigkeit vom „Allgemeinen Zinsgefüge"[26],
— Abhängigkeit vom Zinssatz anderer Kreditarten[27],
— Abhängigkeit von Einlagenzinsen[28],
— Abhängigkeit von dem für Darlehen dieser Art jeweils festgesetzten Zinssatz[29].

Mit Zinsänderungsklauseln hat sich die Rechtsprechung in folgenden Fällen befaßt:
— OLG Schleswig WM 1984, 651 f: Banrübliche Zinsen,
— LG Heidelberg WM 1975, 1271 f: Bezugsgröße Geldmarktverhältnisse,
— OLG Hamm WM 1985, 159 ff, 161 = WuB I A — 1.85 Becker: Bezugsgröße Geldmarktlage oder kreditpolitische Situation,
— LG Frankfurt a. M. WM 1985, 316 ff = WuB I E 1. — 8.85 Münstermann: Bezugsgröße Änderung des Geld- und Kapitalmarktes,
— OLG München WM 1983, 1275 f = DB 1984, 919: Bezugsgröße der von der Sparkasse für Darlehen dieser Art jeweils festgesetzte Zinssatz (2 Klauseln),
— OLG Stuttgart NJW 1954, 1646 = DNotZ 1955, 80: Abhängigkeit von einer künftig eintretenden allgemeinen Änderung der Kapitalzinsen (infolge Änderung des Diskontsatzes usw.),
— BGH WM 1977, 834: Bezugsgröße Änderung des Zinssatzes für Herausgabe von Darlehen gegen Verpfändung von Grundstücken[30],
— Urteil des BGH vom 6. 3. 1986 — III ZR 195/84 (München) — BGHZ 97, 212[31]: „Die Bank ist berechtigt, den Zinssatz zu ändern, wenn sie dies (z. B. wegen der Entwicklung am Geld- oder Kapitalmarkt) für erforderlich hält."

---

[25] Vgl. Jährig/Schuck aaO S. 106; Nielsen, Das Bankrecht, 4. Aufl., 1978, S. 157; Vordrucke der Dresdner Bank AG, Textbausteine 210/1, 211/1; Vordruck 201 006 dgverlag 7.85.

[26] Vordrucke der Dresdner Bank AG, Textbausteine 210/1, 211/1 sowie Vordruck Se 412 (1-2) 60.8.80.

[27] Vgl. Terpitz aaO S. 958; Kugler aaO S. 314; Vordruck 192 001 (Fassung Juni 1986) des Deutschen Sparkassenverlages.

[28] Vgl. Terpitz aaO S. 960; Vordruck 195 025 (Fassung August 1982) des Deutschen Sparkassenverlages.

[29] z. B. Vordruck 192 642 (Fassung Januar 1987) und 193 790 (Fassung Januar 1987) des Deutschen Sparkassenverlages; vgl. auch die Produktvariante „Zinsabstandswahrung" bei variablem Zins für bestimmte Zeit der Stadtsparkasse Wuppertal, dazu Schäfer/Xylander Sparkasse, 1983, 281 f, und „Zinsvorausregelung" der Kreissparkasse Köln, dazu Landsberg Sparkasse 1983, 481; ähnlich Stadtsparkasse Münster, vgl. Kugler aaO S. 317 mwN.

[30] So auch LG Düsseldorf, Urteil vom 3.3.1973—12/17 O 504/73 nicht veröffentlicht, zitiert nach Terpitz aaO S. 960 Fußn 32.

[31] Weitere Fundst. siehe Kap. 1 Fußn 5.

2.3.1.1.3 Zinsvorbehalt

Der Zinsvorbehalt räumt dem Darlehensgeber das Recht ein, den Zinssatz von Anfang an, also nicht nur für die Zukunft, zu bestimmen[32]. Hier ist der Zinssatz bei Vertragsschluß offen und wird (möglicherweise erst später) vom Darlehensgeber verbindlich festgesetzt[33]. Der Zinsvorbehalt findet seine Grundlage üblicherweise in Ziffer 14 (2) AGB-Banken (gleichlautend AGB-Kreditgenossenschaften) bzw. Ziffer 9 (1) und (3) AGB-Sparkassen.

Der Zinsvorbehalt hat die Rechtsprechung beschäftigt

— im Urteil des BGH vom 6. 3. 1986 — III ZR 195/84 (München) — BGHZ 97, 212[34]: „Für die Kredite einschließlich der Darlehen gelten die jeweils von der Bank bestimmten Zins-, Provisions- und Auszahlungssätze, bei Darlehen gelten gegenwärtig die oben angegebenen Zins- und Auszahlungssätze".

— OLG Schleswig WM 1984, 651 f zur Einstandspflicht des Rückbürgen für bankübliche Zinsen.

2.3.1.2 Kündigungsklauseln

Kündigungsklauseln versuchen die Zinsanpassung durch lösende Kündigung und durch Änderungskündigung zu erreichen[35]. Verträge mit reinen Kündigungsklauseln stellen keine Darlehen mit variablem Zinssatz dar[36]. Der Änderungskündigung wird dabei wegen der zu berücksichtigenden Interessen des Darlehensnehmers ein Vorrang eingeräumt vor der lösenden Kündigung[37]. Die Befugnis zur Änderungskündigung ist als minus in einer Kündigungsklausel enthalten[38]. Die früher gegen die Zulässigkeit von Änderungskündigungen erhobenen Bedenken[39] dürfte nach der Neuregelung des § 609 a BGB nicht mehr aufrechtzuerhalten sein. Schon früher war eine Kündigung des Darlehensverhältnisses als Dauerschuldverhältnis nicht nur aus wichtigem Grund kündbar[40],

---

[32] Vgl. Urteil des BGH vom 6.3.1986—III ZR 195/84 (München)—BGHZ 97, 212, 216 = NJW 1986, 1803, 1804 (weitere Fundst. siehe Kap. 1 Fußn 5), wo die Angabe des Zinssatzes versehentlich unterblieben war.

[33] Vgl. allg. Wolf ZIP 1987, 341, 342.

[34] Siehe auch Fußn 32.

[35] Vgl. Staudinger/Karsten Schmidt, 12. Aufl., § 246 BGB Rdnr 67; Terpitz, Festschrift für Johannes Bärmann, 1975, S. 953ff, 956; zur Zulässigkeit von Kündigungsklauseln siehe auch BGH WM 1977, 834; RGRK-Ballhaus § 608 BGB Rdnr 8; vgl. auch Schaarschmidt, Die Sparkassenkredite, 7. Aufl., Rdnr 2.194; Vordruck 195 026 (Fassung Februar 1985) und 195 027 (Fassung Januar 1987) des Deutschen Sparkassenverlages.

[36] Vgl. von Heymann BB 1987, 415; Häuser/Welter NJW 1987, 17, 19; oben 2.3.1.1 „Variabler Zins".

[37] Vgl. Erman/H. Schopp, 7. Aufl., § 609 BGB Rdnr 4; Staudinger/Karsten Schmidt, 12. Aufl., § 246 BGB Rdnr 67 mwN.

[38] Vgl. Staudinger/Karsten Schmidt aaO.

[39] Vgl. MünchKomm/Westermann § 608 BGB Rdnr 8; vgl. zur Einschränkung von Kündigungsrechten durch § 242 BGB MünchKomm/Roth § 242 BGB Rdnrn 256, 407.

sondern schon bei einem ernstlichen Anlaß, der in einer unvorhergesehenen allgemeinen Steigerung des Zinsniveaus gesehen wurde[41].

Wurde nach bisherigem Recht eine Kündigung auf eine einfache Kündigungsklausel gestützt, konnte eine ausgesprochene Kündigung als unbedingt erklärt, verbunden mit einem Neuabschlußangebot aufgefaßt werden, oder aber als Kündigung unter aufschiebender Potestativbedingung[42]. Wie bei der Abschnittsfinanzierung[43] allgemein stellt sich bei Kündigung durch den Kreditgeber und Fortsetzung des Kreditverhältnisses die Frage, wie die Fortsetzung des Kreditvertrages rechtlich zu qualifizieren ist. Zum Teil wird vertreten, daß die einzelnen Finanzierungsabschnitte rechtlich verselbständigt sind, d.h. der abgelaufene Finanzierungsabschnitt ist ohne weiteres beendet[44], während nach anderer Auffassung keine Novation vorliegen sollte, sondern das alte Darlehensverhältnis fortgesetzt werde[45].

Der neugeschaffene § 609a Abs. 1 BGB sieht bei festverzinslichen Darlehen nach Ablauf der Zinsbindungsfrist zwei Verfahren der Konditionenanpassung vor[46]. Zum einen kann es zu einem Neuabschluß des Darlehens kommen, auch stillschweigend, wobei insbesondere wegen § 10 Nr. 5 AGBG eine Änderungsmitteilung durch den Darlehensgeber so rechtzeitig erfolgen muß, daß dem Darlehensnehmer ein angemessener Zeitraum für eine eventuelle Rückzahlung verbleibt[47]. Zum anderen kommt nach Ablauf der Festschreibungszeit auch eine Festsetzung des neuen Zinssatzes nach billigem Ermessen in Betracht[48]. Im ersten Fall besteht eine Neuverhandlungspflicht[49], während im zweiten Fall eine Kombination einer Zinsänderungsklausel anzunehmen ist[50].

---

[40] Vgl. Soergel/Häuser, Nachträge, 6. Lieferung Januar 1986, Anhang zu § 609 BGB Rdnr 11.

[41] So BGH WM 1977, 834; vgl. dazu Wolf, Eckhard, WM 1981, 110, 116.

[42] Vgl. Staudinger/Karsten Schmidt, 12. Aufl., § 246 BGB Rdnr 67.

[43] Vgl. dazu Köndgen/König ZIP 1984, 129ff; Diederichsen/Rixecker, WM-Sonderbeilage Nr. 7/1985, 16, auch zur Problematik nach § 10 Nr. 5 AGBG; Steffan S. 85f, 88; zu Kettenkreditverträgen auch Canaris ZIP 1987, 1, 4; ders. WM 1986, 1453, 1460f; Köndgen NJW 1987, 160, 165 f.

[44] So Köndgen NJW 1987, 160, 165 f.

[45] So Terpitz S. 963ff zu den Auswirkungen einer durch Kündigung bewirkten Änderung der persönlichen Schuld auf die Hypothek.

[46] Vgl. von Heymann BB 1987, 415, 418; von Rottenburg WM 1987, 1,3; Häuser/Welter NJW 1987, 17, 19.

[47] Vgl. von Heymann BB 1987, 415, 418; von Rottenburg WM 1987, 1,3.

[48] Was in der Gesetzesbegründung ausdrücklich erwähnt wurde, vgl. von Heymann aaO unter Hinweis auf BT-Drucks. 10/4741 S. 22.

[49] Zur Rechtslage bei Vertragsanpassung durch Parteivereinbarung siehe auch Bilda, Anpassungsklauseln in Verträgen, 2. Aufl., 1973, Rdnr 132ff, S. 99ff; einen Anpruch auf Neuverhandlung sieht z.B. der Vordruck 195027 (Fassung Januar 1987) des Deutschen Sparkassenverlages vor.

[50] Vgl. zu einer solchen Kombination Staudinger/Karsten Schmidt, 12. Aufl., § 246 BGB Rdnr 68; Terpitz aaO S. 960ff;

Auch im letztgenannten Fall ergeben sich wohl nicht die gleichen Problemstellungen wie bei der Zinsänderungsklausel in dem Sinn, daß etwa Rücksicht auf die durch den ursprünglichen Vertragszins geschaffene Äquivalenz genommen werden müßte. Die Situation ähnelt hier mehr dem Preisvorbehalt, der das Recht begründet, den Zinssatz erstmals festzusetzen, so daß bei Zinsanpassungen nach erfolgter (Änderungs-)Kündigung des Kredites minder strenge Anforderungen zu stellen sind[51]. Hier wird schon immer dann Billigkeit anzunehmen sein, wenn sich die Zinsänderung im Rahmen der Streubreite der betreffenden Kredite, wie sie sich aus den Monatsberichten der Deutschen Bundesbank ergibt, hält.

2.3.1.3 Kombinationen

Klauselkombinationen sind zulässig und gebräuchlich[52]. So können Zinsgleitklauseln und Zinsänderungsklauseln miteinander kombiniert werden[53]. Zinsgleit- und Zinsänderungsklauseln können mit Kündigungsklauseln verbunden sein[54].

Hin und wieder findet sich die Vereinbarung einer Mindestklausel[55] bzw. einer Höchstklausel[56].

2.3.2 Struktur variabler Zinssatz-Klauseln

Wenn im folgenden von Zinsanpassungsklauseln die Rede ist, ist damit immer nur diejenige im engeren Sinne gemeint, die einen variablen Zinssatz mit einer jederzeitigen Anpassungsmöglichkeit regelt, also insbesondere Zinsgleit- und Zinsänderungsklauseln, auch in der Form eines Zinsvorbehaltes. Bei aller Vielfalt der (zum Teil recht vagen) Formulierungen läßt sich doch eine Grundstruktur dieser Zinsanpassungsklauseln herausarbeiten. Die Unterscheidung der einzelnen Strukturelemente erleichtert wesentlich die Überprüfung einer Zinsanpassung bzw. deren Unterlassung. In diesem Abschnitt interessiert

---

[51] So auch schon Staudinger/Karsten Schmidt, 12. Aufl., § 246 BGB Rdnr 68.

[52] Vgl. Staudinger/Karsten Schmidt, 12. Aufl., § 246 BGB Rdnr 68.

[53] So im Fall des LG Heidelberg WM 1975, 1271.

[54] Vgl. den Fall BGH WM 1977, 834; Terpitz aaO S. 960ff; auch der Vordruck 192 001 (Fassung Juni 1986) des Deutschen Sparkassenverlages, der neben der Zinsänderungsklausel in Ziffer 1.2 des Vertragsvordruckes durch Einbeziehung der weiteren Hypotheken-Darlehensbedingungen, Ziffer 4.1 (Vordruck 192 000/Fassung Mai 1983) das Kündigungsrecht zum Zwecke der Zinsanhebung vorsieht.

[55] So im Fall des LG Heidelberg WM 1975, 1271f; vgl. auch Schloz, Das Recht der Wertsicherungsklauseln seit der Währungsreform, Diss., Heidelberg, 1962, S. 70; Jährig/Schuck aaO S. 107; Terpitz aaO S. 960; Staudinger/Karsten Schmidt, 12. Aufl., § 246 BGB Rdnr 65 und 66.

[56] die eine nicht vereinbarte Kündigungsmöglichkeit zur Durchsetzung eines höheren Zinssatzes nicht ausschließt, so BGH WM 1977, 834f; vgl. ferner Jährig/Schuck aaO S. 107; Terpitz aaO S. 960; Staudinger/Karsten Schmidt, 12. Aufl., § 246 BGB Rdnr 66 mwN.

nur die Struktur der Zinsanpassungsklausel im engeren Sinne als solche[57], während auf die sich daraus ergebenden Rechtsfolgen in den Abschnitten 3 bis 6 einzugehen sein wird.

Von Zinsanpassungsklauseln im engeren Sinne sollte man die Antwort auf folgende Fragen erwarten können:

— Unter welchen Voraussetzungen bzw. Bedingungen kann oder muß eine Anpassung erfolgen?
— Welcher Maßstab bzw. welche Bemessungsgrundlage ist bei einer Anpassung anzuwenden?
— Wer ist zur Anpassung berechtigt?
— Auf welche Art und Weise wird die Zinsänderung vorgenommen?
— Kann auch der Darlehensnehmer seinerseits eine Zinsanpassung verlangen?

2.3.2.1 Voraussetzungen der Anpassung

Bei jeder Zinsanpassung kann legitimerweise die Frage getellt werden, unter welchen Voraussetzungen eine Änderung des Zinssatzes möglich ist und ob diese Voraussetzungen im konkreten Fall vorliegen. Muß gegenüber dem Zeitpunkt des Vertragsabschlusses eine Änderung maßgeblicher Verhältnisse eingetreten sein bzw. welcher Art sind diese Verhältnisse[58]? Die vorformulierten Bedingungen können hier ganz konkrete Umstände nennen, z. B. in Zinsgleitklauseln den Bundesbankdiskontsatz. In der Regel sind die Formulierungen aber recht vage, wenn z. B. auf die Marktverhältnisse oder ein Zinsgefüge im allgemeinen verwiesen wird, oder aber auf Zinssätze abgestellt wird, die der Kreditgeber für Kredite dieser oder jener Art festsetzt. Aus der Unbestimmtheit der Formulierungen ergeben sich Probleme im Hinblick auf den Bestimmtheitsgrundsatz[59]. An dieser Stelle sei vorweggenommen, daß der BGH in seinem Urteil vom 6. 3. 1986[60] diese Hürde dadurch bewältigt hat, daß er solche unbestimmt gefaßten Klauseln im Wege der Auslegung einen ganz bestimmten Sinn beilegte: Voraussetzung kann hier nur die Veränderung der Refinanzierungssituation sein[61].

2.3.2.2 Umfang der Zinsanpassung

Wenn Grundvoraussetzung einer jeden Zinsanpassung die Veränderung der maßgeblichen Verhältnisse gegenüber dem Zeitpunkt des Vertragsabschlusses ist, schließt sich sogleich die Frage nach dem Verhältnis zwischen der

---

[57] Bereits dargestellt in Schwarz NJW 1987, 626.

[58] Vgl. RGRK-Ballhaus, 12. Aufl., II 1 Rdnr 2; Canaris, Bankvertragsrecht, Rdnr 1328.

[59] Dessen Einhaltung im Rahmen der Angemessenheitskontrolle nach § 9 AGBG zu prüfen ist, vgl. unten 3.1.5.3 „Bestimmtheitsgrundsatz".

[60] III ZR 195/84 (München), BGHZ 97, 212 ff (weitere Fundst. siehe Kap. 1 Fußn 5).

[61] Siehe unten 5.1.1.1.1 „Kosten-und Refinanzierungssituation"; zu „Wesentliche Veränderung" unten 5.1.1.2

Veränderung der maßgeblichen Umstände zum Umfang der Zinsanpassung an[62]. Soll es für die Rechtfertigung des Umfangs einer Zinsanpassung genügen, daß sich die maßgeblichen Verhältnisse gegenüber dem Zeitpunkt des Vertragsabschlusses wesentlich geändert haben, oder muß der Umfang der Zinsanpassung in einer gewissen Relation zu den veränderten Gegebenheiten stehen? Berechtigt z. B. eine Anhebung des Bundesbankdiskontsatzes um ½ % eine Anpassung des Kreditzinses um ebenfalls ½ % oder mehr, oder sind zugunsten des Darlehensnehmers auch andere Faktoren zu berücksichtigen? Gerade was diesen Punkt angeht, lassen jedenfalls Zinsänderungsklauseln eine Antwort hierauf vermissen. Auch hierzu kann schon im Vorgriff auf die weitere Erörterung auf das Urteil des BGH vom 6.3. 1986 — III ZR 195/84 (München) —[63] verwiesen werden, wo entschieden wurde, daß der Umfang der Anpassung dem Umfang der Änderung der Refinanzierungsverhältnisse entsprechen muß.

2.3.2.3 Bestimmungsberechtigung

Das Recht zur Anpassung des Zinssatzes steht ausschließlich dem Kreditgeber zu, wie sich aus allen Zinsanpassungsklauseln entnehmen läßt. Der Darlehensnehmer ist in keinem Fall berechtigt, von sich aus eine Änderung des Zinssatzes mit Wirkung für den Kreditgeber herbeizuführen[64]. Schon hier soll im Zusammenhang angemerkt werden, daß eine Zinsanpassungsklausel nicht deshalb unwirksam ist, weil die Zinsänderung allein in den Händen des Darlehensgebers liegt. Denn dieser hat ein berechtigtes Interesse daran, nicht individuellen Herabsetzungsbeschlüssen ausgesetzt zu sein[65]. Selbst bei Fehlen einer Regelung der Bestimmungsberechtigung in der Zinsanpassungsklausel, folgt aus § 316 BGB, daß die Bestimmung des Zinssatzes dem Darlehensgeber zukommt[66]. Zweck des § 316 BGB ist nicht die Festlegung eines Bestimmungsmaßstabes für das Leistungsbestimmungsrecht, sondern nur die Bestimmung der Person des Bestimmungsberechtigten[67]. Die Voraussetzungen für einen Übergang des Bestimmungsrechtes, wie z. B. § 375 Abs. 2 HGB nach Verzug vorsieht[68], können bei Kreditverträgen nicht vorliegen.

---

[62] Vgl. RGRK-Ballhaus, 12. Aufl., II 2, Rdnr 2; aber auch Canaris, Bankvertragsrecht, Rdnr 1328.

[63] BGHZ 97, 212 ff (weitere Fundst. siehe Kap. 1 Fußn 5).

[64] Insoweit unklar die Formulierung bei Münstermann WuB I 1: 1. 8.85.

[65] Vgl. Canaris ZIP 1980, 709, 720; ferner OLG Frankfurt a. M. NJW 1986, 1355 (Leasing); BGH NJW 1985, 853, 854 = BGHZ 93, 252 = BB 1985, 1223 = ZIP 1985, 284 (Kfz-Händlervertrag); auch Kunth/Wollburg BB 1985, 230, 238.

[66] Vgl. BGH LM Nr. 11 zu § 315 BGB = MDR 1971, 826.

[67] Vgl. Staudinger/Mayer-Maly, 12. Aufl., § 316 BGB Rdnr 1

[68] Zu einem solchen Fall des Bestimmungskaufes vgl. BGH LM Nr. 11 zu § 315 BGB = MDR 1971, 826.

2.3.2.4 Art und Weise der Anpassung

Es stellt sich weiter die Frage, welche formalen Anforderungen an die Zinsänderung selbst zu stellen sind. Genügt hier eine bankinterne Festsetzung? Handelt es sich um eine Willenserklärung des Kreditgebers? Muß diese dem Darlehensnehmer zugehen? Die Zinsanpassungsklauseln geben auch hierzu in der Regel nur unzulänglich und weitgehend unklar Auskunft[69].

2.3.2.5 Rechte des Darlehensnehmers

Wenn der Darlehensgeber das Recht hat, einseitig eine Zinsänderung herbeizuführen, und sich dieses Recht durch AGB, auf die der Darlehensnehmer in der Regel keinen Einfluß hat, vorbehält, stellt sich weiter die Frage, ob und inwieweit der Darlehensnehmer seinerseits bei Veränderungen der maßgeblichen Verhältnisse gegenüber dem Zeitpunkt des Vertragsabschlusses eine Zinsherabsetzung verlangen kann[70]. Damit verbunden ist weiter die Frage, welche Rechte dem Kreditnehmer im Fall einer unberechtigten Zinserhöhung bzw. einer Unterlassung einer gebotenen Zinsherabsetzung zustehen können[71]. Auch diese Fragen beantworten die Zinsanpassungsklauseln in der Regel nicht.

2.3.3 Wesen

Nachdem die Erscheinungsformen der Zinsanpassungsklauseln dargestellt sind, und auch die Struktur variabler Zinssatz-Klauseln untersucht ist, ist zu klären, worauf sich die Zinsanpassung überhaupt bezieht, wie ihre Funktion zu bewerten und wie sie auszulegen ist.

2.3.3.1 Bezugspunkt: Zinssatzvereinbarung

Die untersuchten variablen Zinssatz-Klauseln beziehen sich immer auf den Nominalzinssatz, der entweder von Anfang an im Kreditvertrag genannt ist, oder—im Fall des Zinsvorbehalts—durch den Darlehensgeber festgesetzt wird. Dies muß nicht denknotwendig so sein. Theoretisch wäre es auch möglich, eine Zinsanpassung durch Veränderung der Preisbezugsbasis herbeizuführen, was jedoch praktisch nicht vorkommt, und wogegen im übrigen erhebliche AGB-rechtliche Bedenken bestehen müßten. Nach der Art und Weise des Zustandekommens des im Kreditvertrag ausgewiesenen Nominalzinssatzes sind im wesentlichen drei Fallgruppen zu unterscheiden:

---

[69] Die damit verbundene rechtliche Problematik ist in Kap. 5.2 „Billigkeitskontrolle“, erörtert.

[70] Vgl. unten 3.1.5.5 „Anspruch des Kreditnehmers auf Zinsherabsetzung“.

[71] Vgl. unten 5.5.2 „Ansprüche des Darlehensnehmers“.

(1) Der Zinssatz kann explizit ausgehandelt sein, so wenn z. B. der Darlehensnehmer unter Hinweis auf seine Bonität einen niedrigeren Zinssatz als üblich durchgesetzt hat.
(2) Der Darlehensnehmer hat nach Verhandlungen den von dem Darlehensgeber angebotenen Zinssatz akzeptiert.
(3) Der Zinssatz ist rein formularmäßig im Vertrag festgehalten, ohne daß hierüber Verhandlungen stattgefunden haben.

2.3.3.1.1 Individualvereinbarung

Die Festlegung der essentiellen Vertragsgegenstände Leistung und Gegenleistung[72], der Kardinalpflichten, deren Erfüllung erst die Voraussetzung für Erreichung des Vertragszweckes schafft[73], ist den Parteien zur autonomen, rechtlicher Bewertung weitgehend unzugänglichen Entscheidung überlassen. Das eigentliche Synallagma des Kreditgeschäfts ist der Zins als Preis für die Kapitalnutzung auf Zeit[74]. Preisvereinbarungen dieser Art erfolgen typischerweise individuell[75].Allgemeine Geschäftsbedingungen sind geradezu auf die Ergänzung durch die individuelle Einigung der Parteien über Leistung und Gegenleistung angelegt[76]. Sie erfassen normalerweise den Bereich, der Gegenstand des dispositiven Gesetzesrechts ist, also Regelungen außerhalb der Festlegung der wechselseitigen Hauptleistungspflichten[77]. Diese Feststellung genügt indes nicht, um jede Preisvereinbarung bereits als Individualvereinbarung zu qualifizieren. Der Begriff der Individualvereinbarung ist von demjenigen der Allgemeinen Geschäftsbedingungen negativ abzugrenzen. Individualvereinbarungen stellen alle Vertragsbestimmungen dar, die keine AGB sind[78]. Damit werden die sowohl von der AGB-Definition des § 1 Abs. 1 AGBG von vorneherein nicht betroffenen Parteivereinbarungen, als auch die gemäß § 1 Abs. 2 AGBG durch Aushandeln zu Individualabreden gewordenen vorformulierten Bedingungen erfaßt[79]. In diesem Sinne stellt der Begriff der Individualvereinbarung eine Konkretisierung des Verbotes des „venire contra factum proprium" für das Gebiet der AGB dar[80].

---

[72] Vgl. Soergel/Ursula Stein, 11. Aufl., § 8 AGBG Rdnr 2.

[73] Vgl. Löwe/von Westphalen/Trinkner, § 4 AGBG Rdnr 14.

[74] Vgl. Scholz ZIP 1986, 545, 550; auch Löwe NJW 1987, 937, 939; ferner schon oben 2.1 „Zins im Rechtssinn und Zinssatz".

[75] Vgl. Staudinger/Schlosser, 12. Aufl., § 4 AGBG Rdnr 7; speziell für Zinsen vgl. Löwe NJW 1987, 937, 940.

[76] Vgl. MünchKomm/Kötz, 2. Aufl., § 4 AGBG Rdnr 1.

[77] Vgl. Staudinger/Schlosser, 12. Aufl., § 8 AGBG Rdnr 1: „Kernvorstellung von AGB".

[78] Vgl. statt aller Soergel/Ursula Stein, 11. Aufl., § 4 AGBG Rdnr 5.

[79] Vgl. Soergel/Ursula Stein aaO; MünchKomm/Kötz, 2. Aufl., § 4 AGBG Rdnr 1; Ulmer in Ulmer/Brandner/Hensen, 5. Aufl., § 4 AGBG Rdnr 10; Löwe/von Westphalen/Trinkner, § 4 AGBG Rdnr 10; Canaris NJW 1987, 609, 610; Wolf/Horn/Lindacher § 4 AGBG Rdnr 5.

Dabei kann im Einzelfall zweifelhaft sein, inwieweit bei Formularverträgen, die in bestimmten Punkten auf Ergänzung angelegt sind, derartige Einschübe bzw. Zusätze (auch Streichungen), gleichgültig ob hand- oder maschinenschriftlich, von individualvertraglicher Natur sind[81]. Da praktisch alle gängigen Kreditantragsformulare Raum für die Hinzufügung des Zinssatzes lassen, dürfte die Annahme naheliegen, daß die weitaus überwiegende Mehrzahl aller Zinssatzvereinbarungen in Formularkreditverträgen individualrechtlich zu beurteilen sind[82], da dem Kreditnehmer in der Regel eine ganze Palette deutlich verschiedener Alternativen hinsichtlich Höhe des Zinssatzes kombiniert mit Auszahlungshöhe zur Wahl gestellt werden, die einen „echten Individual-Auswahl-Entschluß"[83] erfordern. Zu diesem Ergebnis gelangt auch eine Auslegung, die den Verständnishorizont des Durchschnittskunden zugrundelegt[84]. Deshalb ist nicht nur in der eingangs dargestellten Fallgestaltung (1), sondern auch in der Fallgestaltung (2) die Höhe des Zinssatzes in der Regel als individuell vereinbart anzusehen[85]. Für diese Annahme spricht auch der Anscheinsbeweis[86].

---

[80] So Löwe/von Westphalen/Trinkner, § 4 AGBG Rdnr 11.

[81] Vgl. MünchKomm/Kötz, 2. Aufl., § 1 AGBG Rdnr 23 und § 4 AGBG Rdnr 4; Staudinger/Schlosser, 12. Aufl., § 1 AGBG Rdnr 30 und § 4 AGBG Rdnr 20, 21; Wolf/Horn/Lindacher § 1 AGBG Rdnr 36 und § 4 AGBG Rdnr 7; Löwe/von Westphalen/Trinkner, § 1 AGBG Rdnr 25; Ulmer in Ulmer/Brandner/Hensen, 5. Aufl., § 1 AGBG Rdnr 56 und 63 a.

[82] Die Ausgestaltung der Kreditformulare läßt auch keinen Vergleich mit der formularmäßigen Vereinbarung eines Listenpreises zu; zum Listenpreis vgl. BGH BB 1983, 921 = NJW 1983, 1603 = ZIP 1983, 828; BB 1986, 21, 22; Staudinger/Schlosser, 12. Aufl., § 4 AGBG Rdnr 7.

[83] In diesem Sinne vgl. Staudinger/Schlosser, 12. Aufl., § 1 AGBG Rdnr 30; vgl. auch Ulmer in Ulmer/Brandner/Hensen, 5. Aufl., § 1 AGBG Rdnr 63 a, der einen vom Gegenstand der Ergänzungen unabhängigen Erfahrungssatz, wonach sich die Gestaltungsmacht des Verwenders auch auf das Ausfüllen von Lücken auswirke, verneint; auch Soergel/Ursula Stein, 11. Aufl., § 1 AGBG Rdnr 23.

[84] Vgl. Kollhosser ZIP 1986, 1429, 1432; auch Baums WM-Sonderbeilage Nr. 2/1987 S. 14, 15 zum Verständnis des Durchschnittskunden, der davon ausgeht, daß sich der angegebene Zinssatz auf die tatsächliche Darlehensschuld bezieht; auch Häuser EWiR § 9 AGBG 2/1987, 8 im Ergebnis allerdings ablehnend; zur herausragenden Rolle personaler Bezüge in der Kreditbeziehung vgl. Büschgen BB-Beilage 9/84 S. 3.

[85] Vgl. Kollhosser aaO; auch LG Stuttgart ZIP 1987, 27 = DB 1987, 271 = WM 1987, 68 = BB 1987, 430 = NJW 1987, 657 = WuB I E 4.—2.87 Bruchner = EWiR § 9 AGBG 2/87, 7 (Häuser), das die Hauptleistung als durch die individuell vereinbarten Zins- und Tilgungssätze geprägt sieht; auch Schwarz NJW 1987, 626 für die Fälle variabler Zinsen; aA Canaris NJW 1987, 609, 610 für Annuitätsdarlehen; Baums WM-Sonderbeilage Nr. 2/1987, S. 15.

[86] Vgl. zum Anscheinsbeweis in diesen Fällen Staudinger/Schlosser, 12. Aufl., § 1 AGBG Rdnr 35; Soergel/Ursula Stein, 11. Aufl., § 1 AGBG Rdnr 29; Löwe/von Westphalen/Trinkner, § 1 AGBG Rdnr 30; auch MünchKomm/Kötz, 2. Aufl., § 1 AGBG Rdnr 25.

2.3.3.1.2 Hauptleistungspflicht-AGB

Wenn schließlich im konkreten Fall keine (auch nicht wenigstens stillschweigend zustandegekommene[87]) Individualvereinbarung über den Zinssatz festzustellen ist, kann im verbleibenden Restbereich, insbesondere in der oben genannten Fallgestaltung (3), die Regelung des Zinssatzes auch in Form von Allgemeinen Geschäftsbedingungen erfolgt sein. Davon kann auch insbesondere in den Fällen des Zinsvorbehaltes ausgegangen werden. Eine solche Zinssatzklausel ist nicht bloß deklaratorischer Natur[88], da sie von den verschiedenen Gestaltungmöglichkeiten, die das Schuldrecht den Vertragsparteien offenläßt[89], Gebrauch macht. Allgemeine Geschäftsbedingungen müssen nicht ausschließlich der Regelung der Rahmenordnung des Vertrages dienen, auch wenn dies typischerweise der Fall ist[90]. Der Begriff der AGB schließt grundsätzlich nicht aus, daß auch der Leistungsgegenstand des Vertrages, hier also der Zinssatz durch AGB festgelegt wird[91]. In diesen Fällen ist die eigentliche Preisabrede formularmäßig festgelegt[92], d.h. klauselartig vorformuliert in den AGB des Verwenders angegeben[93]. Dies kann auch bei handschriftlichen, maschinenschriftlichen und aufgestempelten Zusätzen auf Formularen, denen wegen der Häufigkeit ihrer Verwendung ihrerseits AGB-Charakter nach § 1 AGBG zukommt[94], gegeben sein. „In extremen Fällen"[95] ist das deshalb möglich, weil nur die vertragliche Bindung selbst dem Grunde nach immer individuell vereinbart sein muß[96].

Wird in einer solchen Hauptleistungspflicht-AGB der Zinssatz für ein Darlehen formularmäßig festgelegt, unterliegt die betreffende Klausel dennoch nicht der Inhaltskontrolle[97]. Der der Inhaltskontrolle nicht offenstehende

---

[87] Vgl. z.B. Wolf/Horn/Lindacher, § 4 AGBG Rdnr 4.

[88] Vgl. zur deklaratorischen Klausel Ulmer in Ulmer/Brandner/Hensen, 5. Aufl., § 8 AGBG Rdnr 21; grundsätzlich Zoller BB 1987, 421 ff.

[89] Vgl. dazu Ulmer aaO Rdnr 24; Löwe NJW 1987, 937, 938 zur Bedeutung der Erlaubnisnormen ebenso Trinkner/Wolfer BB 1987, 425, 427; überzeugend zur grundlegenden Problematik Zoller BB 1987, 421 ff.

[90] Vgl. Ulmer in Ulmer/Brandner/Hensen, 5. Aufl., § 4 AGBG Rdnr 15; Staudinger/Schlosser, 12. Aufl., § 8 AGBG Rdnr 1.

[91] Vgl. Ulmer aaO § 8 AGBG Rdnrn 7, 8 und ausdrücklich Rdnr 14.

[92] Vgl. dazu Soergel/Ursula Stein, 11. Aufl., § 8 AGBG Rdnr 9; BGH NJW 1984, 171, 172.

[93] Vgl. Ulmer in Ulmer/Brandner/Hensen, 5. Aufl., § 8 AGBG Rdnr 8.

[94] Vgl. Wolf/Horn/Lindacher § 4 AGBG Rdnr 4; so ausdrücklich Canaris NJW 1987, 609, 610 hinsichtlich des Nominalzinssatzes jedenfalls bei Annuitätsdarlehen.

[95] So Staudinger/Schlosser, 12. Aufl., § 4 AGBG Rdnr 20.

[96] Vgl. Staudinger/Schlosser aaO.

[97] Vgl. MünchKomm/Kötz, 2. Aufl., § 8 AGBG Rdnr 4; Ulmer in Ulmer/ Brandner/ Hensen, 5. Aufl., § 8 AGBG Rdnr 18; Löwe/von Westphalen/Trinkner § 8 AGBG Rdnr 12 und § 9 AGBG Rdnr 73; Soergel/Ursula Stein, 11. Aufl., § 8 AGBG Rdnr 10; zu Fällen des

Raum ist damit weiter als derjenige der „essentialia negotii“ im Sinne der klassischen Lehre[98]. Solche Preisabreden in Form von Hauptleistungspflicht-AGB betreffen die eigentliche Festsetzung des Preises, wie z. B. auch der Darlehenszinsen[99].

2.3.3.1.3 *Vorrangprinzip*

Während die eigentliche Preisabrede der Inhaltskontrolle entzogen ist, unterliegt die Zinsanpassungsklausel als Preisnebenabrede der Inhaltskontrolle[100]. Unter Preisnebenabrede sind alle Bestimmungen zu verstehen, die zwar Auswirkungen auf den Preis haben können, aber nicht ausschließlich die in Geld geschuldete Hauptleistung festlegen[101]. Die sachliche Rechtfertigung für die Differenzierung zwischen Preisabrede und Preisnebenabrede liegt letztlich in der Unterwerfung der letzteren unter die Inhaltskontrolle begründet. Nur die eigentliche Preisabrede ist der Inhaltskontrolle entzogen[102], während Preisnebenabreden der Inhaltskontrolle unterliegen[103]. AGB-Bestimmungen dieser Art sind umso eher inhaltlich zu kontrollieren, je mehr sie die Hauptleistungsverpflichtungen verändern oder in ihrem wirtschaftlichen Gewicht zueinander verschieben können[104]. Die Bejahung oder Verneinung der Inhaltskontrolle wird damit entscheidendes Kriterium für die Qualifizierung einer Klausel als Preisabrede oder Preisnebenabrede[105]. Aus der unterschiedlichen Qualifizierung der Zinssatzvereinbarung als kontrollfreie Hauptpreisabrede und der Zinsanpassungsklausel als kontrollfähige Nebenpreisabrede ergeben sich gewichtige Folgerungen. Ist die Zinssatzvereinbarung als Individualvereinbarung

---

Einbruchs der Inhaltskontrolle in die Bestimmung von Hauptleistungspflichten siehe Schlosser ZIP 1985, 449, 453.

[98] So Staudinger/Schlosser, 12. Aufl., § 8 AGBG Rdnr 2.

[99] So Ulmer in Ulmer/Brandner/Hensen, 5. Aufl., § 8 AGBG Rdnr 14.

[100] Allg. Meinung, siehe unten 3.1.3 „Inhaltskontrolle, § 8 AGBG“.

[101] Zur Abgrenzung Hauptkondition/Nebenabrede vgl. Ulmer in Ulmer/ Brandner/ Hensen, 5. Aufl., § 8 AGBG Rdnr 14, und zum Begriff Rdnr 11; ferner BGHZ 93, 358, 360f mwN = NJW 1985, 3013, 3014 = DB 1985, 1338 = ZIP 1985, 478 = EWiR § 8 AGBG 1/85, 225, 226 (Schlosser); Soergel/Ursula Stein, 11. Aufl., § 8 AGBG Rdnr 11; Staudinger/Schlosser, 12. Aufl., § 8 AGBG Rdnr 2, 6; LG Stuttgart NJW 1987, 657 = DB 1987, 271 mit Anm. Brych = WM 1987, 68 = ZIP 1987, 27 = BB 1987, 430 = WuB I E 4.—2.87 Bruchner = EWiR § 9 AGBG 2/87, 7 (Häuser).

[102] Vgl. auch Soergel/Ursula Stein, 11. Aufl., § 8 AGBG Rdnr 1; Ulmer in Ulmer/Brandner/Hensen, 5. Aufl., § 8 AGBG Rdnr 1, 6; Löwe NJW 1987, 937, 939.

[103] Vgl. BGH aaO; Soergel/Ursula Stein aaO Rdnr 13; Staudinger/Schlosser aaO Rdnr 2, 3; Kollhosser ZIP 1986, 1429, 1435; LG Stuttgart ZIP 1986, 1315f = NJW 1987, 193 = BB 1987, 428 = WM 1986, 1432 = WuB I E 4. -1.87 Fischer = EWiR § 9 AGBG 21/86, 1053 (Köndgen); LG Stuttgart aaO; ebenso im Ergebnis jedenfalls Baums WM-Sonderbeilage Nr. 2/1987 S. 10.

[104] So Ulmer in Ulmer/Brandner/Hensen, 5. Aufl., § 8 AGBG Rdnr 19.

[105] Vgl. dazu auch BGH NJW 1984, 171, 172; BGHZ 93, 358 (siehe auch Fußn 101); im Ansatz auch Canaris NJW 1987, 609, 613.

der vertraglichen Hauptleistung zustandegekommen, genießt sie Vorrang vor AGB-Klauseln, die die Leistungspflicht, hier den Zins als Preis verändern[106] oder verändern können. Das Problem stellt sich in gleicher Weise, wenn die Zinssatzvereinbarung nicht individual erfolgte, sondern auf einer Hauptleistungs-AGB beruht. Die damit aufgeworfene Frage nach dem Rangverhältnis zwischen der Hauptleistungspflicht-AGB, der Zinssatzvereinbarung, und der Zinsanpassungsklausel als Preisnebenabrede ist aus der Rechtsnatur des § 4 AGBG[107] zu beantworten.

Zum einen wird § 4 AGBG als Kodifikation eines allgemeinen Auslegungsgrundsatzes über das Verhältnis zwischen speziellen und generellen Vereinbarungen aufgefaßt, mit nur klarstellender Bedeutung[108]. Nach anderer Ansicht kommt § 4 AGBG eine Rangabstufung im Verhältnis zwischen höher- und niederrangigem Recht zu[109]. Soweit damit das Verhältnis zwischen Individualvereinbarung und AGB-Bestimmung angesprochen ist, bleibt die Unterscheidung ohne praktische Konsequenz[110]. In beiden Fällen wird der AGB eine individualvereinbarungskonkretisierende Funktion zugeschrieben[111], die auch als eine Sonderausprägung des in § 3 AGBG allgemein verankerten Rechtsgedankens angesehen werden kann[112].

Das Problem stellt sich auch nicht, wenn man[113] als Individualabrede jede, auch vorformulierte, speziellere Vereinbarung ansieht. Indes bedarf es dieses Begriffes der Individualvereinbarung nicht, da im Ergebnis auch ein Rangverhältnis zwischen Hauptleistungspflicht-AGB und Nebenabrede-AGB anzunehmen ist. Dazu ist zunächst eine Abgrenzung zwischen Hauptkondition und Nebenabrede erforderlich, die im Einzelfall schwierig sein kann[114], die aber bei der unterschiedlichen Qualifizierung von Zinssatzabrede und Zinsanpassungsklausel keine Schwierigkeit bereitet.

Auch diejenigen, die ein funktionelles Ranggefälle zwischen vorformulierten Vertragsbestimmungen in ihren Teilen untereinander verneinen[115], bejahen im Ergebnis einen Vorrang der Hauptleistungskondition vor vorformulierten Nebenabreden. Zum Teil geschieht dies bei Ablehnung einer analogen Anwendung des § 4 AGBG unter Zuhilfenahme allgemeiner Auslegungsregeln, aus

[106] Vgl. Soergel/Ursula Stein, 11. Aufl., § 4 AGBG Rdnr 11; Löwe NJW 1987, 937, 940.

[107] Vgl. zum Meinungsstand Staudinger/Schlosser, 12. Aufl., § 4 AGBG Rdnr 9; jetzt auch Zoller BB 1987, 421, 423.

[108] So Ulmer in Ulmer/Brandner/Hensen, 5. Aufl., § 4 AGBG Rdnr 1.

[109] Vgl. MünchKomm/Kötz, 2. Aufl., § 4 AGBG Rdnr 2.

[110] So Staudinger/Schlosser, 12. Aufl., § 4 AGBG Rdnr 9.

[111] Vgl. Staudinger/Schlosser aaO Rdnr 16.

[112] Vgl. Staudinger/Schlosser aaO Rdnr 11.

[113] Mit Staudinger/Schlosser aaO Rdnr 10.

[114] So Ulmer in Ulmer/Brandner/Hensen, 5. Aufl., § 8 AGBG Rdnr 7.

[115] Vgl. auch Wolf/Horn/Lindacher, § 4 AGBG Rdnr 5; wohl auch Ulmer aaO § 4 AGBG Rdnr 15.

denen sich die Maßgeblichkeit der formularfremden Abweichungen ergeben soll, weil Zusätze auf dem Formular bedeuten, daß im Widerspruch hierzu stehende Formularpassagen obsolet werden[116]. Wer § 4 AGBG als Kodifikation eines allgemeinen Auslegungsgrundsatzes deutet[117], wendet hingegen die Vorschrift entsprechend an. Nach dieser Meinung soll entscheidend sein, welchem Teil die Parteien den Vorrang einräumen wollten. Daraus folgt, daß zusätzlich aufgenommene Vertragsbedingungen, auch wenn sie auf vorformulierten Texten beruhen, vorgehen. Auch soll bei Widerspruch zwischen Haupt- und Nebenabreden anzunehmen sein, daß die beteiligten Verkehrskreise der Festsetzung der beiderseitigen Hauptleistungen den Vorrang geben wollten gegenüber ergänzenden Vertragsbedingungen der AGB[118]. Im Ergebnis bedeuten diese Auffassungen nichts anderes als die Geltung eines Vorrangprinzips bei Abweichungen, die zwischen verschiedenen vorformulierten Teilen des gleichen Vertrages bestehen. In diesem Sinne gibt § 4 AGBG ein verallgemeinerungsfähiges Rechtsprinzip wieder, wonach die relativ speziellere Regelung Vorrang vor einer relativ allgemeineren hat[119].

Aus dieser Einsicht folgt: Die Zinssatzvereinbarung als solche geht damit auch in Form einer Hauptleistungspflicht-AGB der Zinsanpassungsklausel als Nebenabrede vor, und zwar in folgendem Sinn: Eine Zinsänderungsklausel in AGB ist nicht in der Lage, das durch den ursprünglichen Zinssatz festgelegte Äquivalenzverhältnis nachträglich zu ändern. Sie kann nur insoweit Geltung beanspruchen, als sie der Aufrechterhaltung des Äquivalenzverhältnisses bei nachträglicher Veränderung der hierfür maßgebenden Verhältnisse dient. Aus diesem Grunde ist es z. B. nicht möglich, Zinsanpassungsklauseln im engeren Sinne mit einem freien Belieben für den Darlehensgeber durch AGB zu vereinbaren, da hierdurch eine vertragliche Bindung, bezogen auf den ursprünglich vereinbarten Zinssatz, praktisch bedeutungslos würde. Dies gilt sicherlich uneingeschränkt, wenn der ursprüngliche Zinssatz individual ausgehandelt wurde[120], aber auch dann, wenn der ursprüngliche Zinssatz auf einer Hauptleistungspflicht-AGB beruht.

2.3.3.2 Funktion

Mit der Feststellung, daß der Zins seinem Wesen nach den Preis für die Überlassung eines Kapitals darstellt, der durch Kosten, Risiken sowie Marktverhältnisse bestimmt wird und auch kalkulierbar ist, wird deutlich, daß durch

---

[116] So Wolf/Horn/Lindacher aaO, die darauf auch § 5 AGBG anwenden.

[117] So Ulmer aaO § 4 AGBG Rdnr 23.

[118] So Ulmer aaO.

[119] So ausdrücklich Staudinger/Schlosser, 12. Aufl., § 4 AGBG Rdnr 10.

[120] Vgl. auch Ulmer BB 1982, 1125, 1127; Staudinger/Schlosser, 12. Aufl., § 11 Nr. 1 Rdnr 19; auch OLG München BB 1983, 212, 213 = WM 1983, 223 zur Individualabrede im Schuldschein bei Verzugszinsen.

die Vereinbarung des variablen Zinssatzes eine Risikoverlagerung bezweckt ist. Durch die Zinsanpassungsklausel sucht der Darlehensgeber einen Teil seines Geschäftsrisikos, insbes. das Zinsänderungsrisiko[121], auf den Darlehensnehmer abzuwälzen[122].

Die Zinsanpassungsklausel stellt damit eine von vielen verschiedenen Möglichkeiten der Risikobekämpfung dar. Während die aktive Sicherheitspolitik des Kreditgebers gegen den Eintritt von Risiken vorbeugen soll mit dem Ziel der Verhinderung des Risikoeintritts, schirmt die passive Sicherheitspolitik gegen unvermeidliche Risiken ab mit dem Ziel, einen Schutz davor herbeizuführen, daß durch den Eintritt von Risiken Schäden entstehen[123]. Neben den Mitteln der Informationsbeschaffung über alle für die Disposition der Kreditinstitute wesentlichen Tatbestände[124], der Risikoverteilung, der Risikokompensation und dem einwandfreien Geschäftsgebaren, interessiert hier insbesondere das Mittel der Risikoabwälzung[125]. Wenn auch Wirtschaften[126] heißt Verträge abzuschließen, Verträge abzuschließen aber heißt, sich mit bestimmten Risiko-Verteilungen einverstanden zu erklären, so wird der Gläubiger eines Darlehens immer danach trachten, nach Möglichkeit denselben Wert zurückzuerhalten, den er dem Kreditnehmer zwecks wirtschaftlicher Ausnutzung überlassen hat[127]. Dieses Ziel wird unter anderem[128] dadurch erreicht, daß bei Eintritt gewisser Veränderungen gegenüber dem Zeitpunkt des Vertragsabschlusses dem Kreditgeber das Recht vorbehalten wird, den Zinssatz entsprechend abzuändern, sei es zur Abwälzung von Geldwertänderungen[129], sei es zur Abwälzung des Risikos von Preisveränderungen, insbesondere von Preiserhöhungen[130],

---

[121] Vgl. Bieg, Bankbilanzen und Bankaufsicht, 1983, S. 8; siehe oben 2.2.1.2.1 „Zinsänderungsrisiko".

[122] Vgl. BGH WM 1977, 834, 835; Staudinger/Mayer-Maly, 12. Aufl., § 315 BGB Rdnr 21; Staudinger/Jürgen Schmidt, 12. Aufl., § 242 BGB Rdnr 1142ff und 1157; Staudinger/Karsten Schmidt, 12. Aufl., § 246 BGB Rdnr 64.

[123] Vgl. Hagenmüller III S. 354.

[124] Vgl. Hagenmüller III S. 356.

[125] Vgl. hierzu Hagenmüller III S. 359; Büschgen, Bankbetriebslehre S. 46.

[126] Mit Stützel, Das Mark-gleich-Mark-Prinzip und unsere Wirtschaftsordnung, 1979, S. 31 f als Unterfall der Vertragstreue: „mit dem, was Du vereinbart hast, mußt Du als Gläubiger Vorlieb nehmen".

[127] Vgl. Bohndorf, Wertsicherungsklauseln, Diss., Hamburg, 1966, S. 14.

[128] Zur Überwachung der inneren Liquidität des Kreditvolumens, vgl. Kühnen, in Festschrift zum 70. Geburtstag von H. Rittershausen, 1968, S. 145, 147.

[129] Vgl. Schloz aaO S. 70; Gerke aaO S. 25 ff; Stützel aaO S. 31 f zur Durchbrechung des Nominalismus, und S. 68 f; allg. zur verstärkten Heranziehung der Bestimmungsmöglichkeit bei Unsicherheit der wirtschaftlichen Entwicklung, insbesondere Geldwertänderung vgl. Staudinger/Mayer-Maly, 12. Aufl., § 315 BGB Rdnr 21.

[130] Vgl. Urteil des BGH vom 6.3.1986—III ZR 195/84 (München)—BGHZ 97, 212 (weitere Fundst. siehe Kap. 1 Fußn 5); LG Frankfurt a. M. WM 1985, 316, 317 zu steigenden Refinanzierungskosten; OLG Frankfurt a. M. NJW 1986, 1355 zu Leasing; ferner Löwe BB 1982, 152.

oder aber durch Abwälzung des allgemeinen Geschäftsrisikos überhaupt auf den Kunden[131], und damit letztendlich zur Erwirtschaftung eines „angemessenen Gewinns“[132]. Variable Zinssatz-Klauseln der bisher gebräuchlichen Art können nicht alle diese Ziele verwirklichen[133]. Wenn sie auch kein Instrument zur Aushöhlung der durch den Darlehensvertrag für den Darlehensnehmer geschaffenen Rechtsposition darstellen können[134], wird durch sie dennoch der Grundsatz, daß einmal geschlossene Verträge einzuhalten sind, im Ergebnis relativiert[135]. Die Zinsanpassungsklausel, die das Risiko von Zinssteigerungen, insbesondere von Veränderungen der Refinanzierungskonditionen[136], auf den Darlehensnehmer überbürdet, stellt für den Kreditgeber einen ganz erheblichen wirtschaftlichen Vorteil dar[137]. Ein Teil des Risikos des Kreditgeschäfts wird vom Darlehensgeber auf eine andere Wirtschaftseinheit, nämlich den Kreditnehmer übertragen[138]. Sogesehen beinhalten die in Allgemeinen Geschäftsbedingungen vereinbarten Zinsanpassungsklauseln weitgehend eine unentgeltliche Risikoabwälzung[139].

2.3.3.3 Auslegung

Aus der Struktur und Funktion der variablen Zinssatzklauseln heraus sind diese als Preisklauseln[140] zu verstehen. Soweit solche Klauseln in AGB enthalten sind, hat bei deren Auslegung alles Zufällige des einzelnen Streitfalles beiseitezubleiben. Die Auslegung orientiert sich im Grundsatz jedenfalls nur an dem Inhalt der Bedingung selbst. Die Umstände des Einzelfalles, auf die die allgemeinen Bedingungen angewandt werden sollen, sind für deren Auslegung selbst gleichgültig[141] (objektive Auslegung). Es gelten also nicht die üblichen

---

[131] Vgl. BGH WM 1977, 834, 835.

[132] So LG Heidelberg WM 1975, 1271, 1272.

[133] Vgl. unten 5.1.1.1.1 bis 5.1.1.1.5.

[134] Vgl. Staudinger/Jürgen Schmidt, 12. Aufl., § 242 BGB Rdnr 1157, desweiteren Rdnr 1174 und 1189.

[135] Vgl. BGH, Urteil vom 6.3.1986—III ZR 195/84 (München)-BGHZ 97, 212 (weiter siehe Fußn 130).

[136] Vgl. BGH aaO.

[137] Vgl. LG Dortmund WM 1985, 536, 537; zur Entwicklung der letzten Jahre mit Blick auf den bisherigen § 247 BGB, vgl. Häuser/Welter NJW 1987, 17, 18; zu allg. Merkmalen der verstärkten Heranziehung der Leistungsbestimmung nach § 315 BGB vgl. Staudinger/Mayer-Maly, 12. Aufl., § 315 BGB Rdnr 21.

[138] So Hagenmüller III S. 413.

[139] Vgl. Schoenle aaO S. 15; Hagenmüller aaO, wonach dieser Vorgang auf der Ausnutzung der wirtschaftlichen Macht der Bank im Verhältnis zum Kreditnehmer beruhen soll.

[140] Vgl. BGHZ 1, 353 f.

[141] Vgl. BGHZ 7, 365, 368f; besonders Rüßmann BB 1987, 843, 844; ferner MünchKomm/Kötz, 2. Aufl., § 5 AGBG Rdnr 2; Basedow AcP 182, 335, 354f; Soergel/Knopp, 11. Aufl., BGB Rdnr 47, auch Rdnr 50, zu ergänzender Verkehrssitte

Regeln der Vertragsinterpretation[142]. Entscheidend ist vielmehr, wie die Bedingungen als Ausdruck des Willens verständiger und redlicher Vertragspartner zu werten sind, die ihrem Geschäftsverkehr eine allgemeine Vertragsgrundlage geben wollen[143].

Nach allg. Auffassung sind dabei unklare und einseitige Bedingungen üblicherweise zum Nachteil des Verwenders zu interpretieren[144], wobei allerdings dem AGBG eine Bestrafungstendenz fremd ist[145]. Etwas anderes folgt auch nicht aus dem Gedanken des Verbraucherschutzes, der sich durch überzogene, einem Interessenausgleich entgegenstehende Forderung selbst diskreditieren würde[146].

2.3.3.3.1 Typisierende Auslegung des BGH

Unter dem Blickwinkel der Funktion der Zinsanpassungsklausel, das Zinsänderungsrisiko von der Bank auf den Kunden zu verlagern, kann sich die Auslegung an der oben dargestellten Struktur orientieren. Zunächst ist zu ermitteln, welcher Zinssatz individual oder durch Hauptleistungspflicht-AGB vereinbart wurde; sodann ist anhand objektiver Auslegung zu fragen, unter welchen Voraussetzungen die Zinsanpassung möglich ist, was Maßstab und Bemessungsgrundlage der Anpassung sind, wer bestimmungsberechtigt sein soll, ferner in welcher Art und Weise die Zinsänderung vorzunehmen ist und welche Rechte des Darlehensnehmers sich aus der Klausel ergeben.

Untersucht man nach diesen Kriterien die gebräuchlichen Zinsanpassungsklauseln, wird man in der Regel feststellen müssen, daß vielfach wesentliche Strukturelemente in den Zinsanpassungsklauseln nur äußerst vage und andeutungsweise, zum Teil auch überhaupt nicht geregelt sind. Das hierdurch im Zusammenhang mit dem Bestimmtheitsgrundsatz auftretende Problem hat der BGH in seinem Urteil vom 6.3. 1986 — III ZR 195/84 (München) —[147] dadurch gelöst, daß er für die Auslegung die für den Kreditvertrag typischen Gegebenheiten wie ständige Zinsschwankungen, die dem Kreditnehmer in der Regel bekannt sind, mitherangezogen hat, und auf diese Weise zu einer typisierenden Auslegung gelangt ist, wonach alle unbestimmt gefaßten Klauseln dahinzuverstehen sind, daß sie nur eine Anpassung an eine veränderte Refinanzierungssitu-

---

Rdnr 31 ff; Staudinger/Schlosser, 12. Aufl., § 9 AGBG Rdnr 35; OLG Frankfurt a. M. NJW 1986, 1355 (zu Leasing).

[142] Vgl. Schoenle aaO S. 14 f.

[143] Vgl. BGHZ 17, 1, 3.

[144] Vgl. Schoenle aaO; Nielsen, Das Bankrecht, 4. Aufl., 1978, S. 68.

[145] Vgl. Ulmer BB 1982, 1125.

[146] So Ulmer aaO S. 1126.

[147] NJW 1986, 1803, 1804, weitere Fundst. siehe Kap. 1 Fußn 5; kritisch dazu Schwarz NJW 1987, 626 ff.

ation erlauben[148]. Seitens der Formularpraxis der Banken wird daher zu überdenken sein, wie Klauseln in Zukunft zu fassen sind, wenn auch andere Faktoren, wie z. B. die Änderung des Bonitätsrisikos oder eine Umstrukturierung der Refinanzierungsquellen überhaupt, bei der Zinsanpassung Berücksichtigung finden sollen.[149]

2.3.3.3.2 Bedeutung der Nominalzinssatzangabe im Kreditvertrag

Die Auslegungsproblematik ist damit jedoch noch nicht zu Ende. Entscheidende Bedeutung kommt dem Verständnis des im Kreditvertrag angegebenen Nominalzinssatzes zu. Dieser Zinssatz ist mehr als bloße Rechenziffer bzw. Orientierungspunkt[150]. Ihm kommt als Hauptpreisabrede selbst in Form der Hauptleistungspflicht-AGB ein Vorrang zumindest in dem Sinne zu, daß dem Darlehensnehmer die ihm bei Vertragsabschluß gewährte Vorzugsspanne bei der späteren Preisanpassung zu belassen ist[151]. Die im Nominalzinssatz enthaltene Zahlenangabe im Kreditvertrag dient auch nicht allein der rechnerischen Kontrolle des Äquivalenzverhältnisses[152]. Zahlenangaben im Vertrag sind vielmehr als bestimmter Preis mit Änderungsvorbehalt auszulegen[153]. Der Preis für die Überlassung des Kapitals, der Zins, ist demgemäß nicht offengehalten, muß also nicht erst durch den Darlehensgeber bestimmt werden. Vielmehr ist aus der Zahlenangabe zu entnehmen, daß der zunächst einmal gültige Zinssatz vereinbart ist. Die Zinsanpassungsklausel stellt damit in aller Regel keinen Preisvorbehalt[154] dar, bei der etwa der Preis noch offengehalten ist, sondern vielmehr eine Preisanpassungsklausel, d. h. der Preis (sprich Zins) ist bei Abschluß des Vertrages festgelegt worden, und diese Abrede ist zusätzlich mit einer Preisanpassungsklausel verbunden[155].

---

[148] Siehe weiter unten 3.1.5.3 „Bestimmtheitsgrundsatz".

[149] Vgl. dazu Steppeler, Sparkasse, 1986, 318, 320.

[150] Diesen Gedanken hat Ulmer in BB 1982, 1125, 1128 im Zusammenhang mit dem Problem der Tagespreisklausel geäußert.

[151] Siehe schon oben 2.3.3.1.3 „Vorrangprinzip", ausdrücklich auch Löwe NJW 1987, 937, 940 im Zusammenhang mit der Tilgungsverrechnungsklausel; ferner auch Ulmer BB 1982, 1125, 1127; Staudinger/Schlosser, 12. Aufl., § 11 Nr. 1 AGBG Rdnr 19.

[152] Wenn dies auch eine ganz wesentliche Funktion der Zahlenangabe ist, vgl. unten 5.2.3.2 „Äquivalenz"; vgl. ferner Bartsch BB 1983, 214 Fußn 10.

[153] Vgl. in diesem Sinne BGH BB 1983, 921, 923 mwN mit Anm Trinkner; NJW 1983, 1603 = ZIP 1983, 828; zur Annahme einer unbestimmten Preisabrede in anderem Zusammenhang vgl. OLG Stuttgart BB 1982, 148.

[154] Vgl. dazu oben 2.3.1.1.3 „Zinsvorbehalt".

[155] Vgl. in diesem Sinne BGH BB 1983, 921, 922 = NJW 1983, 1603 = ZIP 1983, 828; auch BGHZ 93, 252 = NJW 1985, 853 = BB 1985, 1223 = ZIP 1985, 284; ferner auch Mittelbach, Wertsicherungsklauseln im Zivil- und Steuerrecht, 4. Aufl., 1980, S. 66 Rdnr 166.

Nur diese Lösung ist auch interessengerecht. Ergäbe nämlich die Auslegung, daß der Preis offengehalten ist, daß der Kreditgeber also den Zinssatz noch bestimmen müßte, so würde alleinige Grenze bereits der ersten (!) Leistungsbestimmung die Billigkeit im Sinne des § 315 BGB darstellen[156], ohne daß es auf ein durch die Zahlenangabe bei Vertragsabschluß festgelegtes Äquivalenzverhältnis ankommen müßte[157]. Kurz gesagt würde sich die Zahlenangabe im Kreditvertrag erübrigen. Sie wäre rechtlich bedeutungslos und überflüssig[158]. Die Änderung eines Preises setzt indes begrifflich dessen vorherige bestimmte Vereinbarung voraus[159].

2.3.3.3.3 Relation zwischen Änderung der Verhältnisse und Anpassung

Zwar sind die Möglichkeiten, wie Preis- und entsprechend auch Zinsanpassungen in Verträgen bzw. Allgemeinen Geschäftsbedingungen vorgesehen werden können, schier unübersehbar[160]. Entsprechendes gilt auch für die Möglichkeiten, die für die Vollziehung einer Anpassung bestehen können[161]. Für Zinsänderungsklauseln[162] reduziert sich die Problematik durch deren generell unbestimmte Fassung jedoch erheblich: sie beinhalten ein einseitiges Leistungsbestimmungsrecht des Darlehensgebers nach § 315 BGB in alleiniger Abhängigkeit von einer Veränderung der Refinanzierungssituation[163]. Für Zinsgleitklauseln ist die Situation insofern anders, als diese durch Nennung einer bestimmten Referenzgröße für eine automatische Anpassung des Zinssatzes sorgen[164].

Selbst wenn bei einer Leistungsbestimmung nach billigem Ermessen alle bei der Billigkeitsabwägung zu berücksichtigenden Umstände einzubeziehen sind, so stellt eine Preis- oder Wertänderung, in der Regel also die Veränderung der Refinanzierungssituation, doch nur Voraussetzung dar für eine mögliche Änderung des Zinssatzes. Damit ist zwar noch nicht gesagt, daß sie zugleich bestimmender Faktor sein muß[165]. Enthalten die Zinsänderungsklauseln wie

---

[156] Vgl. in diesem Sinne BGH BB 1983, 921, 923 = NJW 1983, 1603 = ZIP 1983, 828.

[157] So liegt es allerdings beim Zinsvorbehalt bei welchem das Äquivalenzverhältnis durch die erste Leistungsbestimmung des Kreditgebers festgelegt wird.

[158] In diesem Sinne BGH aaO.

[159] Vgl. BGH aaO; LG Nürnberg-Fürth BB 1982, 456; BGH BB 1982, 146 = DAR 1982, 62.

[160] Vgl. Bartsch BB 1983, 214: unternimmt den Versuch einer Systematisierung.

[161] Vgl. z. B. Fögen BB 1967, 738.

[162] Zum Begriff siehe oben 2.3.1.1.2 „Zinsänderungsklausel".

[163] Vgl. BGH, Urteil vom 6.3.1986—III ZR 195/84 (München)—BGHZ 97, 212ff (weitere Fundst. siehe Kap. 1 Fußn 5).

[164] Siehe oben 2.3.1.1.1 „Zinsgleitklausel".

[165] Vgl. dazu Fögen BB 1967, 738; Mittelbach aaO S. 66 Rdnr 165; auch Gerke aaO S. 19; siehe auch die Auslegungsgrundsätze des BGH in NJW 1980, 2133f = JZ 1980, 529 = BB 1980, 1391 im Zusammenhang mit § 11 Nr. 1 AGBG.

üblich hierzu keine Aussage, ergibt die Auslegung zugleich, daß der Umfang der Änderung der Refinanzierungssituation auch Maßstab der möglichen Anpassung ist[166].

[166] So ausdrücklich BGH Urteil vom 6.3.1986 — III ZR 195/84 (München) — in BGHZ 97, 212, 222; (weitere Fundst. siehe Kap. 1 Fußn 5): „Auch das Ausmaß einer statthaften Zinserhöhung oder gebotenen Zinssenkung muß sich an der Veränderung der Refinanzierungsmöglichkeiten der beklagten Bank orientieren"; aA Steppeler, Sparkasse, 1986, 318, 320; siehe im einzelnen unten 5.2.3 „Umfang der Zinsanpassung".

3. Wirksamkeit variabler Zinssatzklauseln

Die Frage der Wirksamkeit einer Zinsanpassungsklausel ist streng zu unterscheiden von der Frage der Wirksamkeit der Anpassung als solchen. Die letztere kann sich überhaupt nur dann stellen, wenn eine Zinsanpassungsklausel als wirksam vereinbart, und sei es auch nur im Wege ergänzender Vertragsauslegung, anzunehmen ist. Im folgenden wird diesen Fragen aus AGB-rechtlicher, währungs- und preisordnungsrechtlicher Sicht nachgegangen.

3.1 Zinsanpassungsklauseln und AGBG

Soweit Zinsanpassungsklauseln — wie üblicherweise — in den allgemeinen Bedingungen der Kreditverträge der Banken enthalten sind, ist zu fragen, inwieweit sie wirksam einbezogen sind, einer Inhaltskontrolle unterliegen bzw. einer solchen standhalten[1].

Nach § 1 Abs. 1 S. 2 AGBG ist dabei unerheblich, ob die zu prüfenden Klauseln in äußerlich gesonderten Geschäftsbedingungen oder aber in die vorgedruckten Vertragsformulare selbst aufgenommen sind. Auch diese stellen vorformulierte und für eine unbestimmte Vielzahl künftiger Verwendungen entworfene Vertragsbedingungen und damit Allgemeine Geschäftsbedingungen im Sinne des § 1 AGBG dar[2]. Daß die Vertragsexemplare auch im einzelnen ausgehandelte Regelungen enthalten können, so z. B. die Vereinbarung des Nominalzinssatzes bei Abschluß des Vertrages[3], rechtfertigt keine andere Beurteilung[4].

3.1.1 Grundsatzbedenken

Gegen die Möglichkeit, einseitige Leistungsbestimmungsbefugnisse überhaupt in Allgemeinen Geschäftsbedingungen zu vereinbaren, sind Grundsatzbedenken erhoben worden. Ein einseitiges Leistungsbestimmungsrecht in AGB addiert die Gefahren für die Selbstbestimmung der anderen Partei[5]. Da der Klauselverwender primär eigene Interessen berücksichtigen wird[6], liegt der

---

[1] Vgl. zur Reihenfolge der Prüfung auch MünchKomm/Kötz, 2. Aufl., vor § 8 AGBG Rdnr 4.

[2] Vgl. BGH NJW 1986, 1803 (weitere Fundst. siehe Kap. 1 Fußn 5); auch BGHZ 62, 251, 253 = NJW 1974, 1135 zur Rechtslage vor Inkrafttreten des AGBG.

[3] Siehe dazu oben 2.3.3.1.1 „Individualvereinbarung".

[4] So BGH NJW 1986, 1803 (weitere Fundst. siehe Kap. 1 Fußn 5).

[5] Vgl. Köndgen/König ZIP 1984, 129, 134.

Gedanke nahe, für einseitige Leistungsbestimmungsbefugnisse stets eine Individualabrede zu fordern[7]. Dies gilt aus Gründen des Vertrauensschutzes grundsätzlich für bestimmte Vertragspunkte, die für den Betroffenen von besonderer Bedeutung sind[8].

Auch wenn solche Klauseln, auch die Zinsänderungsklausel, durch doppelte Einseitigkeit geprägt sind, nämlich einmal durch einseitig gestaltete Klausel und zum anderen durch das einseitige Leistungsbestimmungsrecht, können sie durchaus auch durch Allgemeine Geschäftsbedingungen zum Vertragsgegenstand werden[9]. Das Zivilrecht selbst kennt ähnliche Regelungen, so z. B. § 315 BGB, auch die Auslegungsregel des § 453 BGB (Vereinbarung eines Marktpreises als Kaufpreis) und § 22 Abs. 4 S. 2 Nr. 2 GWB (Fall mißbräuchlicher Überhöhung der Preise durch ein marktbeherrschendes Unternehmen)[10]. Dies belegt im übrigen auch die Existenz des § 11 Nr. 1 AGBG, wonach eine Bestimmung, welche die Erhöhung des Entgelts für Waren oder Leistungen vorsieht, die innerhalb von vier Monaten nach Vertragsschluß geliefert oder erbracht werden sollen, unwirksam ist[11]. Wenn somit einseitige Preisänderungsrechte, und damit auch Zinsanpassungsklauseln, in AGB generell zulässig sind[12], so bewegen sie sich damit nicht in einem AGB-kontrollfreiem Raum[13].

3.1.2 Einbeziehung

Allgemeine Geschäftsbedingungen werden einseitig gestellt und daher nur kraft Unterwerfung des anderen Teils Vertragsbestandteil. Insoweit kann bei Zinsänderungsklauseln, die ein Leistungsbestimmungsrecht nach § 315 BGB beinhalten, von einer doppelten Unterwerfung des Darlehensnehmers gesprochen werden. Er ist nicht nur den Allgemeinen Geschäftsbedingungen unterworfen. Es besteht gleichzeitig als Kehrseite des Gestaltungsrechts des Darlehensgebers für den Darlehensnehmer ein Zustand des Abhängigseins, ja des Unterworfenseins unter die Leistungsbestimmung des Darlehensgebers[14]. Ein Einverständnis des Kunden kann sich nur auf solche Bedingungen beziehen, mit deren Aufstellung billiger- und gerechterweise gerechnet werden kann[15]. Es ist heute

---

[6] Vgl. Kronke AcP 183, 113, 129ff, 132.

[7] Vgl. Löwe BB 1982, 152, 155.

[8] Vgl. in diesem Sinne BGH NJW 1980, 2133, 2134 = JZ 1980, 529 = BB 1980, 1391.

[9] Vgl. Kunth/Wollburg BB 1985, 230, 238.

[10] Vgl. Kunth/Wollburg BB 1985, 230, 235.

[11] Vgl. dazu BGH BB 185, 1223, 1224 = BGHZ 93, 252 = NJW 1985, 853 = ZIP 1985, 284.

[12] So BGH aaO.

[13] Vgl. Bohle/Micklitz BB-Beilage Nr. 11/1983 S. 11; zur Tendenz zur Inhaltskontrolle Schlosser ZIP 1985, 449, 450ff.

[14] In diesem Sinne Bötticher S. 7 und 17.

[15] Vgl. BGHZ 38, 183, 185.

allgemein anerkannt, daß Banken mit AGB arbeiten, die überdies in den Geschäftsräumen aushängen. Dies gilt insbesondere für alle größeren Geschäftsbanken, deren AGB sich inhaltlich sogar meist decken[16]. Es ist daher davon auszugehen, daß die AGB der Banken branchenüblich sind und damit auch ohne besonderen Hinweis Vertragsinhalt werden[17]. In der Regel wird somit mit der Möglichkeit zumutbarer Kenntnisnahme[18] den Erfordernissen des § 2 AGBG Genüge getan[19]. Auch die Regelung der Ziffer 14 (2) und (3) AGB-Banken stellt letztlich keinen Verstoß gegen § 2 Abs 1 Ziffer 2 AGBG dar[20].

Zwischen Allgemeinen Geschäftsbedingungen des einzelnen Kreditvertrages und den sonstigen Allgemeinen Geschäftsbedingungen der Banken ist eine Rangordnung anzunehmen, wonach bei Widerspruch zwischen Spezialbedingungen für bestimmte Geschäfte und den Allgemeinen Geschäftsbedingungen grundsätzlich die ersteren Vorrang haben[21].

3.1.3 Inhaltskontrolle, § 8 AGBG

Zwar ist neuerdings im Zusammenhang mit der Diskussion um Wirksamkeit von Tilgungsverrechnungsklauseln der Gedanke geäußert worden, daß § 8 AGBG eine Konfliktsregel für Normenkollisionen darstelle, aber nicht dazu diene, gesetzliche Interessenbewertungen zu überprüfen. Deshalb seien Klauseln, die durch gesetzliche Erlaubnisnormen gedeckt seien, gemäß oder analog § 8 AGBG kontrollfest[22]. Diese Auffassung übersieht, daß Klauseln, die eine gesetzliche Gestaltungsmöglichkeit nutzen, sich nicht in der deklaratorischen Wiedergabe des Gesetzes erschöpfen. Eine der Inhaltskontrolle entzogene AGB-Deklaration ist nur anzunehmen, wenn bei Hinwegdenken der AGB-Klausel die Lücke durch ein inhaltsgleiches Gesetz gemäß § 6 Abs. 2 AGBG aufgefüllt würde[23]. In letzter Konsequenz würde die Auffassung von der Kontrollfreiheit solcher Klauseln dazu führen, daß jede AGB-Klausel im Rahmen der §§ 134, 138 BGB die deklaratorische Wiedergabe der vertraglichen

---

[16] In diesem Sinne LG München WM 1978, 1915.

[17] Vgl. Palandt/Heinrichs, 46. Aufl., § 2 AGBG Anm 2 b; Soergel/Knopp, 11. Aufl., § 157 BGB Rdnr 23.

[18] Vgl. Nielsen, Das Bankrecht, 4. Aufl., S. 66.

[19] Was erst recht anzunehmen ist, wenn die Kreditaufnahme § 24 AGBG unterliegt.

[20] So ausdrücklich LG Berlin WM 1979, 322; Staudinger/Schlosser, 12. Aufl., § 9 AGBG Rdnr 73 a); MünchKomm/Kötz, 2. Aufl., § 9 AGBG Rdnr 48; Brandner in Ulmer/Brandner/Hensen, 5. Aufl., Anhang §§ 9-11 Rdnr 282; Staudinger/Karsten Schmidt, 12. Aufl., § 246 BGB Rdnrn 66, 70ff.

[21] Vgl. Bärmann/Brink/Scheerer, Europäisches Geld-, Bank- und Börsenrecht, Teil 1, Berlin, 1974, S. 76, 77.

[22] So Canaris NJW 1987, 609, 610ff, der diesen Gedanken allerdings nicht auf Zinsanpassungsklauseln anwendet, vgl. Canaris aaO S. 613f; gegen die Kontrollfreiheit von Erlaubnisnormen ausdrücklich Löwe NJW 1987, 937ff.

[23] Vgl. Zoller BB 1987, 421: „Regelungsidentität von Klausel und Gesetz“.

Inhaltsfreiheit sein müßte[24]. „AGB werden nicht von den allgemeinen, für Individualabreden im Sinne von § 4 AGBG geltenden gesetzlichen Erlaubnissen rechtsgeschäftlicher Gestaltung inhaltlich abgedeckt, da sie den Tatbestand dieser Erlaubnisgesetze — genauer das umschriebene Merkmal der beiderseits gewollten Vertragsgestaltung — nicht erfüllen"[25].

Konditionsanpassungsklauseln[26] in Darlehensverträgen stellen Bestimmungen dar, die zumindest eine Rechtsvorschriften ergänzende, wenn nicht gar ändernde Regelung im Sinne des § 8 AGBG enthalten[27]. Wie sich bereits aus § 11 Nr. 1 AGBG folgern läßt, geht das dispositive Recht grundsätzlich von einer bindenden Preisvereinbarung aus. Deshalb ergänzt die Preisanpassungsklausel das dispositive Recht und unterliegt nicht dem kontrollfreiem Raum nach § 8 AGBG[28]. Sie sind auf ihre Wirksamkeit nach den §§ 8ff AGBG zu überprüfen, ohne Rücksicht auf behördliche Genehmigung, notarielle Beurkundung, Formulierung und Form[29]. Weder aus dem Wortlaut der § 8, 9 AGBG, noch aus der Entstehungsgeschichte des Gesetzes kann im übrigen für Klauseln dieser Art ein Gebot schonender Behandlung[30] hergeleitet werden. Vielmehr folgt bereits aus den Gesetzesmaterialien[31], daß der Vorbehalt einer einseitigen Preiserhöhung in Allgemeinen Geschäftsbedingungen der Inhaltskontrolle unterliegt[32]. Dieses Verständnis ist auch sachlich geboten. Denn ohne Inhaltskontrolle wäre ein Schutz des Kreditnehmers vor einer Verschiebung der

---

[24] Vgl. Zoller BB 1987, 421, 422.

[25] Zitat Zoller aaO S. 423: Zoller erklärt weiterhin, warum AGB etwa unter das BGB subsumierbar sind, soweit es um dessen rechtsgeschäftliche Verbote geht, nicht aber subsumierbar unter die oft mit dem Verbot korrespondierende Erlaubnis: Gilt ein Verbot bereits für Individualvereinbarungen, so erst recht für AGB (Grund: Rangverhältnis gemäß § 4 AGBG). Gilt hingegen eine Erlaubnis für eine Individualabrede, so ist damit noch lange nicht ihre Geltung für die schwächer legitimierte AGB impliziert.

[26] Die Zinsanpassung ist ein Unterfall der Konditionenanpassung, vgl. Staudinger/Karsten Schmidt, 12. Aufl., § 246 BGB Rdnr 71.

[27] Zutreffend Köndgen/König ZIP 1984, 129, 134; Brandner in Ulmer/Brandner/Hensen, 5. Aufl., § 8 AGBG Rdnr 14 und 20; ferner BGH BB 1985, 1223 = BGHZ 93, 252 = NJW 1985, 853 = ZIP 1985, 284; NJW 1986, 1803 (weitere Fundst. siehe Kap. 1 Fußn 5); Trinkner BB 1983, 924; im Ergebnis auch Kunth/Wollburg BB 1985, 230, 235, die aufgrund der Regelung der §§ 453 BGB und 22 GWB eine Indizwirkung für die Inhaltskontrolle annehmen; ferner Schlosser AGB-Gesetz § 8 AGBG Rdnr 3; ders. in Schlosser/Coester-Waltjen/Graba § 1 AGBG Rdnr 12.

[28] Vgl. in diesem Sinne BGH BB 1985, 1223 (siehe Fußn 27).

[29] Vgl. MünchKomm/Kötz, 2. Aufl., vor § 8 AGBG Rdnr 1.

[30] So aber Baur, Vertragliche Anpassungsregeln in Verträgen, 2. Aufl., 1983, S. 99.

[31] Vgl. Reg. Entw. BT-Drucks. 7/3919 S. 271.

[32] So BGH aaO; WM 1977, 834; NJW 1982, 331 = BB 1982, 146 = ZIP 1982, 71 = MDR 1982, 486 = WM 1982, 9 = BGHZ 18, 21 (Tagespreisklausel); ferner BGH NJW 1980, 2518 = WM 1980, 1120 = LM AGBG Nr. 6 = DB 1980, 2125 = BB 1980, 1490 = ZIP 1980, 765 (Zeitschriftenabonnement); auch OLG Hamm WM 1983, 222, 223 zu Überziehungszinsen; unklar LG München WM 1978, 915.

Hauptleistungspflichten in ihrer Gewichtung zueinander nicht zu gewährleisten[33].

Über eine Anwendung des § 315 BGB (billiges Ermessen) dürfte ein solcher Schutz allein nicht zu erzielen sein[34]. Wenn auch § 28 Abs. 2 AGBG unter anderem für nicht abgewickelte Dauerschuldverhältnisse, die vor Inkrafttreten des AGBG[35] abgeschlossen wurden, nicht alle Vorschriften des AGBG für anwendbar erklärt, insbesondere nicht die §§ 10 und 11 AGBG, sondern nur den § 9 AGBG, so unterliegen auch diese Fälle einer Inhaltskontrolle. Denn § 9 AGBG stellt als Generalklausel im wesentlichen die Kodifizierung der bereits vor dem Inkrafttreten des AGB bestehenden Rechtslage dar, wie sie sich seit langem anhand ständiger Rechtsprechung des BGH zur Inhaltskontrolle gemäß § 242 BGB entwickelt hatte. Danach ist auch für diese Fälle einer AGB-Klausel die Anerkennung zu versagen, wenn sie den im dispositiven Recht enthaltenen Ausgleich widerstreitender Interessen der Vertragspartner verdrängt, ohne den Kunden in anderer Weise einen angemessenen Schutz zu gewähren[36].

Dieser Schutz kommt auch Kaufleuten zugute. Der Unterschied zwischen kaufmännischem und nichtkaufmännischem Verkehr reduziert sich auf das Ausmaß der tolerierten Formulierungsungenauigkeit[37]. Auch in diesem Bereich gilt für Klauseln, die ein einseitiges Vertragsanpassungsrecht begründen, der Bindungsgrundsatz als wesentliche Grundlage für ein die Äquivalenz gegenseitiger Leistungen sicherndes Vertragssystem[38].

3.1.4 Klauselkatalog der §§ 10 und 11 AGBG

Weder § 10 Nr. 4 AGBG (Änderungsvorbehalt) noch § 11 Nr. 1 AGBG (kurzfristige Preiserhöhungen) sind einschlägig für eine Überprüfung der Wirksamkeit von Zinsanpassungsklauseln, auch wenn beide Vorschriften ähnliche Regelungstatbestände aufweisen[39]. § 10 Nr. 4 AGBG betrifft nach seinem Wortlaut nur eigene Leistungen des Verwenders[40]. Der Zinsanpassungsvorbehalt betrifft jedoch nicht die Leistung des Verwenders der AGB, also die Leistung der Bank (den Kredit), sondern eine Änderung der Gegenleistung, die Leistung des Kreditnehmers[41]. Auch § 11 Nr. 1 AGBG ist nicht heranzuziehen, da diese Vorschrift nicht für Dauerschuldverhältnisse gilt[42].

---

[33] Vgl. Brandner in Ulmer/Brandner/Hensen, 5. Aufl., § 8 AGBG Rdnr 19, zugleich ausführlich zum Zweck der Inhaltskontrolle.

[34] Siehe im einzelnen dazu unten 3.1.5 „Angemessenheitskontrolle, § 9 AGB".

[35] 1.4.1977, § 30 AGBG.

[36] Vgl. BGH WM 1985, 8, 9; NJW 1986, 1803 (weitere Fundst. siehe Kap. 1 Fußn 5).

[37] Vgl. Schlosser ZIP 1985, 449, 458 f.

[38] So Schlosser aaO S. 461.

[39] Vgl. Staudinger/Karsten Schmidt, 12. Aufl., § 246 BGB Rdnr 71.

[40] Vgl. MünchKomm/Kötz, 2. Aufl., § 10 AGBG Rdnr 21 ff.

Nach § 11 Nr. 15 AGBG sind Klauseln unwirksam, die eine Beweislastumkehr für Umstände im Verantwortungsbereich des Verwenders herbeiführen würden, also z. B. hinsichtlich der Beweislast für die Billigkeit der Zinsanpassung[43]. Unwirksam nach § 10 Nr. 5 AGBG sind alle Klauseln, die Erklärungsfiktionen des Darlehensnehmers statuieren, wie z. B. die Zustimmung zu der Zinsanpassung[44]. Entsprechend kann auch nicht durch AGB geregelt werden, daß ein Schweigen auf Kontoauszügen eine Genehmigung der Zinsbestimmung sei[45]. Der Rechtsgedanke des § 10 Nr. 5 AGBG (Schutz vor unangemessener Fiktion in AGB) gilt grundsätzlich auch für den kaufmännischen Geschäftsverkehr, wobei dann die Rechtsgrundlage der AGB-Kontrolle in § 9 AGBG gesehen wird[46].

Aus dem Rechtsgedanken des § 10 Nr. 6 AGBG (Fiktion des Zugangs) läßt sich desweiteren herleiten, daß Klauseln, die eine einseitige Zinsänderung ohne jede Mitteilung an den Darlehensnehmer gestatten, unwirksam sind[47]. Dies gilt nicht für Zinsgleitklauseln, die eine automatische Anpassung herbeiführen, ohne daß es auf eine Erklärung des Darlehensgebers ankommt, wohl aber für Zinsänderungsklauseln, bei denen die Zinsanpassungserklärung konstitutive Wirkung hat[48]. Wenn schon nicht durch AGB der Zugang einer solchen Erklärung fingiert werden kann, dann erst recht nicht, daß ein solcher Zugang

---

[41] Was bei Schaarschmidt Rdnr 1.41 übersehen wird; vgl. ferner hierzu Graf von Westphalen in Löwe/von Westphalen/Trinkner § 10 Nr. 4 AGBG Rdnr 20, 30; Brandner in Ulmer/Brandner/Hensen, 5. Aufl., Anh. §§ 9-11 AGBG Rdnr 282; Reuter DB 1981, 71; Koch/Stübing, § 10 Nr. 4 AGBG Rdnr 6.

[42] Vgl. Brandner aaO; Palandt/Heinrichs, 46. Aufl., § 11 AGBG Anm 1 d) aa); ferner Bohle/Micklitz, BB-Beilage 11/1983 S. 10, 11; BGH NJW 1980, 2133 = JZ 1980, 529 = BB 1980, 1391 (Mehrwertsteuerklausel); BGH NJW 1980, 2518 = WM 1980, 1120 = LM AGBG Nr. 6 = DB 1980, 2125 = BB 1980, 1490 = ZIP 1980, 765 (Zeitschriftenabonnement); BGH BB 1985, 483 = NJW 1985, 855; BGHZ 93, 252 = NJW 1985, 853 = BB 1985, 1223 = ZIP 1985, 284 (Kfz-Händlervertrag); BGH NJW 1985, 2270 = BB 1985, 1351 = BauR 1985, 573 (VOB-Vertrag); auch MünchKomm/Kötz, 2. Aufl., § 11 Nr. 1 AGBG Rdnr 9 f.

[43] Zur Beweislast siehe unten 6.2 „Darlegungs- und Beweislast".

[44] Vgl. den Fall des OLG Stuttgart NJW 1954, 1646 = DNotZ 1955, 80, wonach der Schuldner nach dem von der Gläubigerin verwendeten Formular einer Zinsänderung im voraus unwiderruflich zustimmte; vgl. auch das Formulierungsbeispiel bei Kugler, Konzeptionelle Ansätze zur Analyse und Gestaltung von Zinsänderungsrisiken in Kreditinstituten, 1985, S. 314.

[45] Vgl. BGH NJW 1986, 1803, 1805 (weitere Fundst. siehe Kap. 1 Fußn 5); BGHZ 73, 270, 210 = NJW 1979, 1164.

[46] So MünchKomm/Kötz, 2. Aufl., § 10 Nr. 5 AGBG Rdnr 35; vgl. aber LG Berlin WM 1979, 322: kein Verstoß gegen § 10 Nr. 5 AGBG, da keine Erklärung fingiert, sondern nur eine Rechtsfolge festgelegt werde.

[47] So, gestützt auf § 9 AGBG, Staudinger/Karsten Schmidt, 12. Aufl., § 246 BGB Rdnr 66; MünchKomm/Kötz, 2. Aufl., § 9 AGBG Rdnr 48; Palandt/Heinrichs, 46. Aufl., § 315 BGB Anm 3 d) gegen OLG München DB 1984, 919 = WM 1983, 1275 f; siehe im einzelnen dazu unter 5.1.2.2 „Empfangsbedürftige Erklärung".

[48] So zutreffend Staudinger/Karsten Schmidt, 12. Aufl., § 246 BGB Rdnr 66.

überhaupt nicht erforderlich ist. Hierüber hilft auch nicht Ziffer 1 (2) AGB-Banken hinweg, wonach schriftliche Mitteilungen der Bank nach dem gewöhnlichen Postlauf als zugegangen gelten, wenn sie an die letzte der Bank bekanntgewordene Anschrift des Kunden abgesandt worden sind. Diese Klausel ist insoweit als unwirksam anzusehen, als der Erklärung, die als zugegangen gelten soll, im Einzelfall eine „besondere Bedeutung" zukommt[49].

3.1.5 Angemessenheitskontrolle, § 9 AGBG

Als Auffangtatbestand greift die Generalklausel des § 9 AGBG ein[50], wonach Bestimmungen in AGB unwirksam sind, wenn sie den Vertragspartner des Verwenders entgegen den Geboten von Treu und Glauben unangemessen benachteiligen. Die §§ 10 und 11 AGBG stellen insoweit nur eine Konkretisierung des § 9 AGBG dar[51], und damit auch im wesentlichen die Kodifizierung der bereits vor dem Inkrafttreten des AGBG bestehenden Rechtslage, wie sie sich anhand der Rechtsprechung zur Inhaltskontrolle gemäß § 242 BGB entwickelt hatte[52]. Die im Rahmen der Angemessenheitskontrolle nach § 9 AGBG darzustellenden Grundsätze sind deshalb auch auf die vor dem Inkrafttreten des AGBG (1.4. 1977, § 30 AGBG) abgeschlossenen Kreditverträge anzuwenden[52a]. Auch nach der vor Geltung des AGBG entwickelten Rechtsprechung war einer AGB-Klausel die Anerkennung zu versagen, wenn sie den im dispositiven Recht enthaltenen Ausgleich widerstreitender Interessen der Vertragspartner verdrängte, ohne dem Kunden in anderer Weise einen angemessenen Schutz zu gewähren[53].Die Grundsätze zulässiger Vertragsanpassung finden somit ihre sedes materiae in der Generalklausel des § 9 AGBG[54], der insoweit, wie sich aus § 24 AGBG ergibt, auch anwendbar ist, wenn es sich bei dem Darlehensnehmer um einen Kaufmann handelt[55].

---

[49] Vgl. MünchKomm/Kötz, 2. Aufl., § 10 Nr. 6 AGBG Rdnr 36.

[50] Vgl. Staudinger/Karsten Schmidt, 12. Aufl., § 246 BGB Rdnr 71; Staudinger/Schlosser, 12. Aufl., § 9 AGBG Rdnr 2f; auch BGH NJW 1980, 2518, 2519 = WM 1980, 1120 = LM AGBG Nr. 6 = DB 1980, 2125 = BB 1980, 1490 = ZIP 1980, 765 (Zeitschriftenabonnement).

[51] Vgl. z. B. Palandt/Heinrichs, 46. Aufl., § 9 AGBG Anm 1 a).

[52] Vgl. BGH WM 1985, 8; NJW 1986, 1803, Urteil vom 6. 3. 1986 — III ZR 195/84 — (weitere Fundst. siehe Kap. Fußn 5).

[52a] Einschränkend jetzt BGH, Urt. v. 24. 11. 1988 — III ZR 188/87 (Stuttgart) — NJW 1989, 222, 225.

[53] So BGH WM 1985, 8, 9 mwN.

[54] Allg. Meinung, vgl. Urteil des BGH vom 6. 3. 1986 — III ZR 195/84 — NJW 1986, 1803, 1804 (weitere Fundst. siehe Kap. 1 Fußn. 5); auch von Westphalen ZIP 1984, 1, 2; Köndgen/König ZIP 1984, 129, 134; MünchKomm/Kötz, 2. Aufl., § 9 AGBG Rdnr 48.

[55] Vgl. BGH aaO.

3.1.5.1 Verhältnis zur Billigkeitsprüfung, § 315 BGB

Während nach früherer Ansicht die Inhaltskontrolle weitgehend aus § 315 BGB abzuleiten war[56], schützt nach heute allgemeiner Auffassung die Möglichkeit einer Überprüfung nach § 315 Abs. 3 BGB den Kunden nicht vor unangemessener Benachteiligung[57]. Die Angemessenheitskontrolle vorformulierter Erklärungen auf ihre Wirksamkeit hin erlaubt nur § 9 AGBG, nicht aber § 315 BGB[58]. Die Vorschriften der §§ 9ff AGBG sind lex specialis gegenüber anderen Bestimmungen, aus denen sich ebenfalls die Unwirksamkeit von AGB-Klauseln ergeben kann, wie z.B. die §§ 134, 138 BGB, oder auf die die Rechtsprechung eine solche Unwirksamkeit gestützt hat, wie z. B. die §§ 242, 315 BGB[59].

Gegenstand der Inhaltskontrolle ist die AGB-Klausel, die aus sich heraus zu überprüfen ist[60]. Ließe man bei der Überprüfung der Wirksamkeit einer AGB-Klausel die Einbeziehung des § 315 BGB zu, so würde man die betreffende Klausel im Ergebnis der Inhaltskontrolle entziehen, da sich ja nicht sagen ließe, daß eine Erhöhungsregelung, die letztlich Billigkeit erfordert, unangemessen und damit unwirksam sei[61]. Damit würde man im Ergebnis die Zinsanpassungsklausel der Regelung des § 8 AGBG unterwerfen, obwohl sie von einer im BGB enthaltenen Befugnis Gebrauch macht, also durchaus rechtsergänzenden Charakter hat[62].

Dieses Verständnis ist nicht nur geboten, weil anderenfalls der Kunde vielfach resignieren und sich von einer Durchsetzung seiner Rechte abhalten lassen würde[63]. Vielmehr bestehen maßgebliche Strukturunterschiede zwischen dem

---

[56] Vgl. Staudinger/Mayer-Maly, 12. Aufl., § 315 BGB Rdnr 42 mwN und Rdnr 17; ferner Canaris, Bankvertragsrecht Rdnr 1328; auch BGHZ 38, 183, 186: Schutzgedanke des § 315 BGB; Schoenle S. 15: Analoge Anwendung der §§ 315 Abs. 1 und Abs. 3 S. 1 BGB.

[57] Vgl. BGH NJW 1982, 331, 332 = BGHZ 82, 21 = BB 1982, 146 = ZIP 1982, 72 = MDR 1982, 486 = WM 1982, 9 (Tagespreisklausel); OLG Frankfurt a. M. NJW 1986, 1355 (Leasing); weitere Nachweise bei Staudinger/Mayer-Maly, 12. Aufl., § 315 BGB Rdnr 43 und 44.

[58] So BGH aaO; im Urteil des BGH vom 6. 3. 1986 — III ZR 195/84 — (BGHZ 97, 212, weitere Fundst. siehe Kap. 1 Fußn 5) nicht scharf unterschieden, vgl. Schwarz NJW 1986, 626, 628.

[59] So MünchKomm/Kötz, 2. Aufl., vor § 8 AGBG Rdnr 3; der strukturelle Unterschied wird auch nicht beachtet von Wolf ZIP 1987, 341, 344f für den kaufmännischen Verkehr.

[60] Siehe dazu schon oben 2.3.3.3 „Auslegung".

[61] So zutreffend Löwe BB 1982, 152, 156.

[62] Es handelt sich letztlich um ein Problem der sogenannten Erlaubnisnormen, vgl. dazu schon oben 3.1.3 „Inhaltskontrolle, § 8 AGBG".

[63] Vgl. in diesem Sinne BGH NJW 1982, 331, 332 = BGHZ 82, 21 = BB 1982, 146 = ZIP 1982, 71 = MDR 1982, 486 = WM 1982, 9 (Tagespreisklausel); auch OLG Frankfurt a. M. NJW 1986, 1355 f.

Anwendungsbereich des § 9 AGBG und demjenigen der §§ 315ff BGB[64]. Es handelt sich streng genommen um zwei verschiedene Billigkeitskontrollen. Wo Allgemeine Geschäftsbedingungen zur Vertragsgrundlage gemacht werden, besteht in der Regel eine sogenannte Ungleichgewichtslage[65]. Deren Inhaltskontrolle erfolgt innerhalb des AGBG durch § 9 AGBG. Diese Angemessenheitskontrolle fragt nach der „abstrakten" Wirksamkeit der Zinsanpassungsklausel als solchen. Deren Wirksamkeit kann somit — und zwar unabhängig von tatsächlich erfolgenden Zinsanpassungen (im Rahmen des § 315 BGB) — auch im Kontrollverfahren nach § 13 AGBG überprüft werden. Dagegen stellt die Billigkeitskontrolle nach § 315 BGB die Frage nach der „konkreten" Wirksamkeit einer durch den Darlehensgeber vorgenommenen Zinsanpassung. Diese Frage (ob sich der Akt der Zinsanpassung als solcher noch im Rahmen des billigen Ermessens nach § 315 BGB bewegt) kann sich überhaupt erst stellen, wenn zuvor feststeht, daß eine wirksame Zinsanpassungsklausel gegeben ist, die die Bank zur Zinsanpassung berechtigt. Die Angemessenheitskontrolle nach § 9 AGBG legt durchaus schärfere Maßstäbe an die Überprüfung der Wirksamkeit der Zinsanpassungsklausel an, als dies im Rahmen der Billigkeitskontrolle nach § 315 BGB für die Zinsanpassung selbst geschieht[66]. Damit ist natürlich noch nicht ausgeschlossen, daß die Billigkeitskontrolle wieder über eine ergänzende Vertragsauslegung zur Lückenausfüllung nach § 6 Abs. 2 AGBG herangezogen werden kann[67]. Während der Tatbestand des § 9 AGBG nicht auf Unbilligkeit abhebt, sondern auf eine den Geboten von Treu und Glauben widersprechende, unangemessene Benachteiligung, geht es bei § 315 BGB um die unbillige Leistungsbestimmung und deren richterliche Bestimmung[68].

3.1.5.2 Interessenlage

Dieser Strukturunterschied setzt sich bei der Frage des Interessenausgleichs fort. Zinsanpassungsklauseln in Allgemeinen Geschäftsbedingungen können nur dann einer Inhaltskontrolle standhalten, wenn sie einen angemessenen Ausgleich der beiderseitigen Interessen gewährleisten[69]. Solche Klauseln dürfen den Darlehensgeber nicht einseitig begünstigen[70]. Die im Rahmen des § 9

---

[64] Vgl. Graf von Westphalen in Löwe/von Westphalen/Trinkner § 10 Nr. 4 AGBG Rdnr 30; Bunte ZIP 1982, 1166, 1171 mit Fußn 41 und 42; Löwe BB 1982, 152, 153; zur Abgrenzung zwischen Billigkeits-, Inhalts-, Rechtskontrolle und Rechtsfortbildung, vgl. auch Hönn, Kompensation gestörter Vertragsparität, München, 1982, S. 158ff.

[65] Vgl. Kronke AcP 183, 113, 131, 132: „Diktat der Konditionen".

[66] Vgl. Trinkner BB 1983, 924.

[67] Siehe dazu unten 4.2.1.4 „Ergänzende Vertragsauslegung".

[68] So Staudinger/Mayer-Maly, 12. Aufl., § 315 BGB Rdnr 44; auch Staudinger/Karsten Schmidt, 12. Aufl., § 246 BGB Rdnr 72.

[69] Vgl. Bohle/Micklitz BB-Beilage 11/1983 S. 11; BGH NJW 1980, 2133, 2135 = JZ 1980, 529 = BB 1980, 1391 (Mehrwertsteuerklausel); LG Frankfurt a. M. WM 1985, 316, 317; Bunte NJW 1984, 1145, 1147.

AGBG vorzunehmende Interessenanalyse unterscheidet sich dabei von derjenigen des § 315 BGB: bei der ersteren handelt es sich um die Feststellung der beteiligten Interessen, die zu der Einbeziehung einer variablen Zinssatzklausel durch AGB in den Darlehensvertrag führen. Wenn hingegen bei § 315 BGB die „beiderseitigen Interessen" zu berücksichtigen sind[71], so handelt es sich hier um diejenigen Interessen, die bei der konkreten Zinsanpassung selbst miteinzubeziehen sind.

Wenn Banken ihre AGB als Instrument ihrer Geschäftspolitik zur Realisierung risikopolitischer Ziele einsetzen, unter anderem also auch zu Risikoabwälzung[72], so besteht hierzu durchaus ein berechtigtes Interesse. Dieses Interesse findet seine Legitimation darin, notwendige und weithin nicht vorhersehbare Preiserhöhungen im Refinanzierungsbereich abzuwälzen[73]. Die Zinsanpassungsklausel folgt damit dem obersten Gebot der Bankpolitik, der Aufrechterhaltung der inneren Liquidität[74]. Solche Klauseln sind in der Bankpraxis nicht zu entbehren. Gerade im massenhaften Kreditgeschäft sind die heute vorkommenden Zinsänderungen schon aus organisatorischen Gründen kaum durch individualvertragliche Abmachungen mit den einzelnen Kunden zu bewältigen[75]. Deshalb begründet auch nicht die Einseitigkeit der Änderungsbefugnis zugunsten der Bank die Unwirksamkeit der Zinsanpassungsklausel[76].

Ob allerdings ausschließlich die Möglichkeit einer Zinsanpassung an eine veränderte Refinanzierungssituation die Zinsanpassungsklausel rechtfertigen kann, ist eine andere Frage[77]. Wie oben bereits dargestellt[78], stellen die Refinanzierungskosten nur einen von verschiedenen Faktoren dar, die auf die Kalkulation des Zinses Einfluß nehmen. Andererseits dürfte wohl unbestritten sein, daß nicht jeder dieser aufgezählten Faktoren zum Gegenstand einer Zinsanpassungsklausel in AGB gemacht werden kann. So ist ihr sicherlich die Wirksamkeit zu versagen, wenn sie die Möglichkeit bieten sollte, zu einer

[70] So auch BGH, Urteil vom 6. 3. 1986, — III ZR 195/84 —, NJW 1986, 1803, 1804 (weitere Fundst. siehe Kap. 1 Fußn 5).

[71] Siehe dazu unten 5.2.3.2 „Äquivalenz".

[72] Vgl. Büschgen, Bankbetriebslehre, S. 45.

[73] So ausdrücklich BGH, Urteil vom 6. 3. 1986 — III ZR 195/84 —, NJW 1986, 1803, 1804 mwN (weitere Fundst. siehe Kap. 1 Fußn 5); schon vorher BGH BB 1985, 480 = NJW 1895, 426; BB 1985, 1351, 1352 = NJW 1985, 2270 = BauR 1985, 573 (Preisänderungsvorbehalt im Werkvertrag); BB 1985, 1223, 1224 = BGHZ 93, 252 = NJW 1985, 853 = ZIP 1985, 284 (Kfz-Händlervertrag); LG Frankfurt a. M. WM 1985, 316, 317; Bohle/Micklitz, BB-Beilage 11/1983 S. 12.

[74] Vgl. Kühnen, Festschrift zum 70. Geburtstag von H. Rittershausen, 1968, S. 145, 147.

[75] So BGH, Urteil vom 6. 3. 1986 — III ZR 195/84 —, NJW 1986, 1803, 1804 (weitere Fundst. siehe Kap. 1 Fußn 5).

[76] Siehe schon oben 2.3.2.3 „Bestimmungsberechtigung"; vgl. auch Staudinger/Karsten Schmidt, 12. Aufl., § 246 BGB Rdnr 72.

[77] Vgl. Steppeler, Sparkasse 1986, 318, 320.

[78] In Kapitel 2.2.1 „Bestandteile des Zinses".

zusätzlichen Gewinnerzielung zu führen[79]. Dies gilt im übrigen für jede Zinsanpassungsklausel, die in irgendeiner Form eine willkürliche Zinsanpassung ermöglichen würde[80]. In Fällen der letztgenannten Art könnte der Darlehensgeber als Klauselverwender die ohnehin bestehende Ungleichgewichtslage zu seinem Vorteil zu einer Störung des Äquivalenzverhältnisses, welches bei Vertragsschluß vereinbart wurde, ausnutzen[81].

Abgesehen hiervon kann die Ausgestaltung eines variablen Zinssatzes durchaus gleichgelagerten Interessen der Parteien des Kreditvertrages entsprechen, insbesondere wenn die Vertragsbeziehung auf Dauer angelegt ist[82]. Allerdings kann auch ein besonders günstig vereinbarter oder formularmäßig festgesetzter Zinssatz keine Rechtfertigung für eine unangemessene Zinsanpassungsklausel sein[83]. Wenn auch bereits vom Wettbewerb her der Ausgestaltung von Zinsanpassungsklauseln gewisse Grenzen gesetzt sein dürften[84], so sind doch insbesondere wegen der strukturbedingten Überlegenheit[85] die schutzwürdigen Belange des Darlehensnehmers zu wahren[86]. Der Darlehensnehmer ist deshalb nicht nur bei einem hohen Zinsniveau schutzbedürftig, sondern allein schon wegen der Bindung an einen Kreditvertrag bei geändertem Zinsniveau[87], und sei es bei Bestehen eines Lösungsrechtes nur bis zum Wirksamwerden einer Kündigung des Kreditvertrages.

Es ist daher zu fragen, wann die schutzwürdigen Belange des Darlehensnehmers, der in der Regel weder über die Informationsmöglichkeiten des Darlehensgebers verfügt[88], noch die ihm durch die Klausel aufgebürdeten Risiken abschätzen kann[89], gewahrt sind, selbst wenn solche Klauseln als im Grundsatz mit § 9 AGBG vereinbar angesehen werden[90]. Dies wird im Nachfolgenden

---

[79] Vgl. dazu in anderem Zusammenhang Bohle/Micklitz BB-Beilage 11/1983 S. 12.

[80] Vgl. hierzu BGH BB 1985, 1351, 1352 = NJW 1985, 2270 = BauR 1985, 573 (Preisänderungsvorbehalt im Werkvertrag).

[81] Vgl. deshalb unten 5.2.3.2 „Äquivalenz".

[82] Vgl. grundsätzlich Staudinger/Schlosser, 12. Aufl., § 9 AGBG Rdnr 27ff; auch Kunth/Wollburg BB 1985, 230, 234; ferner Bartsch BB 1983, 214, 217.

[83] Preisargument, vgl. Staudinger/Schlosser aaO Rdnr 33; MünchKomm/Kötz, 2. Aufl., § 9 AGBG Rdnr 7.

[84] Vgl. in diesem Sinne auch BVerwGE 61, 59, 76.

[85] Wie das BVerwGE aaO von einer Versicherungsgesellschaft annimmt. Entsprechendes gilt natürlich für den Bereich der Bank in gleicher Weise.

[86] Vgl. dazu BVerwGE 61, 59, 64; LG Frankfurt a. M. WM 1985, 316, 317; Bunte NJW 1984, 1145, 1147; Bohle/Micklitz BB-Beilage 11/1983, S. 11; BGH NJW 1980, 2133, 2134 = JZ 1980, 529 = BB 1980, 1391 (Mehrwertsteuerklausel); auch BGH BB 1985, 1223, 1224 = BGHZ 93, 252 = NJW 1985, 853 = ZIP 1985, 284 (Kfz-Händlervertrag).

[87] Vgl. Häuser/Welter NJW 1987, 17, 19.

[88] Vgl. BGH 1980, 2133, 2134 = JZ 1980, 529 = BB 1980, 1391 zu § 11 Nr. 1 AGBG; auch Canaris ZIP 1980, 709, 720.

[89] Vgl. BGH aaO.

[90] Vgl. BGH, Urteil vom 6. 3. 1986 — III ZR 195/84 —, NJW 1986, 1803, 1804 mwN (weitere Fundst. siehe Kap. 1 Fußn 5).

unter den Stichworten Bestimmtheitsgrundsatz, Lösungsrecht und Anspruch auf Zinsherabsetzung zu erörtern sein.

3.1.5.3 Bestimmtheitsgrundsatz

Der Bestimmtheitsgrundsatz bezweckt den Schutz des Vertragspartners des Klauselverwenders durch die Forderung, bereits aus der Klausel heraus Anlaß und Umfang zukünftiger Preisänderungen erkennbar zu machen[91]. Lassen sich einer einseitigen Preisanpassungsklausel nicht die maßgebenden preisbildenden Faktoren entnehmen, besteht die Gefahr einer willkürlichen Preisgestaltung[92]. Normalerweise müssen deshalb solche Klauseln so gefaßt sein, daß Grund und Umfang einer möglichen Preisanpassung wenigstens bestimmbar sind[93]. Was Zinsänderungsklauseln angeht, die ein einseitiges Leistungsbestimmungsrecht des Darlehensgebers nach § 315 BGB vorsehen, verschärft sich das Problem im Hinblick auf den das Grundbuchrecht beherrschenden Bestimmtheitsgrundsatz[94]. Fehlende Bestimmtheit läßt sich auch nicht durch Leerformeln, wie z. B. die Einschränkung „soweit gesetzlich zulässig" ersetzen[95], noch durch Verweisung auf § 315 BGB[96]. Aus diesen Gründen müßten gegen Zinsänderungsklauseln, wie sie üblicherweise in der Praxis verwendet werden[97], erhebliche Bedenken bestehen. Als ein Prototyp solcher unbestimmter Klauselfassung kann Ziffer 14 (3) AGB-Banken idF 1984 angesehen werden:
„Nimmt ein Kunde Kredit... in Anspruch (Kontoüberziehung), so hat er statt etwa vereinbarter niedrigerer Zinsen... die von der kontoführenden Stelle der Bank im Rahmen des § 315 des Bürgerlichen Gesetzbuches für Überziehungen bestimmten Zinsen und sonstige Entgelte zu tragen." Die Fassung 1986 stellt für das Privatkundengeschäft auf den „Preisaushang-Regelsätze im standardisierten Privatkundengeschäft" und ergänzend auf das „Preisverzeichnis" ab; im übrigen verbleibt es ebenfalls bei der Verweisung auf § 315 BGB. Klauseln dieser Art läßt sich fürwahr kein Anhaltspunkt für eine Preisbemessung mehr entnehmen. Dennoch hat der BGH in seinem Urteil vom 6.3. 1986 — III ZR 195/84 — (München)[98] solche Klauseln für wirksam beurteilt, indem er die eben

---

[91] Vgl. im einzelnen Schwarz NJW 1987, 626ff; zur Funktion der Bestimmtheitsanforderung vgl. Staudinger/Mayer-Maly, 12. Aufl., § 315 BGB Rdnrn 1ff; zum Gebot der Preistransparenz vgl. auch Köndgen NJW 1987, 160, 164.

[92] Vgl. z. B. Trinkner BB 1983, 924; LG Nürnberg-Fürth BB 1982, 456.

[93] Vgl. Wolf ZIP 1987, 341, 352.

[94] Vgl. Terpitz aaO S. 959 mwN; Staudinger/Karsten Schmidt, 12. Aufl., § 246 BGB Rdnr 45; Schaarschmidt Rdnr 2.202ff.

[95] Vgl. zur Begründung Löwe BB 1982, 158: „Weißmacherklausel"; auch BGH ZIP 1986, 919, 922; LG München BB 1979, 702; Bader BB 1986, 543, 546; einschränkend MünchKomm/Kötz, 2. Aufl., § 5 AGBG Rdnr 7.

[96] So zutreffend OLG Düsseldorf BB 1982, 537, 538 (Werkvertrag).

[97] Siehe oben 2.3.1.1.2 „Zinsänderungsklausel".

[98] BGHZ 97, 212ff (weitere Fundst. siehe Kap. 1 Fußn 5); bestätigt auch durch BGH, Urteil vom 26. 5. 1986 — VII ZR 218/85 —, ZIP 1986, 919, 922.

dargestellten Strukturelemente „Vorraussetzungen der Anpassung"[99] und „Umfang der Zinsanpassung"[100] von dem Bestimmtheitserfordernis ausgenommen hat. Man darf wohl aus entscheidungstheoretischer Sicht heraus vermuten, daß hier möglicherweise der Gedanke an die gesamtwirtschaftlichen Folgen für Millionen von Kreditverträgen im Falle der Unwirksamerklärung solcher Klauseln eine Rolle gespielt hat. Mag die Entscheidung auch dogmatisch angreifbar sein[101], so läßt sich doch nicht ihr materieller Gerechtigkeitsgehalt leugnen. Der BGH erreicht sein Ergebnis dadurch, daß er die fehlende Bestimmtheit durch eine typisierende Auslegung ersetzt, die ihm gleichzeitig von der Verpflichtung entbindet, sich mit einem hypothetischen Parteiwillen auseinanderzusetzen. Da man bei realistischer Betrachtung davon ausgehen kann, daß sich an dieser Rechtsprechung in naher Zukunft jedenfalls nichts ändern wird, gilt für die Rechtsanwendung unbestimmt gefaßter Zinsänderungsklauseln nunmehr folgendes:

(1) Zinsklauseln dieser Art bieten der Bank „nur die Möglichkeit, den variablen Zinssatz den wechselnden Verhältnissen auf dem Kapitalmarkt und den dadurch verursachten Änderungen ihrer Refinanzierungskonditionen nach Maßgabe des § 315 BGB anzupassen"[102].

(2) „Das Ausmaß einer statthaften Zinserhöhung oder gebotenen Zinssenkung muß sich an der Veränderung der Refinanzierungsmöglichkeiten der ... Bank orientieren."[103]

Die Folgerungen für die Praxis sind ganz gravierend: Wie sich aus der kausalen Verknüpfung der Änderung der Kapitalmarktverhältnisse mit den Änderungen der Refinanzierungskonditionen ergibt, genügt für eine Zinsanpassung nicht die abstrakte Veränderung des Kapitalmarktes, wenn dadurch nicht auch eine Änderung der konkreten Refinanzierungssituation des Darlehensgebers verbunden ist. Von allen Faktoren, die auf die Preisbildung des Zinses Einfluß haben können[104], kommt damit für eine Zinsanpassung nur noch dem Refinanzierungsanteil eine Funktion zu. Änderungen im Bereich anderer Preisbestandteile, wie etwa Betriebsaufwand oder Gewinn, können keine Zinsanpassung rechtfertigen, mag dies aus bankbetriebswirtschaftlicher Sicht noch so erforderlich und wünschenswert sein[105].

Es kommt hinzu, daß die Zinsanpassung in Relation zum Umfang der Änderung der Refinanzierungssituation stehen muß, will sie sich im Rahmen des

---

[99] Siehe oben 2.3.2.1.

[100] Siehe oben 2.3.2.2.

[101] Zur Kritik siehe Schwarz NJW 1987, 626ff.

[102] BGHZ 97, 212, 217 (Fußn 98).

[103] BGHZ 97, 212, 222 (Fußn 98); siehe oben 2.3.3.3.3 „Relation zwischen Änderung der Verhältnisse und Anpassung" und unten 5.2.3.2 „Äquivalenz".

[104] Siehe dazu oben 2.2.1 „Bestandteile des Zinses".

[105] Vgl. Steppeler Sparkasse 1986, 318, 320.

billigen Ermessens halten[106]. Gerade was das letztgenannte angeht, ist dieser Forderung uneingeschränkt zuzustimmen:

(1) Sie wahrt die beiderseitige vertragliche Bindung an den einmal geschlossenen Vertrag unter Aufrechterhaltung des Äquivalenzverhältnisses, und
(2) ermöglicht gleichzeitig die nachvollziehbare Überprüfung einer Zinsanpassung oder deren Unterlassung[107].

Für die Formularpraxis der Banken bedeutet dies allerdings, daß man sich in Zukunft Gedanken darüber machen muß, wie Klauseln anders gestaltet werden müssen, um eine Einbeziehung von Änderungen anderer Zinsabestandteile in Zinsanpassungen zu erreichen.

3.1.5.4 Lösungsrecht

Nach hM soll die Einräumung eines Lösungsrechts die Unangemessenheit einer Preiserhöhungsklausel im allgemeinen, aber auch der Zinsänderungsklausel im speziellen beseitigen[108]. Diese Auffassung wurde aus der Rechtsprechung des BGH zur Tagespreisklausel entwickelt[109]. Die Funktion eines solchen Lösungsrechtes besteht in der Einführung einer Belastungsgrenze in Form der Zumutbarkeit[110]. Das Lösungsrecht soll allerdings keine Wirksamkeitsvoraussetzung im kaufmännischen Verkehr sein[111], und stellt in diesem Zusammenhang auch nur einen denkbaren Ausgleich für eine sonst unangemessene Regelung dar[112].

Die Auffassung, die Einräumung eines Lösungsrechts könne die Unangemessenheit einer Zinsanpassungsklausel im Einzelfall beseitigen, ist abzulehnen. Sie könnte im Ergebnis dazu führen, daß jedwede unangemessene Zinsanpassungsklausel einer Inhaltskontrolle standhielte, da Darlehensverträge mit variablem Zinssatz praktisch ausnahmslos im Bereich der Kreditwirtschaft ein vertragli-

---

[106] aA Steppeler aaO.

[107] Siehe dazu unten 6.2 „Darlegungs- und Beweislast".

[108] Vgl. zur Zinsanpassungsklausel BGH, Urteil vom 6. 3. 1986 — III ZR 195/86 — BGHZ 97, 212, 220 = NJW 1986, 183, 185 (weitere Fundst. siehe Kap. 1 Fußn 5).

[109] Vgl. Köndgen/König ZIP 1984, 129, 134; BGHZ 82, 21, 27 = NJW 1982, 331 = ZIP 1982, 71, 73 = BB 1982, 146, 148 = MDR 1982, 486f = WM 1982, 9; von Westphalen ZIP 1984, 1, 3; BGH NJW 1980, 2518, 2519 = ZIP 1980, 765, 766 = WM 1980, 1120 = DB 1980, 2125 = BB 1980, 1490 = LM AGBG Nr. 6 (Zeitschriftenabonnement); BGH NJW 1983, 1603 = ZIP 1983, 828 = BB 1983, 921; BGH BB 1985, 481, 482 (zur Tagespreisklausel); BGHZ 90, 69ff = BB 1984, 486ff; BGH NJW 1984, 1180 = WM 1984, 312; BGHZ 93, 252 = BB 1985, 1223, 1224 = NJW 1985, 853; Löwe/von Westphalen/Trinkner, AGBG, 2. Aufl., § 11 Nr. 1 Rdnr 14; MünchKomm/Kötz, 2. Aufl., AGBG § 11 Nr. 1 Rdnrn 10f mwN; ders. aaO § 9 Rdnr 30.

[110] Vgl. Köndgen/König ZIP 1984, 129, 135.

[111] Vgl. BGH BB 1985, 480, 481 = NJW 1985, 426; BGH BB 1985, 1223, 1225 = NJW 1985, 853 = BGHZ 93, 252 unter Hinweis auf § 24 AGBG.

[112] Vgl. BGH BB 1985, 1223, 1225 = NJW 1985, 853 = BGHZ 93, 252.

ches Kündigungsrecht vorsehen[113]. Generell unangemessene Preisanpassungsklauseln können auch nicht durch ein Lösungsrecht wirksam gemacht werden. Der Kunde stände schließlich nur vor der Alternative, trotz Vertrages unangemessen hohe Preise zu zahlen oder zu verzichten. In einem solchen Fall kann von einem Vertrauen auf eine korrekte Durchführung eines Vertrages und einer darauf aufbauenden Planung nicht mehr gesprochen werden[114].

Für unbestimmt gefaßte Zinsanpassungsklauseln ist in der Sache darüberhinaus das Lösungsrecht praktisch ohne Bedeutung, da der BGH, wie oben ausgeführt, solchen Klauseln ja eine ganz bestimmte Bedeutung beimißt, durch welche die Klausel eben angemessen im Sinne des § 9 AGBG ist[115]. Soweit eine unbillige Zinsanpassung im Einzelfall auf einer solchen angemessenen Klausel beruht, sind die allgemeinen Rechtsbehelfe gegeben[116]. Zum Teil wird zusätzlich im Fall einer erheblichen Vertrauensstörung durch die Art und Weise der Anpassung ein Rücktrittsrecht analog den §§ 325, 326 BGB (positive Vertragsverletzung oder außerordentliches Kündigungsrecht) befürwortet[117]. Dazu bedarf es jedoch keines Lösungsrechtes, das bereits im vorformulierten Vertragstext vorgesehen ist[118].

3.1.5.4.1 Gesetzliches Kündigungsrecht

Hinzu kommt die seit 1.1.1987 geltende Regelung des § 609 a Abs. 2 BGB, der für Darlehen mit veränderlichem Zinssatz ein jederzeitiges Kündigungsrecht unter Einhaltung einer Kündigungsfrist von 3 Monaten vorsieht.

Dieses Kündigungsrecht gilt für Darlehen zu jedem Zweck und unabhängig von der Person des Darlehnsnehmers. Durch diese Regelung soll die Position des Kreditnehmers gegenüber dem Kreditgeber, dem das Zinsänderungsrecht zusteht, gestärkt werden, um so einen Schutz vor mißbräuchlicher Anpassungspraxis zu erreichen[119].

Das neue Kündigungsrecht gilt jedoch gemäß Art. 12 Abs. 2 des Gesetzes zur Änderung wirtschafts- und verbraucherrechtlicher Vorschriften[120] nur für Verträge, die nach dem 1. Januar 1987 geschlossen worden sind. Auf die vor dem genannten Termin abgeschlossenen Verträge bleibt weiterhin § 247 BGB

---

[113] Vgl. Häuser/Welter NJW 1987, 17, 19.

[114] So zutreffend Wolf ZIP 1987, 341, 350.

[115] Vgl. oben 3.1.5.3 „Bestimmtheitsgrundsatz".

[116] die unter 5.5.2 „Ansprüche des Darlehensnehmers" und 6.1 „Klagearten" dargestellt sind.

[117] So Wolf ZIP 1987, 341, 351.

[118] Zum Kündigungsrecht für Kunden und Bank auch Ziffer 17 AGB-Banken, vgl. von Westphalen WM 1984, 2, 10ff.

[119] Vgl. Häuser/Welter NJW 1987, 17, 19.

[120] BGBl. 1986 I, S. 1172.

anwendbar[121]. Soweit im Einzelfall in solchen „Altverträgen" ausnahmsweise ein Lösungsrecht nicht vorgesehen sein sollte, müßte insoweit die Frage nach einem durch ergänzende Vertragsauslegung[122] in den Vertrag hineininterpretierten Rücktrittsrecht gestellt werden. In dieser Weise ist der BGH[123] im Bereich der Tagespreisklausel verfahren, allerdings unter der Voraussetzung, daß die Preiserhöhung den Anstieg der allgemeinen Lebenshaltungskosten in der Zeit zwischen Bestellung und Lieferung nicht unerheblich überstieg[124].

3.1.5.4.2 Bestimmtheit des Lösungsrechts

Die erste Schwierigkeit besteht schon darin, daß das Lösungsrecht selbst dem Transparenzgebot unterliegen müßte[125]. Diese Feststellung ist für die bis 31. 12. 1986 abgeschlossenen Kreditverträge mit variablem Zins entscheidend[126], und insbesondere in den Fällen, in denen diese Kreditverträge für den Fall der Zinserhöhung kein außerordentliches Kündigungsrecht vorsahen. In diesem Fall müßte dann die im Hinblick auf § 9 AGBG unangemessene Zinserhöhungsklausel im Wege ergänzender Vertragsauslegung durch ein außerordentliches Lösungsrecht ergänzt werden[127]. Genau für diese Fälle wird sich dann die Frage stellen, unter welchen Voraussetzungen, mit welchen Fristen und mit welchen Informationspflichten gegenüber dem Kreditnehmer das außerordentliche Lösungsrecht anzunehmen ist. Sollte es nur subsidiär eingeeingeräumt werden, wenn die Zinserhöhung außergewöhnlichlich hoch ist[128]? Welcher Erhöhungskoeffizient ist dabei zugrunde zu legen[129]?

Wird dabei eine Festprozentzahl zu niedrig angenommen, wird dies ungerechtfertigte Rücktrittsmöglichkeiten eröffnen. Dies kann dem Charakter eines auf langfristige Bindung angelegten Vertrages widersprechen[130].

Wird sie zu hoch angenommen, würde daraus eine Bindung über die tatsächlich Kostensteigerung hinaus eintreten, beziehungsweise das Rücktritts-

---

[121] Vgl. dazu von Rottenburg WM 1987, 1.

[122] Dazu siehe unten 4.2.1.4 „Ergänzende Vertragsauslegung".

[123] BB 1985, 481, 482 mwN.

[124] Vgl. auch Schlosser ZIP 1985, 459, 461.

[125] So ausdrücklich von Westphalen ZIP 1984, 1, 3.

[126] Wegen § 609a BGB, in Kraft seit 1. 1. 1987.

[127] Vgl. BGH BB 1985, 481, 482 aus dem Bereich der Tagespreisklausel.

[128] Etwa im Sinne von BGHZ 82, 21, 27 = ZIP 1982, 71, 73 = NJW 1982, 331 = BB 1982, 146 = MDR 1982, 486 = WM 1982, 9; auch BGH DB 1982, 427, wonach ein Rücktritt vom Vertrag nur bei unangemessener Preiserhöhung zulässig sein soll.

[129] Einen Überblick über mögliche Einschränkungen des Lösungsrechtes gibt Graf von Westphalen in Löwe/von Westphalen/Trinkner § 11 Nr. 1 AGBG Rdnr 14 mwN: 5 % nach Salje und Löwe; allgemeine Lebenshaltungskosten nach Hensen; Preisentwicklung des betreffenden Marktes nach Ulmer.

[130] So BGH BB 1985, 1223, 1225 = BGHZ 93, 252 = NJW 1985, 853 = ZIP 1985, 284 (für Kfz-Händlervertrag).

recht praktisch ausgeschlossen werden können[131]. Nimmt man dagegen einen branchenspezifischen Kostensteigerungsindex an, wäre damit wohl keine Sicherheit vor äquivalenzstörenden Zinserhöhungen zu erreichen[132]. Man könnte hierbei an eine Anbindung an Veränderungen des Diskontsatzes der Deutschen Bundesbank oder an die Durchschnittszinssätze aus den Monatsberichten der Deutschen Bundesbank denken. Doch weder die Änderung des Diskontsatzes noch der Durchschnittszinssätze bewirken zwingend eine Änderung der konkreten Refinanzierungssituation der kreditgewährenden Bank[133]. Auch könnte wohl ein allgemeiner Inflationsindex als Erhöhungskoeffizient nicht weiterhelfen, da echte Kostensteigerungen und allgemeine Inflationsrate auseinanderfallen können[134]. Noch unbefriedigender müßte eine Lösung des Problems im Sinne einer Alternativität[135] ausfallen. Bei einem freien Rücktrittsrecht für den Kunden könnte die Zinsanpassungsklausel auch zur Ausdehnung der Gewinnspanne eingesetzt werden[136], wobei entgegen dem Urteil des BGH vom 6. 3. 1986[137] eine Anbindung an die konkrete Refinanzierungssituation des Kreditgebers entfiele.

3.1.5.4.3 Funktionelle Zusammenhänge

Weiterhin ist nicht geklärt, ob und in welchem funktionellen Zusammenhang Bestimmtheitsgrundsatz und Lösungsrecht stehen[138].

Die Rechtsprechung zur Tagespreisklausel nimmt insoweit wohl Subsidiarität an: das Lösungsrecht soll danach „unter bestimmten Voraussetzungen" eingeräumt werden müssen, nämlich wenn der Klauselverwender den Bestimmtheitsgrundsatz nicht einhalten kann und der Preissprung im Einzelfall außergewöhnlich hoch ausfällt[139]. Daneben wird auch eine Art Alternativität der Anforderungen an zulässige Klauselgestaltung vertreten: je bestimmter die Klausel formuliert sei, um so weniger bedürfe der Kunde eines Lösungsrechtes und umgekehrt: je freier das Lösungsrecht sei, desto freier sei auch der Erhöhungsspielraum seitens des Klauselverwenders[140]. Nach wieder anderer Auffassung sollte das Lösungsrecht kumulativ mit einer in ihren Voraussetzungen angemessenen Preisänderungsklausel gekoppelt sein[141].

---

131 Vgl. Bartsch DB 1983, 214, 215.

132 In diesem Sinne Bartsch aaO.

133 Vgl. Schwarz NJW 1987, 626, 629.

134 So Bartsch aaO.

135 Siehe unten 3.1.5.4.3 „Funktionelle Zusammenhänge".

136 So ausdrücklich aber Köndgen/König ZIP 1984, 129, 134.

137 BGHZ 97, 212ff (weitere Fundst. siehe Kap. 1 Fußn 5).

138 Worauf Köndgen/König ZIP 1984, 129, 134 hinweisen.

139 Vgl. BGHZ 82, 21, 27 = ZIP 1982, 71, 73 = BB 1982, 146 = NJW 1982, 331 = MDR 1982, 486 = WM 1982, 9.

140 So Köndgen/König aaO.

141 So Bohle/Micklitz BB Beilage 11/1983 S. 12.

Neuerdings ist auch ein Zusammenhang zwischen Preiserhöhung zu Gewinnerhöhungszwecken und Lösungsmöglichkeit konstruiert worden, und zwar unter dem Stichwort Kongruenz bzw. Inkongruenz[142]. Danach sollen unbeschränkte Preisanpassungen möglich sein, wenn sie mit den im jeweiligen Dauerschuldverhältnis gegebenen Kündigungsmöglichkeiten übereinstimmen, also sozusagen kongruent sind, nicht jedoch, soweit die Preisanpassungsklausel Preiserhöhungen abweichend von der Kündigungsmöglichkeit gestattet, also inkongruent ist. Das damit angesprochene Problem dürfte auch für die nach dem 1. 1. 1987 geschlossenen Kreditverträge mit variablem Zins nicht nur akademischer Natur sein. Denn (mit Ausnahme von der mit dem Stichwort Kongruenz dargestellten Auffassung) unbeantwortet ist bisher die Frage, ob der Kreditnehmer in der Kündigungsfrist den erhöhten Zinssatz zu zahlen hat oder nicht. Sollte die Einräumung des Lösungsrechtes bewirken, daß die Zinsanpassungsklausel wirksam ist, müßte die Frage wohl zu bejahen sein. Andererseits wird dadurch aber belegt, daß das Lösungsrecht so gesehen jedenfalls für die Zeit der Kündigungsfrist keinen hinreichenden Schutz vor unangemessenen Zinserhöhungen bietet.

3.1.5.4.4 Kritik

Dogmatisch spricht gegen die vorgestellten Lösungsansätze (Subsidiarität, Alternativität, Kumulation und Kongruenz), daß sie die Inhaltskontrolle auf die Rechtsfolgenseite verlagern[143]. Hinzu kommt, daß nach der Gesetzeslage der Kreditnehmer auch dann nicht berechtigt ist, sich vom Vertrag zu lösen, wenn die Zinsanpassung im Einzelfall nicht der Billigkeit entsprechen sollte[144].

Primär von der Zielrichtung her gesehen haben Bestimmtheitserfordernis und Lösungsmöglichkeit nichts miteinander zu tun. Durch das erstere soll einer Übervorteilung des Kunden vorgebeugt werden[145], während die Lösungsmöglichkeit den Reversibilitätsgrad des Geldgeschäftes bestimmt, also die Möglichkeit, das Kreditgeschäft bereits vor einem eventuell vereinbarten Fälligkeitstermin wieder aufzulösen[146].

Auch im Falle höchster Reversibilität, wenn der Kreditvertrag ohne jeden Zeitverlust vorzeitig auflösbar ist, bietet dies keinen hinreichenden Schutz vor einer unangemessenen Benachteiligung des Kreditnehmers[147]:

---

142 Vgl. Wolf ZIP 1987, 341, 348 f.

143 Vgl. dazu Bohle/Micklitz BB Beilage 11/1981 S. 12, die allerdings diese Konsequenz nicht für die kumulative Zubilligung des Lösungsrechtes ziehen wollen.

144 Vgl. BGH LM Nr. 11 zu § 315 BGB = MDR 1971, 826, wonach § 315 Abs. 3 BGB eine die Anwendung des § 326 BGB ausschließende Sonderregelung enthält.

145 Siehe oben 3.1.5.3 „Bestimmtheitsgrundsatz".

146 Vgl. Büschgen, Bankbetriebslehre, S. 557.

147 So ausdrücklich LG Frankfurt a. M. WM 1985, 316, 317; vgl. auch Löwe BB 1982, 152, 157; einschränkend Trinkner BB 1983, 924; ferner Häuser/Welter NJW 1987, 17, 19.

Das liegt nicht etwa an einem fehlenden Markt für die Substitution des Kredites[148]. Vielmehr wird die Lage des Kreditnehmers durch eine Kündigung nicht nachhaltig verbessert, da er sich in der Folge mit der Anpassungspraxis des neuen Kreditgebers auseinandersetzen muß[149]. Zwar dürfte der Fall der provozierten Kündigung[150] in der Praxis kaum vorkommen[151]. Praktisch wird aber der Kreditnehmer vor die Wahl gestellt, entweder die Zinsanpassung, selbst die unangemessene, hinzunehmen oder aber den Vertrag zu kündigen mit allen sich anschließenden Konsequenzen, nämlich den offenstehenden Kreditbetrag in einer Summe samt Zinsen und Gebühren zurückzuzahlen[152]. Da dies in aller Regel aus eigenen Mitteln nicht möglich sein wird, ist die Bankverbindung mit erheblichen Kosten und Mühen zu wechseln[153]. Hinzu kommen notwendige Übergangsverhandlungen und erneute Kreditwürdigkeitsprüfungen[154]. Nicht berücksichtigt ist dabei die allgemein fehlende Markttransparenz[155], ferner die Unsicherheit hinsichtlich der Preispolitik der neuen Bank[156], auch wenn diese im Moment preisgünstiger sein sollte[157]. Dies bedingt eine Einschränkung der Bereitschaft des Darlehenskunden, die Bankverbindung zu wechseln, und damit Preisspielräume[158], die ein Hinausgehen über eine angemessene Preisanpassung erlauben würden, und damit trotz Lösungsrechtes eine unangemessene Benachteiligung des Bankkunden bewirken könnten. Dies würde auch ein Abgehen von der individuellen Zinssatzvereinbarung, die das für den Vertrag geltende Äquivalenzverhältnis zum Ausdruck brachte, ermöglichen[159].

Das erstrebte Ziel, eine unangemessene Zinsanpassungsklausel durch Zubilligung eines Lösungsrechtes aufrecht zu erhalten, wird endlich vollends verfehlt,

---

[148] Zu diesem Gesichtspunkt vgl. Trinkner BB 1983, 924; Graf von Westphalen in Löwe/von Westphalen/Trinkner § 11 Nr. 1 AGBG Rdnr 15; auch Köndgen/König ZIP 1984, 129, 135 mit Fußn 55.

[149] Worauf Häuser/Welter NJW 1987, 17, 19 hinweisen.

[150] Vgl. Graf von Westphalen in Löwe/von Westphalen/Trinkner § 11 Nr. 1 Rdnr 15; Löwe BB 1982, 152, 157.

[151] So auch Köndgen/König ZIP 1984, 129, 135 Fußn 55.

[152] Vgl. LG Frankfurt a. M. WM 1985, 316, 317.

[153] Vgl. Bericht der Studienkommission 1979, Heft 28 S. 159 (Rdnr 518) und S. 161 (Rdnr 528); auch Häuser/ Welter NJW 1987, 17, 19; von Heymann BB-Beilage 8/1983 S. 13, der darauf hinweist, daß jedenfalls bei kurz- und mittelfristigen Krediten eine Kündigung wegen der damit verbundenen Kosten kaum rentabel ist; Kugler, Konzeptionelle Ansätze zur Analyse und Gestaltung von Zinsänderungsrisiken in Kreditinstituten, 1985, S. 191.

[154] So Bericht der Studienkommission aaO S. 159 (Rdnr 518).

[155] Bericht der Studienkommission aaO.

[156] Vgl. Häuser/Welter NJW 1987, 17, 19.

[157] So der Bericht der Studienkommission aao.

[158] Bericht der Studienkommission S. 159 (Rdnr 519).

[159] Löwe BB 1982, 152, 157 spricht davon, daß der alte Preis die primäre Verpflichtung und die Preiserhöhung die Ausnahme sein soll; vgl. ferner oben 2.3.3.3.2 „Bedeutung der Nominalzinssatzangabe im Kreditvertrag“ und unten 5.2.3.2 „Äquivalenz“.

wenn dem Kunden die Zinserhöhung nicht mitgeteilt wird. Daran ändert nichts die Forderung nach einer zusätzlichen Informationspflicht, die rechtzeitig vor der Erhöhung erfolgen soll[160]. Auch belegt dies, daß die Mitteilung der Zinserhöhung mehr als ein nur deklaratorisches Erfordernis sein muß[161].

3.1.5.5 Anspruch des Kreditnehmers auf Zinsherabsetzung

Von besonderer Bedeutung ist die Frage, ob und inwieweit dem Kreditnehmer ein Anspruch auf Zinsherabsetzung zusteht. Obwohl in den Zinsanpassungsklauseln[162] ein solcher Anspruch so gut wie nie sprachlich statuiert wird, wird die Auffassung vertreten, daß es den Fall einer einseitigen Zinsanpassungsklausel praktisch nicht gebe[163], bzw. die Frage, ob den Bestimmungsberechtigten eine Pflicht zur Leistungsbestimmung unter bestimmten Voraussetzungen treffe, werde zwar kontrovers diskutiert, sei „aber wenig aktuell"[164]. Gerade das Gegenteil ist der Fall. Die vorformulierten Kreditverträge erwecken den Eindruck, als sei es allein Sache des Kreditgebers, ob überhaupt, unter welchen Voraussetzungen und in welchem Umfang er Zinsherabsetzungen vornehme. Die Frage ist deshalb von äußerster Aktualität, da ein zinsregulierender Wettbewerb zwar bei Abschluß des Kreditvertrages gegeben ist, die Wettbewerbssituation für die Zeit danach, wenn es um Zinsanpassung geht, jedoch ganz erheblich eingeschränkt ist[165]. So ist auch allgemein bekannt, daß die Zinsen auf Spargelder relativ rasch nach einer Leitzinssenkung durch die Deutsche Bundesbank fallen, während gleichzeitig die Kreditzinsen nur sehr zögernd folgen, mit einer dadurch bedingten entsprechenden Ausweitung der Zinsspanne[166].

Verfehlt wäre es, das Problem nur unter dem Gesichtspunkt der Geschäftsgrundlage beim Fallen des marktüblichen Zinses anzugehen[167]. Es geht hier nicht darum, ob ausnahmsweise das Weiterfordern des vereinbarten (oder auch bereits angepaßten) Zinssatzes gegen § 242 BGB verstoßen kann[168], mit der Folge, daß der Kreditnehmer in der Regel auf eine Kündigung des Kreditvertrages mit allen damit verbundenen Unannehmlichkeiten[169] zu verweisen wäre.

---

[160] Vgl. Trinkner BB 1983, 924; Graf von Westphalen in Löwe/von Westphalen/Trinkner § 11 Nr. 1 Rdnr 15.

[161] Vgl. unten 5.1.2 „Formelle Voraussetzungen".

[162] Siehe oben 2.3.1 „Erscheinungsformen".

[163] So Wassner ZIP 1986, 683 (Kolumne).

[164] So Staudinger/Mayer-Maly, 12. Aufl. § 315 BGB Rdnr 66.

[165] Vgl. den Bericht der Studienkommission „Grundsatzfragen der Kreditwirtschaft", abgedruckt in der Schriftenreihe des Bundesministeriums der Finanzen Heft 28 auf den Seiten 158 ff. (Rdnr. 518 ff); Schwarz NJW 1987, 629 mwN; Hagenmüller, in: Festschrift zum 70. Geburtstag von H. Rittershausen, 1968, S. 158, 166.

[166] Vgl. nur den Titelbericht in „Der Spiegel" Nr. 46, 40. Jahrgang 23.6. 1986, S. 40, 57.

[167] Vgl. Staudinger/Karsten Schmidt, 12. Aufl., § 246 BGB Rdnr 81.

[168] Vgl. Staudinger/Karsten Schmidt aaO mwN.

Die Frage ist vielmehr, ob die Zubilligung eines eigenen Anspruchs des Kreditnehmers auf Zinsherabsetzung Wirksamkeitsvoraussetzung der Zinsanpassungsklausel im vorformulierten Kreditvertrag ist.

3.1.5.5.1 Auslegung als Korrekturklausel

Nach früherer Auffassung sollten Preisklauseln in der Regel nicht entsprechend gelten, wenn die Preise sanken, sodaß dem Kunden schon dem Grunde nach kein Anspruch auf Preis- bzw. im vorliegenden Zusammenhang Zinsherabsetzung zustehen würde[170]. Dagegen wird heute ganz einhellig die Auffassung vertreten, daß eine einseitige Zinsanpassungsklausel, die nur zu Gunsten des Kreditgebers wirkt, also nur eine Erhöhung des Zinssatzes ermöglicht, einen Anspruch des Kreditnehmers auf Zinsherabsetzung aber ausschließt, gegen § 9 AGBG verstößt[171]. Zum Teil wird dieser Satz dahingehend eingeschränkt, daß dem Kreditgeber eine Kündigungsmöglichkeit einzuräumen ist[172]. Auch wenn der Kunde einen Anspruch auf Zinsherabsetzung hat, ist er immer noch nicht mit der Bank gleichgestellt, da die Klagelast gegenüber Zinserhöhungen beziehungsweise Unterbleiben von Zinssenkungen bei ihm verbleibt[173].

Enthält die Zinsanpassungsklausel einen Anspruch des Kreditnehmers auf Zinsherabsetzung, läßt sich auch von einer „Korrekturklausel"[174] sprechen, bei der sich die Unsicherheit künftiger Preisentwicklung sowohl zu Gunsten als auch zu Lasten des Verwenders und spiegelbildlich seines Vertragspartners auswirken kann. Sogesehen kann keine unangemessene einseitige Benachteiligung im Sinne des § 9 AGBG durch die Zinsanpassungsklausel eintreten. Eine solche unbillige Benachteiligung des Kreditnehmers wäre aber dann anzunehmen, wenn die Zinsanpassungsklausel gleichzeitig eine Mindestklausel[175] enthielte, wodurch Zinssenkungen ausgeschlossen wären.

Zwar sprechen die in der Praxis verwendeten Anpassungsklauseln nicht ausdrücklich allein von Zinserhöhung, sondern in der Regel neutral von einer Anpassung der Zinsen an veränderte Umstände. Dies würde durchaus die Auslegung zulassen, daß dadurch zwar eine Anpassung nach unten und zu

---

[169] Siehe hierzu schon oben 3.1.5.4 „Lösungsrecht".

[170] So noch Soergel/Knopp, 11. Aufl., § 157 BGB Rdnr 50; auch noch BGH JZ 1954, 356 zu Stromlieferungsvertrag, allerdings mit der Einschränkung hinsichtlich vereinbarter „Gleitpreise", mit zustimmender Anmerkung Duden JZ 1954, 357.

[171] Vgl. Canaris ZIP 1980, 709, 720; derselbe Bankvertragsrecht Rdnrn 1328f; von Westphalen ZIP 1984, 1, 2, 3; Wolf ZIP 1987, 341, 351, der allerdings Marktpreis annimmt; vgl. ferner Bilda, Anpassungsklauseln in Verträgen, 2. Aufl., Rdnr 60, S. 61 f.

[172] Vgl. Staudinger/Karsten Schmidt, 12. Aufl., § 246 BGB Rdnr 72; Karsten Schmidt BB 1982, 2075, 2078.

[173] Vgl. Canaris ZIP 1980, 709, 720.

[174] Im Sinne von Kunth/Wollburg BB 1985, 230, 235.

[175] So Schloz, Das Recht der Wertsicherungsklauseln seit der Währungsreform, Diss., Heidelberg, 1965, S. 70.

Gunsten des Kreditnehmers durch die Bank erlaubt, diese hierzu jedoch nicht verpflichtet sei. Dem Kreditnehmer würde also das Recht, eine Herabsetzung der Zinsen zu verlangen, fehlen. Bei dieser Auslegung stände der Bank zwar das Recht zu, bei Verschlechterung der Refinanzierungskosten den Zinssatz zu erhöhen, gleichzeitig aber bei günstiger Veränderung der Refinanzierungssituation den ursprünglichen (oder bereits angepaßten) Zinssatz zu belassen und den Refinanzierungsvorteil für sich zu vereinnahmen. Genau in diesem Sinne war in der Rechtsprechung verschiedentlich[176] Unausgewogenheit und damit Unwirksamkeit der Klausel nach § 9 AGBG angenommen worden.

Demgegenüber legt die heute hM Zinsanpassungsklauseln im Zweifel dahin aus, daß sie den Kreditgeber nicht nur zur Anpassung berechtigen, sondern auch dazu verpflichten[177]. Dieser Auffassung ist zuzustimmen, soweit der Wortlaut der Zinsklauseln keinen konkreten Anhaltspunkt für die Annahme hergibt, daß diese nur der Zinserhöhung dienen[178] und ein Anspruch des Kreditnehmers auf Zinsherabsetzung ausgeschlossen sein sollen, zum Beispiel durch eine Mindestklausel.

Die Zubilligung des Anspruchs auf Zinsherabsetzung entspricht im übrigen auch der beiderseitigen Interessenlage, die dadurch gekennzeichnet ist, daß hinsichtlich der zukünftigen Entwicklung der Zinsen über Jahre hinweg Unsicherheit besteht[179]. Auf andere Weise ist eine unangemessene Besserstellung des Kreditgebers gegenüber dem Kreditnehmer auch nicht zu verhindern, auch nicht durch Zubilligung eines Kündigungsrechtes, etwa dergestalt, daß der Kreditgeber den Zinssatz jederzeit anpassen kann, während der Kreditnehmer auf ein befristetes Kündigungsrecht nach § 247 BGB bzw. jetzt nach § 609a Abs. 2 BGB verwiesen wird[180].

---

176 Vgl. OLG Frankfurt a. M. NJW 1986, 1355 zu Leasing; LG Frankfurt a. M. WM 1985, 316 = WuB I E 1. — 8.85 Münstermann zu variablem Zins einer Teilzahlungsbank.

177 So ausdrücklich BGH WM 1977, 834, 835; BGHZ 97, 212, 217 mwN (weitere Fundst. siehe Kap. 1 Fußn 5); ferner Staudinger/Karsten Schmidt, 12. Aufl., § 246 BGB Rdnr 72; Karsten Schmidt BB 1982, 2075, 2078; im Ergebnis auch LG Frankfurt a. M. WM 1985, 316, 318 = WuB E I 1. — 8.85 Münstermann.

178 So BGHZ 97, 212, 217 (weitere Fundst. siehe Kap. 1 Fußn 5); ferner Staudinger/Karsten Schmidt aaO.

179 Vgl. dazu oben 3.1.5.2 „Interessenlage". Nicht stichhaltig ist allerdings das Argument des BGH, daß Zinsanpassungsklauseln (der im Fall entschiedenen Art) der Vereinbarung eines variablen Zinssatzes nahekämen, BGHZ 97, 212, 217 (weitere Fundst. siehe Kap. 1 Fußn 5); ferner Staudinger/Karsten Schmidt, 12. Aufl., § 246 BGB Rdnr 72; Karsten Schmidt BB 1982, 2075, 2078; es handelt sich hierbei lediglich um eine Tautologie. Die Ausdrücke Zinsanpassungsklausel, Zinsänderungsklausel, Zinsgleitklausel und variabler Zinssatz werden in der Praxis weithin synonym gebraucht, vgl. oben 2.3.1 „Erscheinungsformen"; auch Schwarz NJW 1987, 626 Fußn 5.

180 Beispiel nach Staudinger/Karsten Schmidt aaO Rdnr 72; siehe ferner oben 3.1.5.4 „Lösungsrecht"; auch deutet sich in diesem Zusammenhang bereits die währungsrechtliche Problematik an (siehe unten 3.2.1). Denn Einseitigkeitsklauseln, nach denen der Schuldner nicht in demselben Maß Herabsetzung seiner Zahlungsverpflichtung verlangen

3.1.5.5.2 Anspruchsvoraussetzungen

Mit der Anerkennung des Anspruchs des Darlehensnehmers auf Zinsherabsetzung ist eine ganze Reihe dogmatischer Probleme verbunden, die in Literatur und Rechtsprechung bisher nicht erörtert wurden. Sie betreffen die Fragen:
— unter welchen Voraussetzungen ein solcher Anspruch besteht,
— ob der Darlehensnehmer einen Auskunftsanspruch hinsichtlich dieser Voraussetzungen gegen den Darlehensgeber haben kann,
— wie der Anspruch auf Zinsherabsetzung zu verfolgen ist, und schließlich
— auf welchen Zeitpunkt ein Herabsetzungsverlangen wirkt.

Der Ansatzpunkt zur Lösung dieser Fragen wird in der Richtung zu suchen sein, daß der Anspruch im Prinzip unter den gleichen Voraussetzungen mit umgekehrtem Vorzeichen gegeben ist, wie die Zinserhöhung durch den Darlehensgeber. Ist z.B. eine unbestimmt gefaßte Zinsänderungsklausel im Sinne des BGH[181] dahin auszulegen, daß die Änderung der Refinanzierungskonditionen des Kreditgebers entscheidend ist, so gilt dies umgekehrt für den Kreditnehmer auch: hat sich die Refinanzierungssituation der Bank verbessert, besteht der Anspruch auf Zinsherabsetzung. Auch hier kann sich der Darlehensnehmer nicht auf andere Faktoren, die bei der Kalkulation des Zinses bedeutsam sind, stützen, insbesondere auch nicht auf den nachträglichen Wegfall eines erhöhten Bonitätsrisikos, das beim Abschluß des Kreditvertrages zu einem erhöhten Zinssatz geführt hat.

Allerdings steht der Darlehensnehmer vor dem Problem, daß er üblicherweise weder Einblick in die Kalkulation noch in die Refinanzierungssituation des Darlehensgebers hat, sodaß seine Entscheidung z.B. über eine eventuell gerichtlich durchzusetzende Zinsherabsetzung davon abhängig sein wird, wie der Darlehensgeber das Unterlassen einer Zinsherabsetzung trotz entsprechenden Verlangens bei Verbesserung der allgemeinen Refinanzierungslage begründet. Man wird daher wohl dem Darlehensnehmer einen entsprechenden Auskunftsanspruch zubilligen müssen, wenn er aufgrund der allgemeinen Kapitalmarktlage annehmen kann, daß der Zinssatz zu senken ist[182].

Gibt der Darlehensgeber einem Zinsherabsetzungsbegehren mit oder ohne Begründung nicht statt, besteht für den Darlehensnehmer die Möglichkeit, die Herabsetzung des Zinssatzes durch Gestaltungsklage zu erzwingen[183].

---

kann, wie der Gläubiger eine Mehrzahlung bei Anstieg des Wertmessers (vgl. Fögen, Geld- und Währungsrecht, 1969, S. 152; ders. BB 1958, 1259, 1265), und Mindestklauseln sind nicht genehmigungsfähig, vgl. die Mitteilung der Deutschen Bundesbank Nr. 1018/64, BAnz. Nr. 160 vom 29. 8. 1964, abgedruckt in BB 1964, 1018.

[181] Urteil vom 6. 3. 1986 — III ZR 195/84 — BGHZ 97, 212 (weitere Fundst. siehe Kap. 1 Fußn 5).

[182] Zur weiteren Begründung siehe unten 5.5.2.5 „Auskunftsanspruch".

[183] Siehe unten 6.1.1 „Gestaltungsklage" und 5.5.2.1 „Anspruch auf gerichtliche Bestimmung des Zinssatzes".

Das Problem der unterlassenen Zinsherabsetzung hat aber auch noch eine weitere dogmatische Komponente: dem Anspruch des Darlehensnehmers auf Zinsherabsetzung entspricht auf seiten des Darlehensgebers eine hierzu bestehende Verpflichtung. Es handelt sich nicht nur um eine Verpflichtung gegenüber sich selbst, sondern um eine ganz gewöhnliche schuldrechtliche Verpflichtung gegenüber dem Darlehensnehmer, der ein schutzwürdiges Interesse daran hat, daß der Kreditvertrag im Rahmen von Treu und Glauben und ohne Unbilligkeit abgewickelt wird[184]. Dies bedingt die weitere Frage, ob der Darlehensgeber verpflichtet ist, die Zinssenkung vorzunehmen, ohne daß der Darlehensnehmer dies verlangt. Diese Frage wird man noch bejahen können[185], da bestimmungsberechtigt und -verpflichtet allein der Darlehensgeber ist[186] und nur dieser über die notwendigen Informationen hierzu verfügt.

Damit ist allerdings noch keine Entscheidung darüber getroffen

— auf welchen Zeitpunkt das Zinsherabsetzungsverlangen des Darlehensnehmers zu beziehen ist, und
— ob überhaupt und welche Ansprüche dem Darlehensnehmer zustehen können, wenn der Darlehensgeber eine Zinsherabsetzung unterlassen hat, obwohl dies nach der konkreten Refinanzierungssituation angebracht gewesen wäre.

Diese Fragen werden im Zusammenhang mit der Erörterung der zeitlichen Problematik unter 5.1.3.3.2 dargestellt. Um das Ergebnis vorwegzunehmen, kann hier im Prinzip nichts anderes gelten als für den Darlehensgeber. Auch hier wird es grundsätzlich auf den Zugang eines Herabsetzungsverlangen beim Kreditgeber ankommen. Schadenersatzansprüche wegen unterlassener Zinsherabsetzung ohne entsprechendem Herabsetzungsverlangen setzen Verschulden des Darlehensgebers voraus[187].

3.2 § 3 Währungsgesetz

Die Vereinbarkeit von Zinsanpassungsklauseln mit § 3 WährG[1] wird selten diskutiert. So hat der BGH[2] den Fall der darlehensweisen Überlassung des Erlöses von Aktien gegen die Verpflichtung, bei Fälligkeit den Betrag zurückzu-

---

[184] Vgl. in diesem Sinne Staudinger/Mayer-Maly, 12. Aufl., § 315 BGB Rdnr 69, der diese Aussage allerdings auf den Bereich der Leistungsbestimmung nach freiem Belieben begrenzen will.

[185] aA Münstermann WuB I E 1. — 8.85.

[186] Was Münstermann aaO, der unscharf von einem Zinsanpassungsrecht des Darlehensnehmers spricht, übersieht.

[187] Siehe unten 5.5.2.3 „Schadenersatzanspruch“.

[1] Die Verfassungsmäßigkeit der Vorschrift wird teilweise in Zweifel gezogen, z.B. Bettermann ZRP 1974, 13, 14, ferner MünchKomm/von Maydell, 2. Aufl. § 244 BGB Rdnr 21; auch von Maydell, Geldschuld und Geldwert, 1974, S. 373.

[2] In BB 1963, 247, 248.

zahlen, der zur Wiederbeschaffung der gleichen Zahl gleicher Aktien erforderlich ist, als Vertrag eigener Art qualifiziert und eine genehmigungspflichtige Wertsicherungsklausel verneint. Dagegen hat der BGH[3] in einem Darlehensvertrag, in welchem die Höhe der zurückzuzahlenden Summe von den Preisschwankungen der Textilrohstoffe abhängig gemacht worden war, eine genehmigungspflichtige Wertsicherungsklausel nach § 3 S. 2 WährG angenommen.

Die Grundsätze der Deutschen Bundesbank[4] statuieren das Prinzip der Nichtgenehmigung. Indem die Deutsche Bundesbank die Gestaltungen aufzählt, die ausnahmsweise genehmigungsfähig sind, geht sie insoweit grundsätzlich von der Genehmigungspflicht aus[5]. Damit wird das Nennwertprinzip für Zahlungsverpflichtungen aus Rechtsgeschäften des Geld- und Kapitalverkehrs strikt gewahrt[6].

Gerade bei langfristigen Darlehensverträgen besteht jedoch das Bedürfnis nach Wertsicherung[7]. Wenn man sich weiter vor Augen hält, welche Bestandteile in den Zins einzukalkulieren sind[8], wird klar, daß die Vereinbarung eines variablen Zinssatzes durch Zinsanpassungsklauseln wie eine Wertsicherungsklausel wirken kann. Der Darlehensvertrag stellt typischerweise ein Geschäft mit zeitversetztem Leistungsaustausch dar, bei dem der heutigen Kreditauszahlung die spätere Erbringung von Geldbeträgen unter dem Namen Zins gegenübersteht[9]. Während bei Kreditgeschäften mit festem Zinssatz der Kreditgeber typischerweise das Risiko z. B. der schleichenden Geldentwertung trägt[10], bewirkt der variable Zinssatz — genau wie eine Wertsicherungsklausel —, daß die Äquivalenz von Leistung und Gegenleistung erhalten bleibt, das angesprochene Risiko also auf die Kreditnehmer verlagert wird[11].

---

[3] WM 1959, 1198.

[4] Siehe die Grundsätze bei der Entscheidung über Genehmigungsanträge nach § 3 des Währungsgesetzes (Nr. 2c der Währungsverordnung für Berlin) — Mitteilung der Deutschen Bundesbank Nr. 1015/78 vom 9. Juni 1978, veröffentlicht im Bundesanzeiger Nr. 109 vom 15. Juni 1978.

[5] So MünchKomm/von Maydell, 2. Aufl., § 244 BGB Rdnr 26.

[6] Vgl. Fögen, Geld- und Währungsrecht, 1969 S. 152; ders. BB 1959, 1259, 1265; Szagunn BB 1959, 205, 206; Bohndorf, Wertsicherungsklauseln, Diss., 1966, S. 823; Horn, Geldwertveränderungen,1975, S. 13.

[7] Vgl. Gutzwiller,Vertragliche Abreden zur Sicherung des Geldwerts, insbesondere Gleitklauseln, 1972, S. 26 Rdnr 47; zu Grundtypen von Wertsicherungsklauseln auch von Maydell, Geldschuld und Geldwert, 1974, S. 372ff.

[8] Siehe oben 2.2.1 „Bestandteile des Zinses".

[9] So Stützel, Das Mark-gleich-Mark-Prinzip, 1979, S. 67, 68.

[10] Vgl. Horn aaO S. 17 mwN.

[11] Bei unbestimmt gefaßten Klauseln vermittelt durch die geänderte Refinanzierungssituation, vgl. oben 3.1.5.3 „Bestimmtheitsgrundsatz". — Solche Klauseln sind deshalb nicht unter Äquivalenzgesichtspunkten sittenwidrig, da sich typischerweise äquivalente Gegenleistungen gegenüberüberstehen und keine der Parteien näher daran ist, das Risiko zu tragen, so Ertl, Inflation, Privatrecht und Wertsicherung, 1980, S. 62 f.

Würde die Zinsanpassungsklausel als Wertsicherungsklausel im Sinne des § 3 S. 2 WährG zu qualifizieren sein, so müßte entweder die Zinsanpassungsklausel oder unter Anwendung des § 139 BGB das gesamte Kreditgeschäft als schwebend unwirksam und mangels Genehmigungsfähigkeit nichtig angesehen werden[12]. Ihre Wirksamkeit ist nur zu bejahen, wenn Zinsanpassungsklauseln als genehmigungsfrei anzusehen sind. Die praktische Bedeutung der genehmigungsfreien Klauseln liegt darin, daß sie in großem Umfang genehmigungsbedürftige Klauseln substituieren und eine Anpassung selbst bei Verträgen ermöglichen, die nach Ansicht der Deutschen Bundesbank überhaupt nicht klauselfähig sind[13].

Daß die gebräuchlichen Zinsanpassungsklauseln, wie die hM[14] annimmt, keinen Bedenken im Hinblick auf § 3 S. 2 WährG begegnen sollen, ist daher keineswegs selbstverständlich.

3.2.1 Zinsänderungsklausel

Bei Zinsänderungsklauseln, die der Bank das Recht einräumen, durch Gestaltungserklärungen den Zinssatz zu ändern[15] bietet sich für die Untersuchung ihrer Wirksamkeit im Hinblick auf § 3 S. 2 des Währungsgesetzes die Unterscheidung nach den Anpassungsmaßstäben an. Je nach Gestaltung können Zinsänderungsklauseln in diesem Sinne als Leistungsvorbehalt, Spannungs- bzw. Preisklausel aufgefaßt werden.

3.2.1.1 Leistungsvorbehalt

Die Zinsänderungsklausel stellt einen sogenannten Leistungsvorbehalt dar, wenn sie die Vereinbarung enthält, daß bei der Veränderung einer Bezugsgröße oder nach Zeitablauf eine Anpassung erfolgen soll, ohne daß jedoch das Ausmaß der Veränderung bereits festgelegt wird[16]. Die Veränderung des Wertmessers, der selbst oft in den Klauseln nicht festgelegt ist, ist in diesen Fällen die Bedingung, nach deren Eintritt der Zinssatz neu festzusetzen ist[17]. Die

---

[12] Vgl. MünchKomm/Westermann vor § 607 BGB Rdnr 9; zu einem Fall schwebender Unwirksamkeit eines Darlehensvertrages auch BGH WM 1959, 1198.

[13] Vgl. Horn, Geldwertveränderungen, Privatrecht und Wirtschaftsordnung, 1975, S. 13; auch Gutzwiller aaO S. 24 Rdnr 40 zu „Ausweichvereinbarungen"; Bohndorf aaO S. 18ff; dagegen Schloz. Das Recht der Wertsicherungsklauseln seit der Währungsreform, Diss. 1962, S. 63: „Regelrechte Wertsicherungsklauseln".

[14] Vgl. Staudinger/Karsten Schmidt, 12. Aufl., § 246 BGB Rdnr 69.

[15] Vgl. zur Terminologie Staudinger/Karsten Schmidt, 12. Aufl., § 246 BGB Rdnr 66; und oben 2.3.1. „Erscheinungsformen".

[16] So MünchKomm/von Maydell, 2. Aufl., § 244 BGB Rdnr 23; in diesem Sinne auch Gutzwiller aaO S. 117 Rdnr 199 und S. 111 Rdnr 188; Horn, Geldwertveränderungen, Privatrecht und Wirtschaftsordnung, 1975, S. 13; Ertl aaO S. 143; Fögen BB 1967, 738; Thiele JZ 1971, 292 f.

[17] In diesem Sinne allgemein Gutzwiller aaO S. 117 Rdnr 199.

Übergänge zur Gleitklausel sind fließend. Während beim Leistungsvorbehalt eine neuerliche ausdrückliche Willenbetätigung verlangt wird[18],erfolgt die Anpassung bei Gleitklauseln mehr oder weniger automatisch[19]. Zum Teil wird dieser nicht automatische Anpassungsmechanismus als Voraussetzung der Genehmigungsfreiheit angesehen[20]. Diese Auffassung wird allerdings bei einer Untersuchung der Abstufungen, in denen solche Abreden mit Leistungsvorbehalten vorkommen[21], fragwürdig.

3.2.1.1.1 Festgelegte Abhängigkeit von der Vergleichsgröße

Zu denken ist hier an Zinsänderungsklauseln, die bei einer Veränderung des Wertmessers, z. B. des Diskontsatzes der Deutschen Bundesbank, ohne Rücksicht auf sonstige Verhältnisse den Zinssatz in einem im voraus festgelegten Verhältnis ändern. In der Tat stellen solche Klauseln keinen Anwendungsfall des § 315 BGB dar, weil dabei eine Bestimmung der Bank „nach billigem Ermessen" nicht mehr zu treffen ist[22]. Die Veränderung der Vergleichsgröße würde in diesem Fall bei einem Steigen einen unbedingten Anspruch der Bank auf erhöhte Zinszahlung, bei einem Sinken einen solchen Anspruch des Kreditnehmers auf verminderte Zinszahlung bedingen. Diese Fälle könnten auch nicht mehr von der Gleitklausel unterschieden werden. Es kann dabei keinen Unterschied machen, ob zur Konkretisierung des erhöhten Zinssatzes noch eine Erklärung der Bank erforderlich ist oder nicht[23]. Fälle dieser Art müßten jedenfalls dem Wortlaut des § 3 S. 2 WährG unterliegen, und damit eigentlich nicht genehmigungsfähig sein.

3.2.1.1.2 Bestimmung nach billigem Ermessen

Von Leistungsvorbehalt sollte daher in diesem Zusammenhang nur gesprochen werden, soweit die Zinsänderungsklausel die Abrede enthält, daß im Falle gewisser Veränderungen die Bank berechtigt oder verpflichtet ist, den Zinssatz zu ändern, wenn und soweit dies billigem Ermessen entspricht[24]. Nur in diesen Fällen besteht kein unbedingter Anspruch auf einen erhöhten (aber auch umgekehrt auf einen verminderten) Zinssatz, so daß folgerichtig das Kriterium des billigen Ermessens die entscheidende Voraussetzung für die Genehmigungsfreiheit derartiger Klauseln ist[25]. Gerade dieses „gewisse Maß an Unge-

---

[18] Vgl. Gutzwiller aaO S. 111 Rdnr 188.

[19] Vgl. Gutzwiller aaO S. 111 Rdnr 189; auch Horn aaO.

[20] Vgl. Gutzwiller aaO S. 110 Rdnr 188 und S. 117f Rdnr 200.

[21] Vgl. Fögen BB 1967, 738.

[22] In diesem Sinne allg. Fögen BB 1967, 738.

[23] Vgl. Fögen aaO.

[24] In diesem Sinne Fögen BB 1967, 738.

[25] In diesem Sinne allg. Fögen aaO; ders. BB 1958, 1259, 1261; auch Horn aaO S. 13; Fögen, Geld- und Währungsrecht, 1969, S. 151; Gutzwiller aaO S. 118 Rdnr 200; vgl. auch Thiele JZ 1971, 292f.

wißheit“[26] bedingt die Genehmigungsfreiheit, während Zinsanpassungsklauseln mit einem automatischen Anpassungsmechanismus den Konflikt mit § 3 WährG vorprogrammieren[27].

Aber auch diese Fälle werden immer dann problematisch sein, wenn der Ermessensspielraum so bescheiden gehalten ist, daß der Unterschied zwischen einer automatisch wirkenden, § 3 S. 2 WährG unterliegenden Wertsicherungsklausel und einem Leistungsvorbehalt nur noch Formulierungsfrage ist[28].

3.2.1.1.3 Unbedingtes Recht auf Änderung in noch unbestimmter Höhe

Ähnlich problematisch sind Zinsänderungsklauseln, bei denen die Veränderung des Wertmessers die Bank lediglich aus diesem Grunde berechtigt, die Heraufsetzung des Zinssatzes vorzunehmen (bzw. die Herabsetzung), gleichzeitig aber das Ausmaß von Erhöhung oder Senkung des Zinssatzes offengelassen oder aber in das billige Ermessen gestellt wird[29]. Zwar mögen Klauseln dieser Art währungspolitisch bedenklich sein, sie stellen jedoch[30] nach richtiger Auffassung einen Anwendungsfall des § 315 BGB dar, weil die Veränderung des Wertmessers nur eine Voraussetzung für die Änderung des Zinssatzes ist, nicht aber Bestimmungsfaktor. Die Änderung der Vergleichsgröße ist lediglich Anknüpfungspunkt für eine mögliche Änderung des Zinssatzes, ohne den alleinigen Maßstab zu bilden[31].

3.2.1.2 Spannungsklauseln

Unter Spannungsklauseln sind Vereinbarungen zu verstehen, durch die die Höhe der Geldzahlungen an den künftigen Preis oder Wert gleichartiger Güter oder Leistungen gekoppelt wird. Anpassungsmaßstab ist hierbei ein bereits im Schuldverhältnis angelegter Bezugswert[32].

Der BGH[33] hat in einem Fall, in dem sich der Schuldner verpflichtet hatte, als Darlehen jene Summe zurückzubezahlen, die nötig sei, um eine bestimmte

---

[26] Vgl. MünchKomm/von Maydell, 2. Aufl., § 244 BGB Rdnr 24.

[27] Vgl. MünchKomm/von Maydell aaO Rdnr 22.

[28] Vgl. Ertl aaO S. 143; zum ganzen Bilda, Anpassungsklauseln in Verträgen, 2. Aufl., 1973, Rdnrn 31, 32 S. 33f.

[29] Vgl. zu dieser Abstufung Fögen BB 1967, 738, 739.

[30] Entgegen der Ansicht von Fögen aaO.

[31] Vgl. die Nachweise bei Fögen aaO und besonders Fußn 7; auch Gutzwiller aaO S. 118 Rdnr 200; Szagunn BB 1959, 205, 206; wohl auch Staudinger/Karsten Schmidt, 12. Aufl., § 246 BGB Rdnr 69. Die völlig hM umgeht die Problematik freilich auf eine besondere Art, indem auf den Vergleichsmaßstab abgestellt wird, vgl. unten 3.2.5 „Zusammenfassung und Kritik“.

[32] Vgl. MünchKomm/von Maydell, 2. Aufl., § 244 BGB Rdnr 25; Bilda, Anpassungsklauseln in Verträgen, 2. Aufl., 1973, Rdnr 40 S. 39f.

[33] In BB 1963, 247, 248.

Menge von Aktien zu kaufen, eine genehmigungsfreie Spannungsklausel angenommen, mit der Begründung, daß die Parteien hier den Wert vergleichbarer Leistungen miteinander gekoppelt hätten. Damit hat der Begriff der Spannungsklausel auch in den Bereich des Kreditgeschäftes Einzug genommen[34].

Aber nicht nur solche Sonderfälle, sondern vielmehr alle Zinsänderungs- oder Zinsgleitklauseln, die Bezug nehmen auf die Zinssätze vergleichbarer Darlehen, die Durchschnittszinssätze aus den Monatsberichten der Deutschen Bundesbank, den Diskontsatz der Deutschen Bundesbank oder ähnliches, können in diesem Sinne als Spannungsklauseln aufgefaßt werden, da sie den Zinssatz an künftige Zinssätze gleichartiger oder zumindest ähnlicher Kredite anbinden. Als Spannungsklauseln werden sie daher nach ganz hM als genehmigungsfrei angesehen[35].

Wird in dieser Weise auf die Gleichartigkeit zwischen Preis (Zinssatz) und Wertmaßstab abgestellt, wird nicht nur jede Unterscheidung zwischen Leistungsvorbehalt, Spannungs- oder Preisklausel[36] obsolet, sondern auch die Unterscheidung zwischen nicht-automatischem (wie bei Zinsänderungsklauseln) und automatischem Anpassungsmechanismus (wie bei Zinsgleitklauseln)[37]. Die Zinsänderungsklauseln ermöglichen damit eine Anpassung der Zinssätze bei Kreditverträgen, die nach Ansicht der Deutschen Bundesbank überhaupt nicht klauselfähig sind[38].

3.2.1.3 Preisklauseln

Darüberhinaus können Zinsänderungsklauseln auch wenigstens zum Teil als Preisklauseln aufgefaßt werden. Preisklauseln in diesem Sinne meint Vereinbarungen, aufgrund deren der Preis eines Wirtschaftsgutes in gleichem Maße wie der Preis bestimmter Kostenelemente dieses Gutes (Lohnkosten, Rohmaterial o.ä.) steigt[39]. Es lassen sich dabei weiter Kostenelementsklauseln und Preisgleitklauseln unterscheiden. Bei den ersteren verändert sich der Preis nur anteilig in dem Verhältnis, in dem das Kostenelement zum Preis des Gutes steht. Bei den letzteren soll sich die Veränderung des Kostenelements im gleichen Prozentsatz

---

[34] Vgl. Gutzwiller aaO S. 114 Rdnrn 195 und 196 mwN.

[35] So Staudinger/Karsten Schmidt, 12. Aufl., § 246 BGB Rdnr 69; Bohndorf aaO S. 24; Graf von Westphalen in Löwe/von Westphalen/Trinkner § 11 Nr. 1 AGBG Rdnr 32; MünchKomm/von Maydell, 2. Aufl., § 244 BGB Rdnrn 22 und 25.

[36] Dazu unten 3.2.5 „Zusammenfassung und Kritik".

[37] Dazu unten 3.2.2 „Zinsgleitklauseln".

[38] Vgl. Horn aaO S. 13; kritisch Schloz aaO S. 62ff; so bezeichnet auch Nielsen, Das Bankrecht, 4. Aufl., 1978, S. 153 die Kopplung des Zinssatzes an den Diskontsatz der Deutschen Bundesbank als nicht genehmigungspflichtige Wertsicherungsklausel, weil die Abhängigkeit von gleichartigen Leistungen (wie Zinssatz und Diskontsatz) nicht verboten sei.

[39] Vgl. MünchKomm/von Maydell, 2. Aufl., § 244 BGB Rdnr 26.

auf den Lieferpreis auswirken. Ähnlich wie bei der Spannungsklausel wird die Geldzahlung nicht an einen außerhalb des Rechtsgeschäfts stehenden Maßstab gekoppelt, sondern es werden lediglich die Elemente der Preisgestaltung offen ausgedrückt[40].

Nun sind auch in den Zinssatz[41] verschiedene Kostenelemente einzukalkulieren, vor allem aber bei allen unbestimmt gefaßten Zinsanpassungsklauseln die Refinanzierungskosten[42]. Maßgebend für die Vornahme einer Zinssatzänderung und deren Umfang ist damit die Änderung eines Kostenelementes des Zinssatzes.

Inwieweit solche Preisklauseln genehmigungsfrei sind, ist durchaus umstritten[43]. Die dabei von der Literatur häufig berufene Ansicht der Deutschen Bundesbank, wonach diese in ihren Genehmigungsrichtlinien von einer Genehmigungspflichtigkeit solcher Preisklauseln ausginge, weil das Prinzip der Nichtgenehmigung statuiert und die Gestaltungen aufgezählt würden, die ausnahmsweise genehmigungsfähig sind[44], existiert in der Praxis nicht[45]. Die Deutsche Bundesbank akzeptiert vielmehr die Ansicht des BGH, wonach Genehmigungsfreiheit zu bejahen ist, wenn die vorgesehene Erhöhung nur in dem Umfang erfolgen soll, in dem die Selbstkosten steigen[46]. Diese Ansicht ist auch zutreffend. Denn andernfalls ergäbe sich ein unerträglicher Widerspruch zwischen Bestimmtheitserfordernis und § 3 WährG. Die Preisklausel (in ihren Erscheinungsformen als Kostenelements- oder Preisgleitklausel im oben definierten Sinne) beseitigt gerade die Ungewißheit über die Kostenfaktoren, die bestimmend für Anlaß und Umfang einer Zinssatzänderung sind[47]. Es geht nicht an, die Wirksamkeit der Zinsanpassungsklausel einerseits von gewissen Mindestanforderungen an die Bezeichnung von Grund und Umfang der Änderung abhängig zu machen, und sei es durch Auslegung[48], um dies gleichzeitig über die währungsrechtliche Ebene als Grund für deren Unwirksamkeit anzunehmen.

---

[40] So MünchKomm/von Maydell aaO.

[41] Wie oben unter 2.2.1 „Bestandteile des Zinses“, dargelegt.

[42] Vgl. BGHZ 97, 212ff = NJW 1986, 1803ff = WM 1986, 580ff = MDR 1986, 826f = ZIP 1986, 698ff = BB 1986, 1874ff.

[43] Vgl. MünchKomm/von Maydell aaO; Fögen BB 1959, 1259, 1262; Gutzwiller aaO S. 119 Rdnr 202, der die Kostenelementsklausel als Sonderfall des Leistungsvorbehaltes behandelt, und S. 120 Rdnr 203; Bohndorf aaO S. 23f; Schloz aaO S. 66; auch Horn aaO S. 13.

[44] So ausdrücklich MünchKomm/von Maydell aaO.

[45] Wie die Deutsche Bundesbank auf Rückfrage bestätigt hat.

[46] Vgl. BGH LM WährG § 3 Nr. 20/21 = NJW 1973, 1498; auch BGH WM 1979, 1097; ganz hM vgl. MünchKomm/von Maydell aaO.

[47] Vgl. Ertl aaO S. 54 und 67; ferner von Maydell, Geldschuld und Geldwert, 1974, S. 381.

[48] Wie im Urteil des BGH von 6. 3. 1986 — III ZR 195/84 — BGHZ 97, 212ff (weitere Fundst. siehe Kap. 1 Fußn 5).

3.2.2 Zinsgleitklauseln

Besonders problematisch im Hinblick auf § 3 WährG müssen in diesem Zusammenhang Zinsgleitklauseln erscheinen, also Vertragsklauseln, die für eine automatische Anpassung des Zinssatzes an bestimmte Sätze sorgen[49]. Obwohl derartige Klauseln mit einem automatischen Anpassungsmechanismus, d.h. eine Anpassung ohne weiteres Zutun der Parteien[50], als genehmigungspflichtig anzusehen sind, werden auch Zinsgleitklauseln nicht als genehmigungspflichtige Wertsicherungsklauseln aufgefaßt[51]. Zur Begründung wird auch hier wiederum darauf verwiesen, daß durch § 3 WährG eine Abhängigkeit von gleichartigen Leistungen (wie z. B. Zinssatz und Diskontsatz) nicht verboten sei[52], bzw. daß hier keine Bindung des Zinssatzes an einen außerhalb des Schuldverhältnisses liegenden Wertmaßstab erfolge[53]. Zu den Bedenken gegen diese Auffassung wird unter 3.2.5 noch einzugehen sein.

3.2.3 Kündigungsklauseln

Wenn man sich verdeutlicht, daß die unterschiedlichen Arten der Zinsanpassungsklauseln vor allem hinsichtlich der Anpassungstechnik differieren[54], müssen auch Kündigungsklauseln[55] mit in die Problematik einbezogen werden. Diese Klauseln sehen zum Zwecke der Zinsanpassung in erster Linie nicht die lösende Kündigung, sondern die Änderungskündigung[56] vor, die je nach Ausgestaltung rechtskonstruktiv auch auf § 315 BGB zu stützen sein kann[57]. Da jedoch der Ausspruch der Änderungskündigung mit einer Neuverhandlungspflicht einhergeht[58], stellen Kündigungsklauseln Wertsicherungen anderer Natur[59] dar, die nicht § 3 S. 2 WährG unterliegen.

Anders verhält es sich bei Fällen der auslaufenden Zinsbindung während der Laufzeit eines Darlehens. Der Kreditnehmer befindet sich hier in einer ähnlichen

[49] Zum Begriff vgl. Staudinger/Karsten Schmidt, 12. Aufl., § 246 BGB Rdnr 65 und ferner oben 2.3.1.1.1 „Zinsgleitklausel"; zur Abgrenzung zwischen Gleitklausel und genehmigungsfreiem Leistungsvorbehalt vgl. auch BGH JZ 1971, 291 mwN.

[50] Vgl. Gutzwiller aaO S. 110f Rdnr 188; MünchKomm/von Maydell, 2. Auflage, § 244 BGB Rdnr 22; Graf von Westphalen in Löwe/von Westphalen/Trinkner, § 11 Nr. 1 AGBG Rdnr 33; Thiele JZ 1971, 292.

[51] So ausdrücklich Nielsen, Das Bankrecht, 4. Aufl., 1978, S. 153 für den Fall der Kopplung des Zinssatzes an den Diskontsatz der Deutschen Bundesbank.

[52] Vgl. Nielsen aaO.

[53] In diesem Sinne MünchKomm/von Maydell, 2. Aufl., § 244 BGB Rdnr 22; von Maydell, Geldschuld und Geldwert, 1974, S. 378.

[54] Vgl. Staudinger/Karsten Schmidt, 12. Aufl., § 246 BGB Rdnr 64.

[55] Vgl. oben 2.3.1.2 „Kündigungsklauseln".

[56] Vgl. Staudinger/Karsten Schmidt aaO Rdnr 67 mwN.

[57] Vgl MünchKomm/Westermann § 608 BGB Rdnr 8.

[58] So Staudinger/Karsten Schmidt aaO; ferner allg. dazu Horn AcP 181 (1981) S. 255.

[59] Vgl. Bohndorf aaO S. 18.

Lage wie bei einem Darlehen mit variablem Zinssatz[60]. Sehen die Kreditbedingungen in diesem Fall eine einseitige Leistungsbestimmung des Kreditgebers vor, wird eher eine Zinsänderungsklausel, nicht aber eine Kündigungsklausel anzunehmen sein[61].

3.2.4 Einseitigkeits- und Mindestklauseln

Nach Nr. 2a der Grundsätze der Deutschen Bundesbank[62] werden unabhängig von der Art des Schuldverhältnisses Klauseln nicht genehmigt, wenn „einseitig ein Kurs-, Preis- oder Wertanstieg eine Erhöhung, nicht aber umgekehrt ein Kurs-, Preis- oder Wertrückgang eine entsprechende Ermäßigung des Zahlungsanspruchs bewirken oder nur der Gläubiger das Recht haben soll, eine Anpassung zu verlangen oder die Bezugsgröße zu bestimmen (Mindestklauseln, Einseitigkeitsklauseln)"[63]. Solche Klauseln würden nur eine Anpassung in einer Richtung, nämlich zu Gunsten des Gläubigers, erlauben[64]. Würden Zinsanpassungsklauseln Zusätze dieser Art enthalten, wäre ihre Wirksamkeit schon im Hinblick auf § 9 AGBG zu verneinen[65]. Solche Klauseln sind daher in der Kautelarpraxis nicht anzutreffen. Würden Kreditverträge Klauseln dieser Art enthalten, müßte ihre Wirksamkeit im Hinblick auf § 3 S. 2 WährG geprüft werden unter Beachtung der Frage, ob solche Klauseln überhaupt der Genehmigungspflicht unterlägen[66]. Die Beantwortung dieser Frage hängt davon ab, welcher Anpassungsmechanismus und Wertmaßstab gewählt wurden[67].

3.2.5 Zusammenfassung und Kritik

Die Fälle von Darlehensverträgen mit eindeutigen Wertsicherungsklauseln sind in der Praxis nur selten anzutreffen[68]. Der gesamte Bereich der Zinsanpas-

[60] So Häuser/Welter NJW 1987, 17, 19 und 20 auch zu Darlehen, bei denen in Abständen von mehreren Monaten die Zinskonditionen anhand eines Referenzzinssatzes neu festzulegen sind (roll-over-Kredite).

[61] Zur Behandlung siehe oben 3.2.1 „Zinsänderungsklausel".

[62] Grundsätze bei der Entscheidung über Genehmigungsanträge nach § 3 des WährG (Nr. 2c der Währungsverordnung für Berlin) — Mitteilung der Deutschen Bundesbank Nr. 1015/78 vom 9. Juni 1978, veröffentlicht im Bundesanzeiger Nr. 109 vom 15. Juni 1978.

[63] Vgl. dazu z. B. Fögen BB 1959, 1259, 1265; ders., Geld- und Währungsrecht, 1969, S. 152; Bohndorf aaO S. 23.

[64] Vgl. Schloz aaO S. 70f; Horn aaO S. 15.

[65] Siehe oben 3.1.5.5.1 „Auslegung als Korrekturklausel".

[66] Vgl. dazu allg. Schloz aaO S. 74f.

[67] Siehe dazu weiter den nächsten Gliederungspunkt 3.2.5 „Zusammenfassung und Kritik".

[68] z. B. bejaht in BGH WM 1959, 1198; verneint dagegen im Fall des BGH BB 1963, 247, 248; vgl. dazu Gutzwiller aaO S. 114 Rdnr 195.

sungsklauseln gleich welcher Art wird von Rechtsprechung und Literatur als genehmigungsfrei betrachtet[69]. Nur solche Klauseln werden § 3 WährG unterworfen, die eine automatische Anpassung vorsehen und die Geldleistung an einen außerhalb des Schuldverhältnisses liegenden Wertmaßstab binden[70].

Die währungsrechtliche Problematik kann sich damit überhaupt nur bei Zinsgleitklauseln[71] stellen. Zinsänderungsklauseln im hier beschriebenen Sinne stellen zulässige Ausweichvereinbarungen ohne automatischen Anpassungsmechanismus dar, bei denen die zukünftige Anpassung des Zinssatzes nach billigem Ermessen stattfindet[72], wenn nur ein gewisses Mindestmaß an Spielraum[73] bei der Anpassung des Zinssatzes verbleibt.

Zinsgleitklauseln hingegen können nur mit der Annahme als genehmigungsfrei erachtet werden, daß § 3 S. 2 WährG eine Ankoppelung des Preises (hier Zins) an einen außerhalb des Schuldverhältnisses (hier Kreditvertrag) liegenden Wertmaßstab untersagt[74]. Diese Prämisse ist aus dem Wortlaut des § 3 S. 2 WährG jedenfalls nicht zwingend zu entnehmen[75]. Ein weiteres Bedenken könnte daher rühren, daß in den Zinssatz auch in der Tat ein Kaufkraftschwund einzukalkulieren ist[76]. Es ließe sich damit die Auffassung vertreten, daß keine Gründe bestehen, „§ 3 S. 2 WährG nicht anzuwenden, wenn bei Güter- und Leistungsaustauschverträgen Leistung und Gegenleistung zeitlich auseinanderfallen und für die Höhe einer Leistung in Geld der Preis der Gegenleistung in einem zukünftigen, nach der Zeit der Gegenleistung liegenden Zeitpunkt maßgebend sein soll"[77]. In der Tat wird für andere Rechtsbereiche das Kriterium eines außerhalb des Schuldverhältnisses liegenden Wertmaßstabes für die Anwendbarkeit des § 3 S. 2 WährG nicht verlangt. Man denke nur an Mietgleitklauseln, im gewerblichen Bereich, die an einen Mietenindex angekoppelt werden. Daß derartige Wertsicherungsklauseln genehmigungspflichtig sind, steht außer Frage.

Wenn somit zwingende dogmatische Gründe für die Genehmigungsfreiheit auch von Zinsgleitklauseln nicht genannt werden können, so ist es letztlich nicht nur das große praktische Bedürfnis, das die Genehmigungsfreiheit solcher

[69] Vgl. Staudinger/Karsten Schmidt, 12. Aufl., § 246 BGB Rdnr 69; Nielsen, Das Bankrecht, 4. Aufl., 1978, S. 153.

[70] Vgl. MünchKomm/von Maydell, 2. Aufl., § 244 BGB Rdnr 22 mwN; Bilda, Anpassungsklauseln in Verträgen, 2. Aufl., 1973, Rdnr 41, S. 40.

[71] Siehe oben 3.2.2 „Zinsgleitklauseln".

[72] Zum Ermessen als entscheidendes Kriterium vgl. Fögen BB 1958, 1259, 1261; Gutzwiller aaO S. 118 Rdnr 200.

[73] Vgl. dazu Ertl aaO S. 143.

[74] Vgl. von Maydell, Geldschuld und Geldwert, 1974, S. 378 auch mit der Begründung, daß ihnen, da der Erhaltung des Äquivalenzgedanken dienend, keine konstitutive Wirkung zukommt.

[75] Worauf Schloz aaO S. 62 zutreffend hinweist.

[76] Siehe oben 2.2.1.2.1 „Kaufkraftschwund".

[77] Zitat Schloz aaO S. 65.

Klauseln rechtfertigt, sondern darüber hinaus sachlich gesehen wohl die rechtspolitisch verfehlte Regelung des § 3 WährG. Kreditverträge stellen ein typisches Geschäft mit zeitversetztem Leistungsaustausch dar[78]. Bei Verträgen dieser Art würde die Rechtsfolge der Nichtigkeit einer Zinsgleitklausel bewirken, daß der bei Abschluß des Kredites vereinbarte Zinssatz für die gesamte Laufzeit des Kreditvertrages gelten würde. Derartige Festzinssätze müßten jedoch zukünftig eventuell eintretende Kaufkraftentwicklungen einkalkulieren, was sich nicht nur in höheren Zinssätzen ausdrücken würde, und damit zu Lasten der Kreditnehmer ginge, sondern auch eine inflationsfördernde Wirkung haben dürfte[79]. Im übrigen verbliebe auch bei Annahme der Unwirksamkeit einer Zinsgleitklausel im einzelnen Fall noch die Möglichkeit der Umdeutung in einen Leistungsvorbehalt, wobei es dann allerdings zur Rechtfertigung der Billigkeit einer Zinsanpassung nicht genügen wird, daß diese der seinerzeit festgelegten Bezugsgröße entspricht[80]. In diesem Fall müßten wohl zusätzliche Gesichtspunkte der beiderseitigen Interessenlage Berücksichtigung finden können[81].

3.3 Preisordnungsrecht

Preisordnungsrechtliche Verstöße führen nicht zur Unwirksamkeit von Kreditverträgen.

§ 4 Abs. 1 der neuen PAngV[1] schreibt vor, bei Krediten als Preis die Gesamtbelastung pro Jahr in einem Vomhundertsatz des Kredits anzugeben und, wenn eine Änderung des Zinssatzes oder anderer preisbestimmender Faktoren vorbehalten ist, als „anfänglicher effektiver Jahreszins" zu bezeichnen. Zusammen mit diesem ist auch anzugeben, wann preisbestimmende Faktoren geändert werden können und aus welchem Zeitraum Belastungen nach § 4 Abs. 2 S. 2 Nr. 2 PAngV zum Zwecke der Preisangabe verrechnet worden sind. Bei der Berechnung des anfänglichen effektiven Jahreszinses sind gemäß § 4 Abs. 2 S. 2 PAngV zugrunde zu legen

(1) die zum Zeitpunkt des Angebots oder der Werbung geltenden preisbestimmenden Faktoren,
(2) hinsichtlich der Verrechnung einer Belastung, die sich aus einer nicht vollständigen Auszahlung des Kreditbetrags oder aus einem Zuschlag zum Kreditbetrag ergibt, der Zeitraum, für den der Kreditnehmer bei regelmäßi-

---

[78] Vgl. Stützel aaO S. 67.

[79] Wie Stützel aaO S. 61 bis 67 nachweist.

[80] Vgl. dazu Staudinger/Mayer-Maly, 12. Aufl., § 315 BGB Rdnr 57.

[81] Vgl. unten besonders 5.2.3.2 „Äquivalenz".

[1] Vom 14. März 1985 (BGBl I, S. 580), erlassen aufgrund der Ermächtigung in § 1 des neugeschaffenen Preisangabengesetzes vom 3. Dezember 1984 (BGBl I, S. 1429), vgl. zur Neuregelung Boest NJW 1985, 1440ff; Kunz MDR 1985, 539ff; Steppeler Sparkasse 1985, 143ff; zu neuen Kreditformen ohne Angabe des effektiven Jahreszinses und deren wirtschaftliche Folgen vgl. Zeitschrift der Stiftung Warentest, test-Heft 4, 1987, 22. Jahrg., April 1987, S. 14ff.

gem Kreditverlauf in den Genuß einer damit abgegoltenen Leistung, insbesondere der Kreditbearbeitung oder eines Zinsvorteils, kommen soll.

Das ist bei Abschnittsfinanzierung in der Regel das Ende einer Konditionenfestschreibrungsfrist, bei vollvariablen Krediten der „terminlich nicht bestimmte" Zeitpunkt einer Änderung des maßgeblichen Marktzinses. Die Angabe muß kein konkretes Datum enthalten; es kann auch genügen, wenn der Zeitraum genannt wird, während dessen die Konditionen nicht geändert werden können[2]. Wegen möglicherweise unterschiedlichen Vorgehens im Änderungszeitpunkt steht damit nicht unbedingt der preisgünstigste Kredit von Anfang an fest, so daß auch die neue PAngV dem Darlehensnehmer die eigene Abwägung des Zinsänderungsrisikos nicht abnimmt[3].

Da es sich jedoch bei der PAngV nicht um materielles Recht, sondern um Preisordnungsrecht handelt[4], bewirkt ein Verstoß hiergegen keine Nichtigkeit des Kreditvertrages, weder über § 134 BGB noch über § 138 BGB[5].

Allerdings kann die Verletzung der PAngV einen Schadenersatzanspruch begründen, sofern nicht der Darlehensgeber glaubhaft macht, daß der Kreditnehmer den Kredit auch bei ordnungsgemäßer Angabe des Effektivzinssatzes in Anspruch genommen hätte[6].

Preisordnungsrechtlich kann desweiteren von Bedeutung sein, daß die Angabe des effektiven Jahreszinses auch in § 1 a Abs. 1 S. 2 AbzG[7] (auch iVm § 6 AbzG) sowie in § 11 Nr. 2 iVm § 10 Abs. 3 Nr. 4 MaBVO[8] verlangt wird.

---

[2] Vgl. Gimbel/Boest § 4 PAngV Anm 12; auch dazu den von Schäfer/ Xylander in Sparkasse 1983, 281 f und Landsberg in Sparkasse 1983, 415 beschriebenen Vertragstyp.

[3] Vgl. Scholz, Franz-Josef, Die Verordnung zur Regelung von Preisangaben vom 14. 3. 1985, S. 12 c); zur Berechnung im einzelnen Gimbel/Boest § 4 PAngV Anm 15 mit Beispielen zur Abschnittsfinanzierung und teilvariablen Krediten, und § 7 PAngV Anm 2 zur Einschränkung auf Letztverbraucher.

[4] Vgl. Soergel/Siebert-Lippisch/Häuser, 11. Aufl., § 608 BGB Rdnr 5.

[5] Allg. Meinung: MünchKomm/Westermann § 608 BGB Rdnr 9; Soergel/Siebert-Lippisch/Häuser aaO; Staudinger/Karsten Schmidt, 12. Aufl., § 246 BGB Rdnr 79 mit Hinweisen zum Meinungsstand, jeweils zu § 1 Abs. 4 der PAngV vom 10. 5. 1973, BGBl I, S. 461; ders. aaO Rdnr 100; ferner Soergel/Häuser, Nachträge, 6. Lieferung, Januar 1986, Anhang zu § 608 BGB Rdnr 5.

[6] So OLG Stuttgart NJW 1979, 2409, 2413, wonach der Schadenersatzanspruch im Ergebnis die richterliche Vertragsanpassung legitimieren soll; vgl. dazu Staudinger/ Karsten Schmidt, 12. Aufl., § 246 BGB Rdnr 101; ders. aaO Rdnr 100 weist auch darauf hin, daß die unzureichende Aufklärung des Kreditnehmers bei der Nichtigkeitsprüfung nach § 138 BGB ins Gewicht fallen kann, mwN.

[7] Vgl. dazu Staudinger/Karsten Schmidt, 12. Aufl., § 246 BGB Rdnr 103; Soergel/Siebert-Lippisch/Häuser, 11. Aufl., § 608 BGB Rdnr 5 mwN; MünchKomm/Westermann § 608 BGB Rdnr 9 mwN.

[8] Verordnung über die Pflichten der Makler, Darlehens- und Anlagenvermittler, Bauträger und Baubetreuer (Makler- und Bauträgerverordnung — MaBVO — idF der Bekanntmachung vom 11. 6. 1975, BGBl I 1351, geändert durch VO vom 18. 11. 1979, BGBl I 1986; vgl. dazu Staudinger/Karsten Schmidt, 12. Aufl., § 246 BGB Rdnr 109.

4. Rechtsfolgen einer Unwirksamkeit der Zinsanpassungsklausel

Neben dem wohl praktisch kaum vorkommenden Sittenverstoß (§ 138 BGB) kann sich die Unwirksamkeit einer Zinsanpassungsklausel aus Gesetzesverstoß ergeben[1]. Die Wirksamkeit des Kreditvertrages als solchem wird in der Regel davon nicht berührt werden (§ 139 BGB)[2]. Die Unwirksamkeit einer Zinsanpassungsklausel im konkreten Fall bedeutet nicht, daß damit eine Zinsanpassungsklausel entfallen muß, wie noch zu zeigen sein wird. Zunächst ist bei der Frage der Rechtsfolgen der Unwirksamkeit der Zinsanpassungsklausel nach dem Grund der Unwirksamkeit zu unterscheiden, wobei in der Praxis allenfalls Verstöße gegen § 3 WährG[3] sowie gegen § 9 AGBG[4] relevant werden.

4.1 Verstoß gegen § 3 WährG

Soweit im Einzelfall eine Zinsanpassungsklausel der Genehmigungspflicht unterliegen sollte[1], gleichwohl aber nicht genehmigungsfähig ist, ist zunächst zu prüfen, inwieweit die Umdeutung in einen genehmigungsfreien Leistungsvorbehalt[2] in Betracht kommt. Soweit dies möglich ist, wird es zur Rechtfertigung der Billigkeit einer Zinsanpassung im einzelnen Fall nicht genügen, daß dieser der seinerzeit festgelegten Bezugsgröße entspricht[3]. Vielmehr sind dann die zusätzlichen Gesichtspunkte der Billigkeitskontrolle[4] zu berücksichtigen.

Scheidet eine Umdeutung aus, ist weiter zu prüfen, ob im Wege der Vertragsauslegung eine Ersatzklausel als vereinbart angesehen werden kann[5]. Es stellen sich dabei dieselben Probleme wie im Falle des Verstoßes gegen § 9 AGBG. Auf die dortigen Ausführungen wird verwiesen[6].

---

[1] Siehe oben 3. „Wirksamkeit der Zinsanpassungsklausel",

[2] Vgl. MünchKomm/Westermann Rdnr 9 vor § 607 BGB.

[3] Siehe oben 3.2. „§ 3 WährG"; Bilda Anpassungsklauseln in Verträgen, 2. Aufl., 1973, Rdnr 42 a und b, S. 40ff.

[4] Siehe oben 3.1. „Zinsanpassungsklauseln und AGBG".

[1] Was praktisch nur bei Zinsgleitklauseln der Fall sein kann, vgl. oben 3.2.2 „Zinsgleitklauseln".

[2] Im Sinne der Gestaltungsmöglichkeit bei Zinsänderungsklauseln, siehe dazu oben 3.2.1 „Zinsänderungsklausel".

[3] Vgl. Staudinger/Mayer-Maly, 12. Aufl., § 315 BGB Rdnr 57.

[4] die unter 5.2 dargestellt ist.

[5] Vgl. MünchKomm/von Maydell, 2. Aufl., § 244 BGB Rdnr 32; BGH NJW 1979, 2250 zu Mietvertrag.

Sollte auch eine ergänzende Vertragsauslegung nicht eingreifen, können die Beteiligten immer noch gemäß § 242 BGB verpflichtet sein, beim Abschluß einer ähnlichen, aber genehmigungsfähigen Klausel mitzuwirken, soweit eine solche in Betracht kommt[7]. Soweit eine Verpflichtung im Einzelfall hierzu besteht, kann sich ein Beteiligter nicht mit Erfolg darauf berufen, einen Vertrag mit einer anderen als der vereinbarten und nicht genehmigten bzw. nicht genehmigungsfähigen Klausel hätte er nicht abgeschlossen[8].

Scheitert auch eine solche Abänderung des Vertrages, ist endlich gemäß § 139 BGB häufig anzunehmen, daß der Vertrag auch ohne die betreffende Wertsicherungsklausel zustande gekommen wäre, sodaß der Kreditvertrag in diesem Fall im übrigen in der Regel als wirksam zu betrachten ist[9].

Verbleibt es bei der währungsrechtlich bedingten Nichtigkeit er Zinsanpassungsklausel, ergeben sich für den Fall, daß Zinsänderungen bereits vorgenommen wurden, genau dieselben Rechtsfolgen wie bei Verstößen gegen andere Vorschriften[10].

4.2 Verstoß gegen das AGBG

Das Problem einer Unwirksamkeit einer Zinsanpassungsklausel wegen Verstoßes gegen das AGBG dürfte sich nach dem Urteil des BGH vom 6. 3. 1986[1] wesentlich entschärft haben. In dieser Entscheidung hat der BGH Zinsanpassungsklauseln als grundsätzlich mit dem AGBG vereinbar erklärt, indem er solche Klauseln vom Bestimmtheitserfordernis ausgenommen hat[2]. Soweit sich dennoch im Einzelfall aufgrund besonderer Ausgestaltung der Zinsanpassungsklausel deren Unwirksamkeit nach AGBG ergeben sollte, ist zunächst zu fragen, ob und auf welche Weise eine wirksame Anpassungsklausel als vereinbart angesehen werden kann, bevor verneinendenfalls die Rechtsfolgen der Nichtigkeit der Zinsanpassungsklauseln zu erörtern sind. Da Fragen dieser Art — soweit ersichtlich — im Rahmen des variablen Zinssatzes bisher nicht diskutiert wurden, orientiert sich die Darstellung an der Rechtsprechung und Literatur zur Tagespreisklausel[3].

---

6 Siehe unten 4.2.1.4 „Ergänzende Vertragsauslegung".

7 Vgl. MünchKomm/von Maydell, 2. Aufl., § 244 BGB Rdnr 32.

8 MünchKomm/von Maydell, 2. Aufl., § 244 BGB Rdnr 33; BGH NJW 1983, 1909 zu Mietvertrag.

9 Vgl. MünchKomm/von Maydell, 2. Aufl., § 244 BGB Rdnr 33; ferner MünchKomm/Westermann, Rdnr 9 vor § 607 BGB.

10 Siehe dazu unten 4.3 „Rechtsfolgen bei Aufrechterhaltung des Vertrages".

1 — III ZR 195/84 —, BGHZ 97, 212ff (weitere Fundst. siehe Kap. 1 Fußn 5).

2 Siehe oben 3.1.5.3 „Bestimmtheitsgrundsatz".

3 Zum Rückgriff hierauf vgl. auch Köndgen/König ZIP 1984, 129, 134.

4.2.1 Methodische Ansätze zur Überwindung einer unwirksamen Zinsanpassungsklausel

Die methodischen Ansätze, um eine unwirksame Zinsanpassungsklausel durch eine wirksame zu ersetzen, sind vielfältiger Natur. Klar dürfte sein, daß dies nicht allein mit § 242 BGB zu bewerkstelligen ist. § 242 BGB ist keine allgemeine Billigkeitsvorschrift, aus der sich die Befugnis ergeben würde, die sich aus Vertrag und Gesetz ergebenen Rechtsfolgen durch vermeintlich „billigere" oder angemessenere Regelungen zu ersetzen[4]. Auch wird eine entsprechende Anwendung des § 453 BGB nicht weiterhelfen, da diese Vorschrift stets die Vereinbarung des Marktpreises voraussetzt[5]. In den Fällen des variablen Zinssatzes ist der Marktpreis nicht vereinbart, sondern ein individuell vereinbarter Zinssatz, dessen Abänderung vorbehalten ist. Dabei ist unerheblich, ob der bereits individuell vereinbarte Zinssatz einem Marktpreis in diesem Sinne entspricht bzw. ob nachträgliche Änderungen an den marktüblichen Zinssätzen zu orientieren sind. Damit ist noch nicht die Vereinbarung eines Marktpreises gewollt[6]. Schon gar nicht können die §§ 612 Abs. 2 und 632 Abs. 2 BGB, die nur für den Dienst- und Werkvertrag gelten, zur Lückenfüllung herangezogen werden[7], da es im Kreditgeschäft keinen Zins im Sinne einer taxmäßigen Vergütung gibt.

Auch ist weder aus § 607 BGB ein Anspruch des Darlehensgebers auf Anpassung im Falle der Geldentwertung abzuleiten, noch kommt eine Anpassung von Leistung und Gegenleistung aus dem Äquivalenz- oder Bereicherungsgedanken heraus in Betracht[8].

Effektivere Ansätze stellen hingegen die Regeln der Anpassung bei Fehlen oder Wegfall der Geschäftsgrundlage, die entsprechende oder direkte Anwendung der §§ 315, 316 BGB, die Regeln der geltungserhaltenden Reduktion und der ergänzenden Vertragsauslegung dar.

4.2.1.1 Geschäftsgrundlage

Nach den Regeln über das Fehlen oder den Wegfall der Geschäftsgrundlage kann unter bestimmten Voraussetzungen eine Anpassung des Vertragsinhaltes an veränderte Umstände in Betracht kommen[9]. Im vorliegenden Zusammen-

[4] Vgl. Palandt/Heinrichs, 46. Aufl., § 242 BGB Anm 1 a) bb).

[5] Vgl. Trinkner in Löwe/von Westphalen/Trinkner § 11 Nr. 1 AGBG Rdnr 16; Löwe BB 1982, 152, 153.

[6] Ähnlich für den Bereich der Tagespreisklausel BGH ZIP 1984, 330, 331 mwN.

[7] Vgl. dazu Trinkner in Löwe/von Westphalen/Trinkner § 11 Nr. 1 AGBG Rdnr 16; BGH BB 1985, 1351, 1353 = NJW 1985, 2270 = BauR 1985, 573 (zu Werkvertrag): keine Anwendung von § 632 Abs. 2 BGB — vielmehr bleibt der Vertrag im übrigen mit Festpreis gültig.

[8] Vgl. von Maydell, Geldschuld und Geldwert, 1974, S. 211 ff.

[9] Vgl. Trinkner in Löwe/von Westphalen/Trinkner, § 11 Nr. 1 AGBG Rdnr 19.

hang geht es dabei nicht um die Frage, ob nach diesen Grundsätzen bei ganz extremen Zinsschwankungen eine Zinsanpassung auch ohne die Vereinbarung eines variablen Zinssatzes erfolgen kann oder muß[10]. Die Frage ist hier vielmehr, ob die durch die Unwirksamkeit der Zinsanpassungsklausel entstandene Vertragslücke nach den Grundsätzen über den Wegfall der Geschäftsgrundlage ausgefüllt werden kann, um eine den Interessen und Vorstellungen beider Parteien gerecht werdende Regelung zu erreichen.

Es kann in diesem Zusammenhang wohl nicht darauf abgestellt werden, daß die Regeln über den Wegfall der Geschäftsgrundlage voraussetzen, daß das Gleichgewicht von Leistung und Gegenleistung so stark gestört ist, daß die Grenzen des übernommenen Risikos überschritten und das Interesse der benachteiligten Partei nicht mehr gewahrt wird[11]. Denn zum Zeitpunkt des Vertragsabschlusses kann noch nicht mit Sicherheit gesagt werden, welche der Vertragsparteien von der Unwirksamkeit der Zinsanpassungsklausel in Zukunft benachteiligt sein wird[12]. Gegen eine Eignung der Grundsätze zum Wegfall der Geschäftsgrundlage zur Lückenfüllung nach § 6 Abs. 2 AGBG spricht jedoch entscheidend, daß eine Anpassung auf dieser Grundlage voraussetzen würde, daß sich die Umstände unvoraussehbar außerhalb des Einfluß- und Risikobereichs der Parteien geändert hätten[13]. Daß sich die marktüblichen Zinssätze ändern, ist jedoch bei Abschluß des Kreditvertrages eine bekannte Tatsache, sodaß das Merkmal der Unvorhersehbarkeit nicht gegeben ist. Eine Rettung der unwirksamen Zinsanpassungsklausel über die Grundsätze zum Wegfall der Geschäftsgrundlage scheidet damit aus[14]. Darüber hinaus spricht dogmatisch gegen die Anwendung der Lehre vom Wegfall der Geschäftsgrundlage, daß § 6 Abs. 3 AGBG, der auf die Unzumutbarkeit des Festhaltens am Vertrag abstellt, Spezialvorschrift ist[15].

---

[10] Vgl. dazu Terpitz, in Festschrift für Johannes Bärmann, 1975, S. 953, 962; Staudinger/Karsten Schmidt, 12. Aufl., § 246 BGB Rdnr 81 mwN; Bilda, Anpassungsklauseln in Verträgen, 2. Aufl., 1973, Rdnr 42e) S. 45.

[11] So LG Nürnberg-Fürth BB 1982, 456, 457 zur Tagespreisklausel.

[12] Vgl. zur Interessenlage oben 3.1.5.2.

[13] Vgl. Trinkner in Löwe/von Westphalen/Trinkner § 11 Nr. 1 AGBG Rdnr 19.

[14] So richtig LG Nürnberg-Fürth BB 1982, 456, 457; Trinkner in Löwe/von Westphalen/Trinkner, § 11 Nr. 1 AGBG Rdnr 16 wobei allerdings auch das von Trinkner aaO mwN zusätzlich gebrachte Argument, daß die Durchführbarkeit dieser Grundsätze auf Schwierigkeiten stoße, weil der Verwender die Störung der Geschäftsgrundlage durch Offenlegung seiner Kalkulation dartun müsse, kein entscheidendes Gewicht beizumessen ist.

[15] Siehe Ulmer BB 1982, 1125, 1130 für den Bereich mittlerer Lieferfristen (4 Monate bis 1 Jahr), der aber gleichzeitig bei längeren Lieferfristen (von über einem Jahr) die Anwendung der §§ 315, 316 BGB im Wege ergänzender Vertragsauslegung nach § 6 Abs. 2 AGBG befürwortet.

4.2.1.2 Lückenfüllung durch § 6 Abs. 2 AGBG iVm §§ 315, 316 BGB

Ist die Zinsanpassungsklausel unwirksam, richtet sich der Inhalt des Vertrages nach den gesetzlichen Vorschriften, § 6 Abs. 2 AGBG. Daraus ist gefolgert worden, daß die Regelung der §§ 315, 316 BGB in die dadurch sich ergebende Vertragslücke eintreten könne[16].

Dieser Auffassung kann nur in den Fällen des Zinsvorbehaltes[17] gefolgt werden, d.h. wenn der Kreditvertrag keine individuelle Vereinbarung des Zinssatzes enthält, die Zinssatzfestsetzung vielmehr von Anfang an in das Ermessen des Kreditgebers gestellt ist. Im übrigen können die §§ 315, 316 BGB nicht unmittelbar zur Ausfüllung der durch die Unwirksamkeit der Zinsänderungsklausel entstandenen Vertragslücke herangezogen werden[18]. Der entscheidende Grund liegt darin, daß § 315 BGB gerade voraussetzt, daß die Vertragsparteien eine einseitige Befugnis zur Leistungsbestimmung vereinbart haben. Daran fehlt es aber, wenn die Unwirksamkeit der Zinsänderungsklausel festgestellt wird[19]. § 315 BGB hingegen steht unter der Voraussetzung, daß bei Vertragsabschluß ein Preis noch nicht vereinbart wurde, sodaß seine direkte Anwendung bei Unwirksamkeit von Zinsänderungsklauseln nicht in Betracht kommt, sondern auf den Fall des Zinsvorbehaltes zu beschränken ist[20].

Dies schließt allerdings nicht aus, daß § 315 BGB nicht doch noch über den Weg der ergänzenden Vertragsauslegung zum Zuge kommt[21]. Die Unterscheidung hat durchaus ihre Berechtigung: eine ergänzende Vertragsauslegung ist nur unter bestimmten Voraussetzungen und in bestimmten Grenzen möglich, die bei einer direkten Heranziehung der §§ 315, 316 BGB nicht beachtet zu werden brauchten[22].

---

[16] So aus dem Bereich der Tagespreisklausel MünchKomm/Kötz, 2. Aufl., § 9 AGBG Rdnr 31 mwN; Ulmer BB 1982, 1125, 1128 (für Lieferfristen von über einem Jahr); OLG Stuttgart BB 1982, 148; dazu auch Bartsch DB 1983, 214.

[17] Siehe dazu oben 2.3.1.1.3 „Zinsvorbehalt“.

[18] So ausdrücklich zur Zinsänderungsklausel LG Frankfurt WM 1985, 316, 317; vgl. allg. Graf von Westphalen in Löwe/von Westphalen/Trinkner § 10 Nr. 4 AGBG Rdnr 31; aus dem Bereich der Tagespreisklausel BGH ZIP 1984, 330, 331; auch Trinkner in Löwe/von Westphalen/Trinkner § 11 Nr. 1 AGBG Rdnr 16; BGH NJW 1980, 2518f mwN; OLG Düsseldorf BB 1983, 2012 mit im übrigen ablehnender Anm Trinkner vgl. auch Staudinger/Mayer-Maly, 12. Aufl., § 315 BGB Rdnr 48 mwN.

[19] Vgl. BGH BB 1985, 1351, 1353 = NJW 1985, 2270 = BauR 1985, 573; LG Frankfurt WM 1985, 316, 317 mwN; LG Nürnberg-Fürth BB 1982, 456 zur Tagespreisklausel; Staudinger /Mayer-Maly aaO Rdnr 19.

[20] Ähnlich aus dem Bereich der Tagespreisklausel LG Nürnberg-Fürth BB 1982, 456; auch Bartsch DB 1983, 214.

[21] Siehe dazu unten 4.2.1.4 „Ergänzende Vertragsauslegung“; vgl. auch Palandt/Heinrichs, 46. Aufl., § 315 BGB Anm 2a.

[22] Vgl. OLG Stuttgart BB 1982, 148; gegen eine ergänzende Vertragsauslegung unter Heranziehung der §§ 315, 316 BGB allerdings Trinkner BB 1983, 924, 925; auch Jung BB 1981, 1606, 1610.

4.2.1.3 Geltungserhaltende Reduktion

Eine weitere Möglichkeit, das einseitige Zinsanpassungsrecht des Kreditgebers aufrecht zu erhalten trotz Unwirksamkeit der Zinsanpassungsklausel, könnte darin bestehen, die unangemessene und damit unwirksame Klausel auf ein angemessenes Maß zu reduzieren[23]. Die Zulässigkeit solcher geltungserhaltender Reduktion wird einerseits auf den Wortlaut des § 6 Abs 2 AGBG gestützt: diese Vorschrift verweist auf das dispositive Recht, „soweit" eine Klausel unwirksam ist. Damit könnte in der Tat auch die Teilunwirksamkeit der einzelnen Klausel angesprochen sein. Zum anderen wird die Auffassung darauf gestützt, daß dem AGBG keine Straffunktion zukomme[24]. Zum Teil wird die Zulassung der geltungserhaltenden Reduktion nur ausnahmsweise ausgeschlossen, nämlich dann, wenn die Klausel klar und eindeutig oder in quantitativ erheblichem Umfang gegen das AGBG verstößt[25].

Diese wertende Abgrenzung von zulässiger und unzulässiger geltungserhaltender Reduktion ist bereits aus grundsätzlichen Erwägungen heraus nicht zuzulassen[26]. Die Gründe sind vielfältiger Natur. Zuweilen ist überhaupt fraglich, ob eine als unwirksam beurteilte Klausel ihrem Wesen nach teilbar ist[27]. Diese Frage stellt sich nicht nur im Verfahren nach § 13 AGBG[28]. Jedenfalls im Bereich der Zinsanpassungsklausel kann dagegen das Argument, daß das Gericht auch die Interessen des Kunden angemessen berücksichtigen müsse[29], nicht entscheidend sein, da hier gleichgerichtete Interessen gegeben sein können[30].

Entscheidender dürfte die Überlegung sein, daß das AGBG den Zweck verfolgt, auf einen angemessenen Inhalt der in der Praxis verwendeten Allgemeinen Geschäftsbedingungen hinzuwirken[31]. Die Zurückführung einer

---

[23] So Staudinger/Mayer-Maly, 12. Aufl., § 315 BGB Rdnr 44 aE; Brandner in Ulmer/Brandner/Hensen, 5. Aufl., § 9 AGBG Rdnr 87; MünchKomm/Kötz, 2. Aufl., § 6 AGBG Rdnr 8.

[24] So MünchKomm/Kötz aaO.

[25] So MünchKomm/Kötz aaO Rdnrn 8 ff, 12.

[26] Ganz hM: BGH BB 1982, 1750, 1752 = NJW 1982, 2309 mit Darstellung des Meinungsstandes; BGH BB 1983, 2015 mwN; NJW 1984, 48, 49; BB 1985, 1351, 1352 = NJW 1985, 2270 = BauR 1985, 573, 575; OLG Karlsruhe NJW 1981, 405, 407 mit Anm Micklitz; LG Nürnberg-Fürth BB 1982, 456 = ZIP 1982, 323; OLG Düsseldorf BB 1983, 2012; Löwe BB 1982, 152, 154; Trinkner in Löwe/von Westphalen/Trinkner § 11 Nr. 1 AGBG Rdnr 17; ders. BB 1983, 924 und 2014; Jung BB 1982, 458, 459; Nachweise zum Meinungsstand auch bei MünchKomm/Kötz aaO Rdnrn 8 ff mit eingehender Darstellung der Problematik; im Zusammenhang mit der Verzugszinsenpauschalierung BGH ZIP 1985, 466 mit Anm Bunte = WM 1985, 473 = WuB I E 1. — 14.85 Fischer = EWiR § 11 Nr. 5 AGBG 2/85, 235 (Bunte) = NJW 1986, 473.

[27] Vgl. OLG Karlsruhe NJW 1981, 405, 407 mit Anm Micklitz.

[28] Vgl. z. B. LG Nürnberg-Fürth BB 1982, 456.

[29] Vgl. BGH BB 1982, 1750, 1752.

[30] Siehe oben 3.1.5.2 „Interessenlage".

unwirksamen Klausel auf einen wirksamen Teil davon hätte zur Folge, daß weithin unangemessene Geschäftsbedingungen risikolos in der Erwartung und Zielsetzung, das Gericht werde diese schon auf ein zulässiges Maß beschränken, verwendet würden[32]. Auch dies entspricht letztlich einem Transparenzgebot, das dem Kunden die Möglichkeit geben will, sich sachgerechte Informationen über die aus vorformulierten Verträgen erwachsenen Rechte und Pflichten zu verschaffen. Ein Verzicht darauf würde dem Klauselverwender das Risiko der Gesamtunwirksamkeit und damit letztlich auch den Anreiz nehmen, selbst für die vom Gesetz angestrebte Bereinigung der AGB-Praxis zu sorgen[33].

Mit der Ablehnung einer geltungserhaltenden Reduktion ist allerdings noch keine Aussage über die Möglichkeit einer ergänzenden Vertragsauslegung getroffen[34]. Beide Möglichkeiten unterscheiden sich nicht nur hinsichtlich des methodischen Vorgehens, sondern sind auch, was zu zeigen sein wird, inhaltlich durchaus verschieden, auch wenn es Fälle geben mag, in denen sich, jedenfalls vom Ergebnis her gesehen, ein wesentlicher Unterschied zwischen geltungserhaltender Reduktion und ergänzender Vertragsauslegung nicht feststellen läßt[35]. In die Nähe solcher Fallgestaltungen geraten auch Zinsanpassungsklauseln in der im Urteil des BGH vom 6. 3. 1986[36] behandelten Art. Die dortige Unbestimmtheit der Zinsanpassungsklausel läßt an sich eine Vielzahl von Veränderungen verschiedener Umstände, gleichgültig ob sie bei der Kalkulation des Zinses zu berücksichtigen sind oder nicht, als Anknüpfungspunkt für eine Zinsanpassung zu. Indem der BGH aus dieser Vielzahl denkbarer Möglichkeiten eine herausgreift, nämlich die Veränderung der konkreten Refinanzierungssituation des Kreditinstituts, und die Klausel hierauf beschränkt, reduziert er diese zwar auf das angemessene Maß. Dennoch handelt es sich der Sache nach nicht um geltungserhaltende Reduktion, sondern um einen besonderen Fall typisierender Auslegung, die, ohne daß der BGH allerdings hierauf eingeht, nur unter den einschränkenden Voraussetzungen der ergänzenden Vertragsauslegung und unter Berücksichtigung deren Grenzen möglich ist.

4.2.1.4 Ergänzende Vertragsauslegung

Das Ziel ergänzender Vertragsauslegung ist die Vervollständigung einer rechtsgeschäftlichen Regelung[37]. Es kann dabei dahinstehen, ob diese auf § 6

---

31 So BGH NJW 1984, 48, 49.

32 Vgl. BGH aaO; BGH BB 1982, 1750, 1752 = NJW 1982, 2309; LG Nürnberg-Fürth aaO.

33 So Jung BB 1982, 458, 459.

34 Vgl. Schlosser ZIP 1985, 449, 457 f.

35 Zu solchen Fallgestaltungen vgl. MünchKomm/Kötz aaO Rdnrn 10ff.

36 — III ZR 195/84 — BGHZ 97, 212ff (weitere Fundst. siehe Kap. 1 Fußn 5).

37 Vgl. MünchKomm/Mayer-Maly, 2. Aufl., § 157 BGB Rdnr 24 und § 133 BGB Rdnr 6; Soergel/Knopp, 11. Aufl., § 157 BGB Rdnr 99; MünchKomm/Kötz, 2. Aufl., § 2 AGBG Rdnr 11 und § 6 AGBG Rdnr 18 mit einer Darstellung der BGH-Rechtsprechung;

Abs 2 AGBG iVm §§ 157, 133 BGB[38] oder auf die §§ 157, 133 BGB[39] zu stützen ist. Sie stellt in diesem Sinne eine Art judizieller Vertragshilfe[40] dar.

Deren Zulässigkeit im Bereich einseitiger Preisanpassungsrechte in vorformulierten Verträgen ist heftig umstritten[41]. Im wesentlichen lassen sich die Argumente der Gegner einer ergänzenden Vertragsauslegung dahin zusammenfassen, daß in diesem Bereich deren Voraussetzungen fehlten[42], daß deshalb in Wahrheit eine unzulässige geltungserhaltende Reduktion vorliege[43], die konsequenterweise die Inhaltskontrolle außer Kraft setze[44].

In der Tat ist die Beantwortung der Frage, ob hier ergänzende Vertragsauslegung möglich ist, davon abhängig, ob zum einen eine Regelungslücke festzustellen ist, die nicht durch dispositive Vorschriften zu ersetzen ist, zum andern ob sich ein hypothetischer Parteiwille ermitteln läßt, und schließlich ob die Grenzen ergänzender Vertragsauslegung beachtet sind[45].

Schlosser ZIP 1985, 455, 458: „Neue Ersatzordnung für unwirksame Klauseln"; bereits für die Zeit vor Inkrafttreten des AGBG vgl. Bilda, Anpassungsklauseln in Verträgen, 2. Aufl., 1973, Rdnr 42 d S. 45.

[38] So MünchKomm/Kötz, 2. Aufl., § 2 AGBG Rdnr 13; BGH ZIP 1984, 330, 332 = BGHZ 90, 69 = BB 1984, 486 mit Anm. Trinkner und Löwe = NJW 1984, 1177 mwN und ausführlicher Begründung, zugleich zum Vorrang der ergänzenden Vertragsauslegung vor dem Wegfall der Geschäftsgrundlage; OLG Stuttgart BB 1982, 148; Rüßmann BB 1987, 843, 847: „Münchhausentrick".

[39] Vgl. MünchKomm/Kötz, 2. Aufl., § 6 AGBG Rdnr 16 mwN.

[40] So Köndgen/König ZIP 1984, 124, 132; vgl. dagegen Rüßmann aaO: „Lücke als Krücke der richterlichen Intervention„.

[41] Offengelassen in BGH BB 1982, 1750, 1752 = NJW 1982, 2309; BGH BB 1985, 1351, 1353 = NJW 1985, 2270 = BauR 1985, 573.

[42] Vgl. OLG Frankfurt NJW 1986, 1355, 1356 (Leasing); Trinkner in Löwe/von Westphalen/Trinkner § 11 Nr. 1 AGBG Rdnr 16: keine entsprechende dispositive Vorschriften, Rdnr 18 wegen der Vielzahl der Gestaltungsmöglichkeiten; Löwe BB 1982, 152, 153 und BB 1983, 2014, 2015: Verstoß gegen § 21 S. 1 AGBG; Staudinger/Mayer-Maly 12. Aufl., § 315 BGB Rdnr 24: Vorfragen des § 315 BGB; vgl. dagegen Trinkner BB 1983, 924, 925; BGHZ 90, 69 = BB 1984, 486 mit Anm. Trinkner und Löwe = NJW 1984, 1177 = ZIP 1984, 330; wegen Vorrangs des dispositiven Rechts: Bärmann/Brink/Scheerer S. 84; Graf von Westphalen in Löwe/von Westphalen/Trinkner § 10 Nr. 4 AGBG Rdnr 31 und 34; LG Nürnberg-Fürth BB 1982, 456, 457; und im Zusammenhang mit den Gestaltungsmöglichkeiten eines Rücktrittsrechtes Bartsch DB 1983, 214, 215.

[43] So Trinkner BB 1983, 924; Löwe BB 1982, 152, 153 f; Trinkner BB 1983, 2014 f, wobei MünchKomm/Kötz, 2. Aufl., § 6 AGBG Rdnrn 8 ff bei bestimmten Fallgestaltungen unter gewissen Einschränkungen ohnedies die Gleichstellung geltungserhaltender Reduktion mit ergänzender Vertragsauslegung befürwortet.

[44] So Trinkner BB 1983, 2014.

[45] Kritisch zur Methode der ergänzenden Vertragsauslegung überhaupt Soergel/Knopp, 11. Aufl., § 157 BGB Rdnr 121.

4.2.1.4.1 Regelungslücke

Voraussetzung jeder ergänzenden Vertragsauslegung ist die Feststellung einer Regelungslücke[46]. Eine solche Lücke ist nicht schon dann anzunehmen, wenn in einem Vertrag ein Punkt nicht geregelt ist, sondern nur wenn die Parteien ein Rechtsverhältnis abschließend regeln wollten[47]. Deshalb kann z.B. nicht im Wege einer ergänzenden Vertragsauslegung in einen Kreditvertrag, der einen Festzinssatz vorsah, nachträglich eine Zinsanpassungsvereinbarung hineininterpretiert werden.

Ob eine Regelungslücke gegeben ist, ist letztlich eine Wertungsfrage, die anhand Sinn und Zweck der getroffenen Vertragsabreden, der Interessen der typischerweise an Vertragsschlüssen der streitigen Art beteiligten Verkehrskreise und auch aus dem Schutzzweck des AGBG zu beantworten ist[48]. Die Regelungslücke muß ausfüllungsbedürftig sein, d.h. ohne die Schließung der Lücke muß die Erreichung des Vertragszweckes gefährdet sein[49]. Die ergänzende Vertragsauslegung soll deshalb nur zulässig sein, wenn sie sich aus dem Inhalt des Geschäfts zwingend ergibt[50]. Es ist dabei unerheblich, aus welchem Grund eine solche Lücke entstanden ist[51], insbesondere kann die Regelungslücke auch durch die Unwirksamkeit einer Vertragsklausel entstanden sein[52].

Die Feststellung einer Regelungslücke allein berechtigt noch nicht zur ergänzenden Vertragsauslegung. Diese ist vielmehr nur zulässig, soweit konkrete gesetzliche Regelungen des dispositiven Gesetzesrechtes fehlen, welche für die vom Rechtsgeschäft offengelassene Frage eine sachlich passende Regelung bereithalten könnten[53]. Kann eine Vertragslücke dagegen durch Rückgriff auf dispositives Gesetzesrecht geschlossen werden, so bedarf es keiner ergänzenden Vertragsauslegung[54]. In diesem Sinne ist die Feststellung einer Lücke auch bei

---

[46] Vgl. BGH NJW 1981, 219, 220; LG Frankfurt a. M. WM 1985, 316, 318 = WuB I E 1.—8.85 Münstermann; Staudinger/Mayer-Maly, 12. Aufl., § 315 BGB Rdnrn 19 und 24; BGH BB 1985, 481, 482; OLG Frankfurt NJW 1986, 1355, 1356; MünchKomm/Kötz, 2. Aufl., § 6 AGBG Rdnrn 6ff; Soergel/Knopp, 11. Aufl., § 157 BGB Rdnrn 99ff; MünchKomm/Mayer-Maly, 2. Aufl., § 133 BGB Rdnr 6 und § 157 BGB Rdnrn 24, 29, 36.

[47] Vgl. Soergel/Knopp aaO Rdnr 113 mwN.

[48] So MünchKomm/Kötz aaO Rdnr 6; auch MünchKomm/Mayer-Maly, 2. Aufl., § 157 BGB Rdnr 24; Palandt/Heinrichs, 46. Aufl., § 6 AGBG Anm 3; LG Frankfurt a. M. aaO mwN; kritisch Soergel/Knopp aaO Rdnr 122; zur Ambiguität des Lückenbegriffs vgl. Rüßmann BB 1987, 843, 846.

[49] So MünchKomm/Mayer-Maly aaO Rdnr 36.

[50] So Soergel/Knopp aaO Rdnr 122.

[51] Vgl. BGH NJW 1981, 219, 220; RGZ 164, 196, 202.

[52] So MünchKomm/Mayer-Maly aaO Rdnr 31; Soergel/Knopp aaO Rdnr 112 mwN; auch LG Frankfurt a. M. aaO; Wolf/Horn/Lindacher, § 6 AGBG Rdnr 7.

[53] Vgl. OLG Frankfurt NJW 1986, 1355, 1356; MünchKomm/Mayer-Maly aaO Rdnr 38; ausführlich MünchKomm/Kötz aaO Rdnr 17.

[54] So MünchKomm/Mayer-Maly aaO Rdnr 37; in diesem Sinne auch Staudinger/Mayer-Maly, 12. Aufl., § 315 BGB Rdnr 24.

einem gesetzlich durchnormierten Vertragstyp[55] wie dem Kreditvertrag möglich.

Unter Zugrundelegung dieser Voraussetzungen kann eine durch eine Unwirksamkeit der Zinsanpassungsklausel bedingte, der ergänzenden Vertragsauslegung zugängliche Regelungslücke angenommen werden[56]. Diese Ergänzung wird durch gemeinsam geteilte Zwecke der Vertragspartner legitimiert[57], da bei Abschluß eines Kreditvertrages mit variablem Zinssatz ja von beiden Seiten letztlich die Anpassungsmöglichkeit gewollt ist. Der gemeinsam getragene Parteizweck ist damit aus dem Aushandlungsbereich zu gewinnen, und stellt letztlich eine Ausprägung des Grundsatzes vom Vorrang der Individualabrede dar[58].

4.2.1.4.2 Hypothetischer Parteiwille

Eine Regelungslücke ist am Maßstab des objektiv zu ermittelnden, hypothetischen Parteiwillens zu schließen[59]. Dies bedeutet zunächst, daß der wirkliche Parteiwille hierbei ohne Bedeutung ist. Es kommt nicht darauf an, was die Beteiligten bei Kenntnis der Lücke erklärt hätten[60]. Die Eigenart der ergänzenden Vertragsauslegung als lückenschließende Rechtsfindung bedingt eine weitergehende Aufgabe als die auf Sinnermittlung einzelner Willenserklärungen beschränkte, klassische Auslegung. Als Vertragsergänzung nach Maßgabe des objektiven Rechts[61] ist vielmehr entscheidend, welche Folgerungen nach Treu und Glauben aus den tatsächlich abgegebenen Erklärungen zu ziehen sind[62]. Die Vertragsergänzung stellt demgemäß darauf ab, was die Parteien bei angemessener Abwägung ihrer Interessen nach Treu und Glauben als redliche

---

[55] Vgl. MünchKomm/Mayer-Maly aaO Rdnr 38.

[56] aA Rüßmann BB 1987, 843, 847, der eine Lücke verneint, weil eine Preisvereinbarung in derartigen Fällen vorliegt, und die Ergänzung ein Unwerturteil über die Preisvereinbarung beinhalte, was nur bei Äquivalenzstörungen möglich sei, die ein Festhalten des Vertragspartners am Preis unzumutbar machten.

[57] Vgl. dazu Rüßmann aaO S. 845 f.

[58] Siehe dazu schon oben 2.3.3.1.3 „Vorrangprinzip"; anders Rüßmann aaO s. 846, der die Auffassung vertritt, daß es zur Lösung dieses Problems des Lückenbegriffs nicht bedarf, weil auf allgemeine Auslegungsgrundsätze zurückgegriffen werden könne.

[59] So BGH ZIP 1984, 330, 332 mwN = BGHZ 90, 69 = NJW 1984, 1177 = BB 1984, 486 mit Anm Trinkner und Löwe (Tagespreisklausel); MünchKomm/Mayer-Maly, 2. Aufl., § 157 BGB Rdnr 39; Soergel/Knopp, 11. Aufl., § 157 BGB Rdnr 118, der allerdings die Eignung dieses Maßstabes für eine ergänzende Vertragsauslegung bezweifelt, da dieses Merkmal beliebig ausgedehnt werden könne und damit zu einer oft freien richterlichen Rechtsschöpfung führe, aaO Rdnr 123.

[60] Vgl. BGH aaO; Soergel/Knopp aaO Rdnrn 119, 125; MünchKomm/Kötz, 2. Aufl., § 2 AGBG Rdnr 12.

[61] So Soergel/Knopp aaO Rdnr 100; Rüßmann BB 1987, 843, 844f: Problem der richterlichen Fortbildung des Rechts.

[62] Vgl. Soergel/Knopp aaO Rdnr 125; zum Fall einer Teilungserklärung nach § 315 BGB vgl. Löwe BB 1986, 152, 154.

Vertragspartner vereinbart hätten, wenn sie die Unwirksamkeit der betreffenden Klausel bedacht hätten[63]. Soweit damit auf typische Interessen, Verhältnisse und Auffassungen der an solchen Verträgen beteiligten Verkehrskreise abzustellen ist[64], könnte auch von einer typisierenden[65] oder gruppenspezifischen, objektiven Auslegung[66] gesprochen werden.

Die Frage, ob von den Verhältnissen zur Zeit des Vertragsschlusses oder von denjenigen zur Zeit der Auslegung auszugehen ist, wird sich in der Praxis nur bei der Schließung nachträglicher Lücken auswirken[67]. Für die hier in Rede stehenden Fälle unwirksamer Zinsanpassungsklauseln ist auf den Zeitpunkt des Abschlusses des Vertrages abzustellen[68], da die Unwirksamkeit der Zinsanpassungsklausel auf den Zeitpunkt des Vertragsschlusses zurückreicht[69], und diese Klausel somit niemals Vertragsbestandteil wurde. Die durch ergänzende Vertragsauslegung eingefügte Ersatzbestimmung über die Zinsänderung ist damit bereits zu Vertragsbeginn in Kraft getreten und für die gesamte Vertragsdauer gültig anzusehen[70].

Auch im Urteil des BGH vom 6. 3. 1986[71] findet letztlich der Sache nach ein Rekurs auf den hypothetischen Parteiwillen statt. Der „erkennbare Sinn" der dortigen Zinsanpassungsklausel bot der Bank nämlich nicht nur die Möglichkeit, den Zinssatz den wechselnden Verhältnissen auf dem Kapitalmarkt und den dadurch verursachten Änderungen ihrer Refinanzierungskonditionen anzupassen, wie der BGH ausführt, sondern ließ auch andere Anpassungsmöglichkeiten zu. Die vom BGH gewählte Einschränkung auf die Refinanzierungskonditionen bedeutet sicherlich einen angemessenen Interessenausgleich und entspricht auch Treu und Glauben, ist ferner unabhängig davon, ob die Bank im konkreten Fall mit Zinsanpassungsklauseln dieser Art sich andere Anpassungsmöglichkeiten vorbehalten wollte. Daß der BGH den Weg der einfachen Auslegung gewählt hat (in vollem Widerspruch zu dem Wortlaut der verwendeten Klausel) dürfte u. a. seine Ursache darin haben, daß damit eine Auseinandersetzung mit den Grenzen der ergänzenden Vertragsauslegung vermieden werden konnte.

---

[63] Vgl. BGH BB 1985, 481, 482 mwN; MünchKomm/Mayer-Maly aaO § 157 BGB Rdnr 42; Soergel/Knopp aaO Rdnr 119; MünchKomm/Kötz, 2. Aufl., § 6 AGBG Rdnr 19; LG Frankfurt a. M. WM 1985, 316, 318 = WuB I E 1. — 8.85 Münstermann; BGH NJW 1981, 219, 220.

[64] Vgl. MünchKomm/Kötz, 2. Aufl., § 2 AGBG Rdnr 12; Basedow AcP 182, 335, 354f.

[65] Vgl. hierzu MünchKomm/Mayer-Maly, 2. Aufl., § 133 BGB Rdnr 6.

[66] So Basedow aaO S. 355.

[67] Vgl. Soergel/Knopp aaO Rdnr 120 mwN, der den Zeitpunkt der Auslegung für entscheidend erklärt.

[68] In diesem Sinne MünchKomm/Mayer-Maly, 2. Aufl., § 157 BGB Rdnr 22.

[69] Vgl. Wolf/Horn/Lindacher § 9 AGBG Rdnr 132.

[70] In diesem Sinne LG Frankfurt aaO.

[71] — III ZR 195/84 —, BGHZ 97, 212ff (weitere Fundst. siehe Kap. 1 Fußn 5).

4.2.1.4.3 Grenzen der ergänzenden Vertragsauslegung

Im Unterschied zu anderen Möglichkeiten zur Ersetzung unwirksamer Klauseln ist das Instrument der ergänzenden Vertragsauslegung durch eine begrenzende Funktion[72] gekennzeichnet. Die Grenzen der ergänzenden Vertragsauslegung lassen sich dabei indirekt bereits aus den Merkmalen der Regelungslücke und des hypothetischen Parteiwillens herleiten.

So darf die ergänzende Vertragsauslegung weder zu einer Änderung noch einer Erweiterung des Vertragsgegenstandes führen[73]. Sie darf nicht in Widerspruch zum tatsächlichen Parteiwillen treten[74], und darf deshalb auch nicht unter Berufung auf abweichende Vorstellungen und Absichten beim Vertragsschluß eine Veränderung des Inhalts der Erklärungen gegenüber dem eindeutigen Wortlaut des Vertrages herbeiführen[75]. Sie muß vielmehr immer einen Anhaltspunkt im Wortlaut der Erklärungen finden[76], und schließlich auch für jedermann in gleicher Weise anwendbar sein[77]. Ergänzende Vertragsauslegung darf auch nicht dazu führen, daß ein ohne die Ergänzung geltungsfähiges Rechtsgeschäft als gesetzwidrig oder aus anderen Gründen als nichtig zu qualifizieren wäre[78]. Unter Beachtung dieser Einschränkungen kann und darf ergänzende Vertragsauslegung nicht zu einer ungemessenen Benachteiligung einer Vertragspartei führen. Sie bedarf deshalb auch keiner weiteren Überprüfung am Maßstab des § 9 AGBG[79].

Einschränkungen dieser Art sind bei einer Beschränkung unbestimmter Zinsanpassungsklauseln auf die konkrete Refinanzierungssituation[80] unproblematisch. Auf Bedenken stößt solche Auslegung allerdings durch die Überlegung, daß ergänzende Vertragsauslegung grundsätzlich ausgeschlossen ist, wenn verschiedene rechtliche Gestaltungsmöglichkeiten in Betracht kommen[81]. Nun lassen sich bei einer Zinsanpassungsklausel eine Vielzahl von Gestaltungsmöglichkeiten denken. Gerade dies war ja unter anderem Anlaß für den BGH,

---

[72] Vgl. Soergel/Knopp, 11. Aufl., § 157 BGB Rdnrn 113, 125.

[73] Vgl. MünchKomm/Mayer-Maly, 2. Aufl., § 157 BGB Rdnr 47; Soergel/Knopp aaO Rdnr 116.

[74] Vgl. MünchKomm/Mayer-Maly aaO Rdnr 46.

[75] Vgl. Soergel/Knopp aaO Rdnrn 114f.

[76] Vgl. Soergel/Knopp aaO Rdnrn 101, 125.

[77] So Soergel/Knopp aaO Rdnr 111.

[78] Vgl. MünchKomm/Mayer-Maly aaO Rdnr 48.

[79] Vgl. BGH BB 1985, 481, 482; Bunte NJW 1984, 1145, 1147.

[80] Im Sinne des Urteils des BGH vom 6.3.1986 — III ZR 195/84 — BGHZ 97, 212ff (weitere Fundst. siehe Kap. 1 Fußn 5).

[81] Vgl. BGH NJW 1985, 3013, 3016 = BGHZ 93, 358 = DB 1985, 1338 = ZIP 1985, 478 = EWiR § 8 AGBG 1/85, 225, 226 (Schlosser); NJW 1974, 1322, 1323 = BGHZ 62, 323 = BB 1975, 349; Trinkner in Löwe/von Westphalen/Trinkner § 11 Nr. 1 AGBG Rdnr 18; MünchKomm/Kötz, 2. Aufl., § 6 AGBG Rdnr 19; grundsätzlich auch Neumann/Duesberg JZ 1952, 705, 708.

für den Bereich des variablen Zinses den Bestimmtheitsgrundsatz aufzugeben[82]. Die Anzahl der verschiedenen Gestaltungsmöglichkeiten vervielfältigt sich überdies, bezieht man ein unter gewissen Voraussetzungen und ab einer betimmten Größenordnung zustehendes Lösungsrecht[83] in die Vertragsergänzung mit ein.

Es wird sich auch nicht sagen lassen, daß Zinsanpassungsklausungsklauseln, die andere Anpassungsmöglichkeiten als an veränderte Refinanzierungskonditionen vorsehen, per se gegen Treu und Glauben verstoßen würden. Eine Beschränkung auf die konkreten Refinanzierungsmöglichkeiten läßt sich daher im Wege der ergänzenden Vertragsauslegung wohl nur halten, wenn die durch ergänzende Vertragsauslegung gewonnene Regelung ihrerseits durch das billige Ermessen des § 315 BGB eingeschränkt wird. Denn in der Tat bedeutet die Beschränkung auf die Refinanzierungsmöglichkeiten ja nicht, daß eine Anpassung nur mathematisch exakt je nach Veränderung der Refinanzierungsbedingungen erfolgen kann, sondern vielmehr, daß bei deren (wesentlichen) Änderung eine Anpassung nach billigem Ermessen erfolgen kann, wobei die Beschränkung auf die Refinanzierungkonditionen sich in diesem Sinne bereits selbst als Akt der Ausübung des billigen Ermessens darstellt.

4.2.2 Schicksal des Vertrages im übrigen

Verbleibt es bei der Unwirksamkeit der Zinsanpassungsklausel, wird davon die Wirksamkeit des Kreditvertrages im übrigen grundsätzlich nicht berührt[84], vgl. § 6 Abs. 1 AGBG. Sein Inhalt richtet sich gemäß § 6 Abs. 2 AGBG nach den gesetzlichen Vorschriften[85].

Davon zu unterscheiden ist die Fragestellung nach der Wirksamkeit des Vertrages im ganzen mangels einer Einigung der Parteien auf einen bestimmten Preis, die sich in den Fällen des Zinsvorbehaltes[86] stellen könnte[87]. In der Regel wird auch hier von der Wirksamkeit des Vertrages auszugehen sein, da die Festlegung eines Preises nicht Wirksamkeitsvoraussetzung eines Vertrages ist.

---

[82] Siehe oben 3.1.5.3 „Bestimmtheitsgrundsatz".

[83] Vgl. hierzu auch BGH BB 1983, 921, 924 = NJW 1983, 1603 = ZIP 1983, 828; ferner oben 3.1.5.4 „Lösungsrecht".

[84] Vgl. den einschlägigen Fall des LG Frankfurt a. M. WM 1985, 316ff = WuB I E 1. — 8.85 Münstermann; ferner allg. OLG Stuttgart BB 1982, 148; BGH ZIP 1984, 330, 331 = BGHZ 90, 69 = BB 1984, 486 mit Anm Trinkner und Löwe = NJW 1984, 1177; BB 1985, 481, 482 mwN; auch MünchKomm/Kötz, 2. Aufl., § 6 AGBG Rdnrn 3-5; zu Fragen der Rechtsfolgen einer Teilnichtigkeit einer Klausel im Verfahren nach § 13 AGBG vgl. OLG Karlsruhe NJW 1984, 405, 407 mit Anm Micklitz.

[85] Vgl. LG Frankfurt a. M. WM 1985, 316, 317f = WuB I E 1. — 8.85 Münstermann mit ergänzender Vertragsauslegung.

[86] Siehe dazu oben 2.3.1.1.3 „Zinsvorbehalt".

[87] So hat BGH BB 1983, 921 = NJW 1983, 1603 = ZIP 1983, 828 bei der Fallgestaltung einer Tagespreisklausel die Wirksamkeit des Vertrages im ganzen verneint.

Es genügt vielmehr, daß sich die Parteien darüber einig sind, daß ein Preis zu zahlen ist, dieser aber der Höhe nach noch nicht eindeutig festgelegt wird, sondern erst später exakt zu bestimmen ist[88].

Nur ausnahmsweise könnte sich die Unwirksamkeit des Kreditvertrages wegen Nichtigkeit der Zinsanpassungsklausel ergeben, nämlich dann, wenn das Festhalten am Vertrag (auch unter Berücksichtigung der nach § 6 Abs. 2 AGBG vorgesehenen Änderung) eine unzumutbare Härte für eine Vertragspartei darstellen würde, § 6 Abs. 3 AGBG[89]. Eine Härte in diesem Sinne ist nicht damit zu begründen, daß ein Festhalten der Bank an einem Vertrag, der nicht ihren Allgemeinen Bedingungen unterliegt, per se für diese unzumutbar sei[90]. Zwar stellt es wohl eine Härte für die Bank dar, wenn sie infolge des Wegfalls der Zinsanpassungsklausel Risiken treffen, die sie bei der Kalkulation des Zinssatzes nicht berücksichtigt hat. Die darin liegende Härte ist aber deshalb nicht unzumutbar, weil sie als Verwender die Verantwortung für den AGB-Wortlaut trägt, und deshalb eventuelle Nachteile aus der Verwendung rechtlich unzulässiger Klauseln sich selbst zuzuschreiben hätte[91]. Umgekehrt wird die Aufrechterhaltung des Vertrages mit einer modifizierten Zinsanpassungsklausel in der Regel keinen Nachteil für den Kunden darstellen[92]. Dagegen kann die Aufrechterhaltung des Vertrages ohne Zinsanpassungsklausel bei einem starken Fallen des üblichen Zinsniveaus für den Kreditnehmer sehr wohl eine unzumutbare Härte darstellen. Dieselbe Situation kann sich aber auch für das Kreditinstitut einstellen bei einem außergewöhnlichen Anstieg des üblichen Zinsniveaus. Beide Fallgestaltungen sind dadurch gekennzeichnet, daß durch den Wegfall der Zinsanpassungsklausel ein auffälliges Mißverhältnis zwischen Leistung und Gegenleistung ab einem bestimmten Zeitpunkt (extreme Veränderungen des Marktzinses) entsteht, die ein Festhalten am Vertrag als unzumutbar erscheinen lassen[93]. Andererseits kann die Unwirksamkeit des Vertrages auch für den Darlehensnehmer nachteilig sein[94].

Die Schwierigkeit der Beurteilung der Rechtsfolgen einer derart eingetretenen Gesamtnichtigkeit liegt unter anderem in der Feststellung des Zeitpunktes ihres Eintritts. Die Gesamtnichtigkeit nach § 6 Abs. 3 AGBG kann sich regelmäßig erst in einem weitaus späteren Zeitpunkt als demjenigen des Vertragsabschlusses

[88] Vgl. RGZ 103, 414, 415; OLG Stuttgart BB 1982, 148; auch BGH ZIP 1984, 330, 331 (siehe Fußn 84); Mittelbach, Wertsicherungsklauseln, 1980, S. 46 Rdnr 104.

[89] Vgl. dazu OLG Stuttgart aaO; LG Nürnberg-Fürth BB 1982, 456, 457 = ZIP 1982, 323; Löwe BB 1982, 152, 154; Bartsch DB 1983, 214; MünchKomm/Kötz aaO Rdnrn 20ff; aus dem Bereich Allgemeiner Versicherungsbedingungen vgl. Bauer BB 1978, 476, 477.

[90] So aber Bauer aaO.

[91] So MünchKomm/Kötz aaO Rdnr 21; LG Nürnberg-Fürth aaO.

[92] In diesem Sinne MünchKomm/Kötz aaO Rdnr 22.

[93] Vgl. dazu Palandt/Heinrichs, 46. Aufl., § 6 AGBG, Anm 4 b).

[94] Vgl. Bartsch DB 1983, 214.

ergeben. Hinzu kommt, daß auch bei extremer Veränderung des Zinssatzes die Parteien eines Kreditvertrages aus anderen Gründen durchaus am Vertrag festhalten wollen und deshalb den Vertrag weiterhin einhalten. Es müßte dann treuwidrig erscheinen, wenn nach langer Zeit, unter Umständen bereits nach Abwicklung des Vertragsverhältnisses, sich eine der Parteien auf die Gesamtnichtigkeit berufen könnte[95].

Die Fälle der Gesamtnichtigkeit im Sinne des § 6 Abs. 3 AGBG sind daher nur durch die Zubilligung eines Kündigungsrechtes aus wichtigem Grund zu lösen[96]. Nur in dieser Weise wird sich bei Gesamtnichtigkeit eines Kreditvertrages nach § 6 Abs. 3 AGBG ein beiden Seiten gerecht werdender Interessenausgleich schaffen lassen. Da die unzulässige Klausel in den Verantwortungsbereich des Verwenders fällt, hat dabei zumindest die Bank eine eventuell vertraglich vereinbarte oder mangels einer solchen eine gesetzliche Kündigungsfrist einzuhalten[97].

4.3 Rechtsfolgen bei Aufrechterhaltung des Vertrages

Im Regelfall ist der Kreditvertrag als solcher aufrecht zu erhalten, § 6 Abs. 1 AGBG, sei es mit modifizierter oder überhaupt ohne Zinsanpassungsklausel. In diesen Fällen gilt der vereinbarte bzw. im Falle eines Zinsvorbehaltes der erstmals von der Bank festgesetzte Zinssatz. Dies bedeutet weiter, daß nachträgliche Zinsänderungen mangels wirksamer beziehungsweise modifizierbarer Zinsanpassungsklauseln unwirksam sind.

Wurde der Zinssatz nachträglich erhöht, steht dem Kreditnehmer insbesondere ein Rückforderungsanspruch zuviel gezahlter Zinsen nach § 812 BGB zu. Im übrigen ergeben sich die gleichen Rechte für den Kunden wie im Falle einer unwirksamen Zinsanpassung als solchen[1].

Wurde der Zinssatz nachträglich gesenkt, besteht allerdings für das Kreditinstitut nicht die Möglichkeit, sich unter Berufung auf die Unwirksamkeit der Zinsanpassungsklausel einen Nachforderungsanspruch zu verschaffen. Insoweit liegt ein Verzicht des Kreditinstitutes vor, der als stillschweigend angenommen anzusehen ist. Die Nachforderung würde im übrigen auch gegen den Grundsatz des venire contra factum proprium verstoßen[2].

Problematisch kann allenfalls das Weiterfordern des vereinbarten oder erstmals festgesetzten Zinssatzes (im Falle des Zinsvorbehaltes) bei extremem

[95] Vgl. Palandt/Heinrichs aaO Anm. 4 d) zu Schadenersatzanspruch des Kunden wegen c.i.c.

[96] Vgl. Palandt/Heinrichs aaO Anm 4.

[97] Zum Lösungsrecht siehe schon oben 3.1.5.4 „Lösungsrecht".

[1] Siehe dazu unten 5.5 „Rechtsfolgen der fehlerhaften Zinsanpassung".

[2] Vgl. dazu auch MünchKomm/Kötz, 2. Aufl., vor § 8 AGBG Rdnr 8.

Fallen des marktüblichen Zinssatzes sein[3]. Führt dieses zu extremen Äquivalenzstörungen, kann sich die Gesamtnichtigkeit des Vertrages nach § 6 Abs. 3 AGBG ergeben. In diesem Fall erfolgt der Schutz des Kreditnehmers durch die Ausübung des Kündigungsrechtes, das, falls ein Kündigungsrecht nicht vereinbart ist, auf § 242 BGB zu stützen ist[4].

[3] Vgl. Staudinger/Karsten Schmidt, 12. Aufl., § 246 BGB Rdnr 81 mwN.

[4] Vgl. zum Schuldnerschutz durch die Ausübung des Kündigungsrechtes Staudinger/Karsten Schmidt aaO Rdnr 81; oben 4.2.2 „Schicksal des Vertrages im übrigen".

5. Wirksamkeit der Zinsanpassung

Nur wenn die Zinsanpassungsklausel, unter Umständen in modifizierter Form, für wirksam erachtet wurde, kann sich die Frage stellen, ob eine Zinsanpassung, aber auch im Einzelfall deren Unterlassung, wirksam ist, und zwar in zweierlei Form: Ist die Anpassung
(1) nach Anlaß und
(2) nach Ausmaß gerechtfertigt?

Diese Fragen sind allein mit dem Hinweis, daß die Zinsanpassung einer Billigkeit im Sinne des § 315 BGB entsprechen müsse[1], nicht beantwortet. Denn noch vor der Überprüfung der Billigkeit einer Zinsanpassung stellt sich die Frage, ob überhaupt Gründe gegeben sind, die eine Zinsanpassung als solche rechtfertigen. Mit anderen Worten: Haben sich die Verhältnisse gegenüber dem Zeitpunkt des Vertragsschlusses so geändert, daß eine Anpassung des Zinssatzes möglich bzw. geboten ist?

Diese Fragestellung ist nicht identisch mit der sich erst daran anschließenden Billigkeitsprüfung im Sinne des § 315 BGB[2]. Hierin spiegelt sich die eingangs dargestellte Struktur der Zinsanpassungsklausel[3], wenn dort zwischen den Voraussetzungen der Anpassung und der Bemessungsgrundlage unterschieden worden ist[4]. Nur wenn bejaht wird, daß eine Anpassung rechtfertigende Gründe vorliegen, kann überprüft werden, ob die Zinsanpassung im Hinblick auf Bemessungsgrundlage und Umfang der Billigkeit entspricht[5].

5.1 Grundvoraussetzungen

Grundvoraussetzung jeder Zinsanpassung ist, daß gegenüber dem Zeitpunkt des Vertragsabschlusses eine Veränderung eingetreten ist[1], wobei zu untersu-

---

[1] Vgl. z. B. Erman/Battes, BGB, 1. Bd., 7. Aufl. § 315 BGB Rdnr 21; RG HRR (Bd. 16) 1940, 544; Canaris, Bankvertragsrecht, Rdnr 1328; OLG Hamm WM 1985, 159, 161 = WuB I A. — 1.85 Becker; auch OLG Stuttgart BB 1982, 148, 149; ferner Mittelbach, Wertsicherungsklauseln, 1980, S. 47 Rdnr 108.

[2] In diesem Sinne wird auch unterschieden in BGH JZ 1971, 291, 292.

[3] Siehe oben 2.3.2 „Struktur variabler Zinssatz-Klauseln".

[4] Vgl. auch BGH BB 1978, 731, 732.

[5] Andere Prüfungsfolge bei Bilda, Anpassungsklauseln in Verträgen, 2. Aufl., 1973, Rdnrn 72ff S. 68ff:
a) Art der Änderung Rdnrn 74ff S. 69ff,
b) Ausmaß der Änderung Rdnrn 94ff S. 76ff,
c) Ursache der Änderung Rdnrn 109ff S. 83ff.

chen ist, in welcher Art und welchem Umfang dies geschehen sein muß[2]. Weiterhin ist jedenfalls im Falle der Zinssatzerhöhung die Frage miteinzubeziehen, ob hierzu eine Erklärung der Bank erforderlich ist oder ob eine bankinterne Festsetzung genügen kann[3]. Dabei ergibt sich auch eine zeitliche Problematik, die im wesentlichen die Frage nach dem Verhältnis zwischen dem Zeitpunkt der Veränderung der Verhältnisse und demjenigen der Anpassung stellt[4].

5.1.1 Änderung der Verhältnisse

Früher stellte das Gesetz über die richterliche Vertragshilfe (VHG)[5] ein besonders ausgestaltetes Verfahren zur Verfügung, „um Verträge an veränderte Verhältnisse anzupassen, um so den von der Gerechtigkeit geforderten Ausgleich zwischen Gläubiger und Schuldner im Wege rechtsgestaltenden Eingriffs in die Vertragsbeziehungen herbeizuführen"[6]. Heute ist dagegen weithin ungeklärt, welche Verhältnisse sich geändert haben müssen bzw. geändert haben dürfen, um eine Zinssatzänderung zu rechtfertigen, und in welchem Umfang diese Veränderung eingetreten sein muß. Nach dem VHG waren die gesamten Verhältnisse beider Parteien zu prüfen, insbesondere auch die Vermögensverhältnisse von Schuldner und Gläubiger[7]. Der Leistungsfähigkeit des Schuldners wurde sogar entscheidendes Gewicht beigemessen[8], daneben kam es aber auch auf die wirtschaftliche Lage des Gläubigers an und sogar auf subjektives Verhalten des Schuldners (so z. B. wirtschaftliche Verantwortungslosigkeit etc)[9]. Durch das VHG konnten bei Berücksichtigung der genannten Grundsätze auch Zinsen herabgesetzt werden[10].

Diese Grundsätze sind auf heutige Verhältnisse nicht mehr anzuwenden. Zwar müssen Zinsanpassungsklauseln, um der Inhaltskontrolle standhalten zu können, einen angemessenen Ausgleich der beiderseitigen Interessen gewährlei-

---

[1] Vgl. in diesem Sinne BGH NJW 1980, 2518f = WM 1980, 1120 = LM AGBG Nr. 6 = DB 1980, 2125 = BB 1980, 1490 = ZIP 1980, 765; ferner Fögen BB 1958, 1259, 1261; auch OLG Düsseldorf BB 1982, 537f = AGBG II § 9 Nr. 94.

[2] Vgl. Bilda, Anpassungsklauseln in Verträgen, 2. Aufl., 1973, Rdnrn 74ff S. 69ff und Rdnrn 94ff S. 76ff; unten 5.1.1 „Änderung der Verhältnisse" bis 5.1.1.2 „Wesentliche Veränderung".

[3] Siehe unten 5.1.2 „Formelle Voraussetzungen".

[4] Siehe unten 5.1.3 „Zeitliche Problematik".

[5] Vom 26.3.1952, BGBl I, 198; zu Sondervorschriften, die gelegentlich noch von Bedeutung sein können, vgl. Schaarschmidt Rdnrn 3.484ff.

[6] Vgl. Pikart WM 1955, 243; Schaarschmidt Rdnrn 3.447ff.

[7] Vgl. Pikart WM 1955, 243, 245; zur Berücksichtigung der wirtschaftlichen Verhältnisse beider Seiten vgl. auch BGHZ 18, 149, 152; Staudinger/Mayer-Maly, 12. Aufl., § 315 BGB Rdnr 57.

[8] Vgl. Pikart WM 1957, 566, 568.

[9] Vgl. Pikart WM 1957, 566, 569.

[10] Vgl. Pikart WM 1957, 566, 570.

sten[11]. Dies kann aber nicht bedeuten, daß z. B. auch eine Verschlechterung der Vermögensverhältnisse des Kreditnehmers einen Anspruch auf Zinsherabsetzung rechtfertigen könnte[12], woran man immerhin denken könnte, wenn vielfach unreflektiert auf die beiderseitigen Interessen und wirtschaftliche Situation beider Seiten im Rahmen des § 315 BGB abgehoben wird. Eher wäre wohl in einem solchen Fall an eine Heraufsetzung des Zinssatzes zu denken, da die wirtschaftliche Situation des Darlehensnehmers ein Bonitätsrisiko bildet, das im Rahmen der Kalkulation des Zinssatzes zu berücksichtigen ist[13]. Dann müßte andererseits aber auch eine Verbesserung der wirtschaftlichen Situation des Kreditnehmers zu einer Herabsetzung des Zinssatzes führen können, wenn bei Abschluß des Kreditvertrages ein besonderer Risikozuschlag einkalkuliert war.

Als These soll an dieser Stelle daher postuliert werden, daß nur solche Umstände, die in die Kalkulation des Zinssatzes einzubeziehen sind[14], bei der Feststellung der veränderten Verhältnisse, die eine Zinsanpassung überhaupt rechtfertigen, Berücksichtigung finden können[15]. Dieser Satz ist allerdings dahingehend einzuschränken, daß nur solche Umstände eine Rolle spielen können, die ihrerseits wirksam per AGB in den Kreditvertrag überhaupt einbezogen werden können und auch tatsächlich einbezogen worden sind. Entscheidende Grundvoraussetzung jeder Zinsanpassung bleibt aber, daß sich die Verhältnisse, die bei Vertragsabschluß vorlagen, geändert haben müssen[16].

5.1.1.1 Art der Änderung

Einerseits nur, andererseits aber nicht alle Faktoren, die in eine Kalkulation des Zinssatzes einzubeziehen sind[17], können im Falle ihrer Veränderung eine Anpassung des Zinssatzes aufgrund von Zinsänderungsklauseln in laufenden Kreditverträgen rechtfertigen: Um diesem Ziel gerecht werden zu können, müssen sich diese Faktoren zum einen entweder durch direkte Nennung oder durch Auslegung ermittelt[18] aus der Zinsanpassungsklausel ergeben, und zum

---

[11] Siehe schon oben 3.1.5.2 „Interessenlage“.

[12] Vgl. Becker WuB I A. — 1.85, der zurecht für Zinsanpassungsklauseln, die auf die Geldmarktlage bzw. kreditpolitische Situation abstellen, eine individuelle Gestaltung des Zinssatzes auch unter Mitberücksichtigung einer sich abzeichnenden und für den Kreditgeber aufgrund seiner Verpflichtung aus § 18 KWG oft auch erkennbaren Verschlechterung der wirtschaftlichen Situation des Kreditnehmers verneint.

[13] Siehe oben 2.2.1.2.3 „Ausfallrisiko“.

[14] Siehe dazu oben 2.2.1 „Bestandteile des Zinses“; Kronke AcP 183, 113, 141: „Innervertraglicher Beurteilungsrahmen“.

[15] So ausdrücklich OLG Düsseldorf DB 1982, 537, 538 bezogen auf die der Kalkulation zugrunde gelegten Kosten beim Werkvertrag.

[16] In diesem Sinne vgl. auch Graf von Westphalen in Löwe/von Westphalen/Trinkner § 11 Nr. 1 AGBG Rdnr 13 zu Preiserhöhungsvorbehalt.

[17] „Preisänderungsfaktoren“, vgl. Wolf ZIP 1987, 341, 346.

anderen einer Inhaltskontrolle, insbesondere der Angemessenheitskontrolle nach § 9 AGBG[19] standhalten, insbesondere einen angemessenen Interessenausgleich gewährleisten[20].

Entscheidend sind die innervertraglichen Elemente, d.h. die individuelle Kosten- und Gewinnkalkulation, entsprechend dem vertraglich festgelegten Willen und der Interessenlage der Parteien[21]. Alle diejenigen Faktoren sind auszuschalten, die bereits im Hinblick auf die Inhaltskontrolle, möglicherweise auch aus währungsrechtlichen Bedenken heraus[22], zu einer Unwirksamkeit der Zinsanpassungsklausel führen würden.

Die Kalkulationsfaktoren ihrerseits werden von einer nahezu unüberschaubaren Vielzahl inner- und außerbetrieblicher Daten beeinflußt und verändert[23]. Im folgenden kann daher nur eine Auswahl der für die Praxis des Zinsanpassungsrechts veränderbaren Größen auf ihre juristische Relevanz aufgrund der jetzt geltenden Rechtslage hin untersucht werden.

5.1.1.1.1 Kosten- und Refinanzierungssituation

Aus der Vielzahl relevanter Faktoren einer zukünftigen Preisentwicklung[24] kommt abwälzungsfähigen Kostensteigerungen[25] eine herausragende Bedeutung zu. Zu unterscheiden ist einerseits zwischen dem sachlichen und persönlichen Verwaltungsaufwand und andererseits der Refinanzierungssituation. Es ist seit langem anerkannt, daß eine Erhöhung der Lohnkosten, aber auch der Steuern, Abgaben und sonstiger Kosten, zur Preisanpassung berechtigen kann[26].

Daß der BGH in seinem Urteil vom 6. 3. 1986[27] die Befugnis der Bank, den Zinssatz aus Gründen der innerbetrieblichen Kalkulation (unabhängig von einem Wechsel der Refinanzierungsbedingungen) heraufzusetzen, verneint hat,

---

[18] Siehe 2.3.3.3 „Auslegung“ und besonders das Urteil des BGH vom 3.6.1986 — III ZR 195/86 — BGHZ 97, 212ff (weitere Fundst. siehe Kap. 1 Fußn 5).

[19] Siehe 3.1.5 „Angemessenheitskontrolle, § 9 AGBG“.

[20] Siehe dazu oben 3.1.5.2 „Interessenlage“.

[21] Vgl. dazu Kronke AcP 183, 113, 141 mwN.

[22] Oben 3.2 „§ 3 WährG“.

[23] Vgl. die Systematisierung bei Hagenmüller III S. 289ff.

[24] So BGH BB 1985, 1223, 1225 = BGH Z 93, 252 = NJW 1985, 853 = ZIP 1985, 284.

[25] Vgl. BGH BB 1985, 1351, 1352 = BauR 1985, 573 = NJW 1985, 2270; BGHZ 82, 21, 24 = BB 1982, 146, 147 = NJW 1982, 331 = ZIP 1982, 71 = MDR 1982, 486 = WM 1982, 9.

[26] Vgl. nur BGH BB 1985, 1351, 1352 (weiter siehe Fußn 25); BGH BB 1985, 1223, 1225 (weiter siehe Fußn 24); auch BGH NJW 1982, 331, 332 (weiter siehe Fußn 25, zur Tagespreisklausel); BGH NJW 1980, 2518, 2519 = WM 1980, 1120 = LM AGBG Nr. 6 = DB 1980, 2125 = BB 1980, 1490 = ZIP 1980, 765 zu Zeitschriftenabonnement; OLG Düsseldorf DB 1982, 537, 538 = AGBG II § 9 Nr. 94 (Werkvertrag).

[27] — III ZR 195/84 — NJW 1986, 1803, 1805 (weitere Fundst. siehe Kap. 1 Fußn 5).

war im zu entscheidenden Fall nicht auf eine etwa grundsätzliche Nichtabwälzbarkeit erhöhten Aufwandes zurückzuführen, sondern allein auf die Auslegung der betreffenden Zinsanpassungsklauseln: Unbestimmt gefaßte Zinsanpassungsklauseln bieten nach Ansicht des BGH keine rechtliche Grundlage dafür, die Zinssätze aus anderen Gründen als der Anpassung an kapitalmarktbedingte Wandlungen der Refinanzierungsmöglichkeiten zu erhöhen. Damit dürfte bei der weitaus überwiegenden Mehrzahl der gebräuchlichen Zinsanpassungsklauseln den Refinanzierungsbedingungen eine Vorrangstellung zukommen.

Dies ist insofern sachgerecht, als die Bank ein Betrieb ist, der gewerbsmäßig Kredite aufnimmt, um Kredite geben zu können[28]. Das passive Kreditgeschäft der Banken hat den Zweck, diesen die Kapitalien zu beschaffen, die sie benötigen, um das aktive Kreditgeschäft betreiben zu können[29]. Die Bedeutung der Refinanzierung als Finanzierung der Finanzierung[30] bedingt die Erkenntnis, daß das Zinsverhalten auf der Aktivseite wesentlich durch die Passivverzinsung bestimmt wird[31]. Die Berücksichtigung einer Veränderung der Refinanzierungsseite dient dem unternehmerischen Ziel der Risikominimierung[32], indem die innere Liquidität des Kreditvolumens aufrechterhalten wird[33]. Damit ist letztlich auch den Interessen der Gläubiger des Bankensektors gedient[34], weshalb der BGH[35] in der Gefährdung einer wirtschaftlichen Refinanzierung auch einen ernstlichen Anlaß für die Ausübung eines ordentlichen Kündigungsrechtes gesehen hat.

Dem ist zuzustimmen, da es zu Verlusten kommen kann, soweit die Zinsen der erforderlichen Refinanzierung den Eigenzins der zu finanzierenden Vermögenspositionen übersteigen[36]. Diese könnten zwar aus dem vorhandenen Eigenkapital der Banken abgedeckt werden[37]. Das Eigenkapital hat allerdings mehr oder weniger die Funktion eines Garantiekapitals für die Gläubiger und tritt in seiner Bedeutung daher für das aktive Kreditgeschäft gegenüber dem Fremdkapital im allgemeinen in den Hintergrund[38].

---

[28] Vgl. Obst/Hintner, 37. Aufl., S. 758ff.

[29] So Obst/Hintner aaO.

[30] So Seidenzahl, Bank- und Börsenlexikon, 2. Aufl., 1965, S. 279.

[31] Vgl. Hagenmüller III S. 333; vgl. Jährig/Schuck, Handbuch des Kreditgeschäfts, 4. Aufl., 1982, S. 108 zur Anpassung an veränderte Anlagenzinsen; vgl. auch Gerke, Gleitklauseln im Geld- und Kapitalverkehr, 1980, S. 117 zur Frage einer Indexierung.

[32] Vgl. in diesem Zusammenhang Ulrich, Festschrift für Rittershausen, 1968, S. 173.

[33] Oberstes Gebot: vgl. Kühnen, Festschrift für Rittershausen, 1968, S. 147.

[34] Vgl. zu den Instrumenten zur Gewährleistung des Gläubiger- und Funktionenschutzes im Kreditwesen Bieg, Bankbilanzen und Bankaufsicht, 1983, S. 38ff.

[35] In WM 1977, 834, 835.

[36] Vgl. Bieg aaO S. 10ff.

[37] Vgl. Bieg aaO S. 13.

[38] So Obst/Hintner, 37. Aufl., S. 182ff.

Wie in Bereichen außerhalb der Bankwirtschaft (bei entsprechenden Vereinbarungen) die Veränderung der Gestehungskosten zur Preisanpassung berechtigt[39], gilt dies genauso im Kreditgewerbe bezogen auf die Änderung der Refinanzierungskosten[40]. Dabei sind aufgrund des Urteils des BGH vom 6. 3. 1986 zwei wesentliche Einschränkungen für unbestimmt gefaßte Zinsanpassungsklauseln zu machen:

(1) Andere Gründe, z. B. innerbetriebliche, die die Refinanzierungssituation verändern, können eine Zinsanpassung nicht rechtfertigen[41].

(2) Es kommt nicht auf die abstrakte, losgelöst vom betreffenden Kreditinstitut zu beobachtende Entwicklung auf dem Kapitalmarkt an, sondern auf die konkrete Situation der kreditgewährenden Bank. Deren eigene Refinanzierungssituation muß sich geändert haben[42].

Erst wenn sich hier eine (wesentliche[43]) Veränderung feststellen läßt, kann sich die Frage nach dem Maßstab einer Anpassung und deren Billigkeit stellen[44].

5.1.1.1.2 Sonstige Realisierung von Risiken

Eigenkapitalverluste[45] können außer durch steigende Refinanzierungskosten, die durch Zinsanpassungen aufzufangen sind[46], auch durch die Realisierung anderer Risiken eintreten, weshalb der Charakter langfristiger Vertragsbeziehungen eine nicht ausschließlich kostenbezogene Betrachtung erfordert[47].

Da sich auch in Zeiten bescheidener Inflationsraten die Faktoren der Preisgestaltung ständig verschieben[48], kommt es zu einer verstärkten Heranziehung der Bestimmungsmöglichkeiten durch variable Zinsen gerade bei Unsicherheit der wirtschaftlichen Entwicklung, insbesondere der Geldwertveränderung[49]. Wenn auch ein wirtschaftlicher Zusammenhang zwischen Zinsgestal-

---

[39] Vgl. Bohle/Micklitz BB Beilage 11/1983 S. 11 zu Veränderung des Bezugspreises, S. 12 zu Tagespreisklausel; weiter siehe Fußn 26.

[40] Vgl. BGH WM 1977, 834, 835; Brandner in Ulmer/Brandner/Hensen, 5. Aufl., Anhang §§ 9 — 11 AGBG Rdnr 282; LG Heidelberg WM 1975, 1271, 1272; und ganz besonders eingehend BGHZ 97, 212, 222 = BGH NJW 1986, 1803, 1805 (weitere Fundst. siehe Kap. 1 Fußn 5).

[41] Zur Kritik vgl. Steppeler Sparkasse 1986, 318, 320.

[42] Zu diesen beiden Klarstellungen siehe BGHZ 97, 212, 222 = NJW 1986, 1803, 1805 (weitere Fundst. siehe Kap. 1 Fußn 5); noch spezieller OLG Hamm WM 1985, 159, 161 = WuB I A. — 1.85 Becker: Beschränkung auf die Verhältnisse der Niederlassung bzw. Filiale.

[43] Siehe dazu unten 5.1.1.2 „Wesentliche Veränderung".

[44] Was Stützle WuB I E 1. — 13.86 übersieht; vgl. auch unten 5.2 „Billigkeitskontrolle".

[45] Vgl. dazu Bieg aaO S. 10ff.

[46] Wie unter 5.1.1.1.1 „Kosten- und Refinanzierungssituation" ausgeführt.

[47] Vgl. Kunth/Wollburg BB 1985, 230, 234.

[48] Vgl. Löwe BB 1982, 152; zu Anpassung bei sog. „schleichender Inflation" vgl. BGH JZ 1971, 291.

[49] Vgl. Staudinger/Mayer-Maly, 12. Aufl., § 315 BGB Rdnr 21.

tung und Geldwertentwicklung besteht[50], so ist doch festzuhalten, daß es eine automatische Anpassung des Zinssatzes an den Geldwert nicht gibt[51]. Aber auch sonst kann die Geldentwertung allein eine Zinsanpassung nicht rechtfertigen. Da Kostensteigerung und Inflationsrate auseinanderfallen können, könnte durch eine Zinserhöhung, allein gestützt durch die Steigerung der Inflationsrate, einen dem Äquivalenzgedanken widersprechenden Gewinn bringen, wenn die Kostensteigerung geringer ist als die Inflationsrate[52]. Eine Geldwertveränderung kann daher nur insoweit berechtigender Anlaß zur Zinsanpassung sein, als sie sich in einer Veränderung der Refinanzierungskosten wiederspiegelt.

Dasselbe gilt im Fall der Realisierung des Ausfallrisikos. Dem einzelnen Kunden gegenüber, dem Zahlungsunfähigkeit droht, kann sogar ein Risikozuschlag nur dann verlangt werden, wenn dies im Einzelfall gesondert vereinbart war[53].

Im übrigen können Verluste, die auf sonstigen Ursachen beruhen, eine Zinssatzerhöhung nicht rechtfertigen, jedenfalls nicht mit der Begründung, der Kreditgeber arbeite mit roten Zahlen[54]. Dieser Kategorie unterfällt der gesamte Bereich der fehlerhaften Kreditpolitik[55], wozu auch Verluste aus dem Engagement bei Unternehmen und Staaten der Dritten Welt[56] gehören. Das sich hier realisierende Risiko sollte zum einen bereits in den ursprünglich vereinbarten Zinssatz einkalkuliert sein[57]. Zum anderen handelt es sich um ein typisches Unternehmerrisiko, welches der Sphäre des Kreditgebers zuzurechnen ist, zu dessen Beherrschen in der Regel auch Richtlinien für die Geschäftspolitik aufgestellt werden[58]. Gründe der innerbetrieblichen Kalkulation können damit eine Zinssatzerhöhung im Rahmen von Zinsanpassungsklauseln nicht rechtfertigen[59], soweit sie nicht mit einem Wechsel der Refinanzierungsbedingungen

---

[50] Siehe dazu schon oben 2.2.1.2.1 „Kaufkraftschwund"; auch Stützel, Das Markgleich-Mark-Prinzip und unsere Wirtschaftsordnung, 1979, S. 68; Bettermann ZRP 1974, 13, 16f; RGZ 136, 56, 59; 118, 152ff zu einem Fall der Anpassung der Zinsen bei Währungsverfall; grundsätzlich von Maydell, Geldschuld und Geldwert, 1974, S. 41ff, 209ff; auch Terpitz, Festschrift für Johannes Bärmann, 1975, S. 953, 962.

[51] Vgl. Staudinger/Karsten Schmidt, 12. Aufl., § 246 BGB Rdnr 80 mwN; ferner oben 3.2 „§ 3 Währungsgesetz".

[52] Vgl. dazu Bartsch DB 1983, 214, 215.

[53] So ausdrücklich BGH, Urteil vom 6.3.1986 — III ZR 195/84 — BGHZ 97, 212, 222 = NJW 1986, 1803, 1805 (weitere Fundst. siehe Kap. 1 Fußn 5); auch schon OLG Hamm WM 1985, 159, 161 = WuB I A. — 1.85 Becker.

[54] Vgl. in diesem Sinne Ulmer BB 1982, 1125, 1129 im Zusammenhang mit der Tagespreisklausel.

[55] Vgl. dazu Bieg aaO S. 21ff.

[56] Vgl. dazu den Titelbericht in „Der Spiegel" Nr. 46, 40. Jahrg., 23.6.1986, S. 50 — 53.

[57] Siehe dazu oben 2.2.1.2.3 „Ausfallrisiko".

[58] Vgl. z.B. Obst/Hintner, 37. Aufl., S. 554ff für den Sparkassenbereich.

[59] So auch BGHZ 97, 212, 222 = NJW 1986, 1803, 1805 (weitere Fundst. siehe Kap. 1 Fußn 5).

einhergehen, zum Beispiel im Zusammenhang mit dem Risiko der Fristentransformation[60].

Das Recht zur einseitigen Anpassung des Zinssatzes kann in einer marktwirtschaftlichen Ordnung nicht als Instrument einer totalen Existenzsicherung dienen. Wenn auch ein öffentliches Interesse an der Erhaltung des Kreditgewerbes und seiner Funktionsfähigkeit zu bejahen ist, kann dies nicht gleichgestellt werden mit einem Interesse an der Erhaltung aller Kreditinstitute[61].

Zusammenfassend kann daher festgestellt werden, daß Geldwertveränderungen, Realisierung des Ausfallrisikos und Eintritt sonstiger Verluste aufgrund der Geschäftspolitik des Kreditgebers für sich allein keinen berechtigenden Anlaß zur Zinserhöhung darstellen können. Eine Vereinbarung dieser Art durch AGB wäre höchst bedenklich. In all diesen Fällen kann eine Zinserhöhung nur gerechtfertigt sein, wenn sie mit einer konkreten Änderung der Refinanzierungsbedingungen einhergeht.

5.1.1.1.3 Gewinnspanne

Leitmaxime auch der Kreditinstitute ist das erwerbswirtschaftliche Prinzip und damit das Streben nach Gewinn[62]. Aus diesem Grund ist der Gewinn Kalkulationsbestandteil des Zinssatzes[63]. Die Gewinnsituation wird durch vielfache Umstände beeinflußt, so durch Maßnahmen zur Ertragssteigerung und Aufwandssenkung[64], durch kreditpolitische Maßnahmen der Deutschen Bundesbank[65], darüberhinaus auch durch den Einsatz des Eigenkapitals zu Zwecken des intertemporären Gewinn- und Verlustausgleichs[66].

Es ist durchaus anzuerkennen, daß sich die Bank der Zinsanpassung bedienen darf, um einen angemessenen Gewinn zu erwirtschaften, vorausgesetzt allerdings, die Zinsanpassung ist durch steigende Refinanzierungskosten gerechtfertigt[67]. Eine Zinserhöhung zum Zwecke zusätzlicher Gewinnerzielung ist aber in

---

60 Vgl. Bieg aaO S. 8ff und oben 2.2.1.2.2 „Zinsänderungsrisiko".

61 Vgl. Bieg aaO S. 35: „Totale Existenzsicherung und Wettbewerbswirtschaft schließen sich aus."

62 Vgl. Hagenmüller III S. 288; Bericht der Studienkommission „Grundsatzfragen der Kreditwirtschaft", 1979, S. 156 Rdnr 509: Profitstreben; Ulrich, Festschrift für Rittershausen, 1968, S. 173; für Bausparkassen vgl. Bader BB 1987, 348, 349; ähnlich die Versicherungswirtschaft, vgl. BVerwGE 61, 59, 74.

63 Siehe oben 2.2.1.3 „Gewinn".

64 Vgl. dazu Hagenmüller III S. 308ff, 333.

65 Vgl. dazu Schoenle, Bank- und Börsenrecht, 3. Aufl., 1984, S. 388: Kreditrestriktion, -kontingentierung, -selektion und -richtsätze (Diskontsatzgefüge).

66 Vgl. dazu Hagenmüller I S. 228 f, 231; zur zusätzlichen Gewinnerzielung im Zusammenhang mit Inflationsrate und Kostensteigerung vgl. auch Bartsch DB 1983, 214, 215.

67 Vgl. dazu LG Heidelberg WM 1975, 1271, 1272; im übrigen 5.1.1.1.1. „Kosten- und Refinanzierungssituation".

jedem Fall ausgeschlossen[68], d. h. ein Streben nach zusätzlichem Gewinn kann niemals rechtfertigender Anlaß für eine Zinserhöhung sein[69]. Umgekehrt kann das Streben nach Gewinnmaximierung die Bank nicht berechtigen, bei sinkenden Refinanzierungskosten eine Zinssenkung zu unterlassen.

Diese Konsequenz ist sicherlich für unbestimmt gefaßte Zinsanpassungsklauseln zu ziehen, bei denen der Umfang der Zinsanpassung demjenigen der Änderung der Refinanzierungssituation entsprechen muß[70]. Daraus folgt, daß aus einer Zinsanpassung kein zusätzlicher Gewinn gegenüber jenem zum Zeitpunkt des Vertragsabschlusses kalkulierten entstehen kann. Die Verschaffung eines zusätzlichen Gewinns durch einseitige Zinsänderung entspricht nicht der Billigkeit. Entscheidend kann in diesem Zusammenhang nicht ein Marktpreis sein[71], sondern dasjenige, was die Parteien vereinbart haben. Und diese Vereinbarung spiegelt das Äquivalenzverhältnis von Leistung und Gegenleistung wieder. Ein durch einseitige Preisanpassung oder deren Unterlassung verschaffter zusätzlicher Gewinn würde diesem Äquivalenzgedanken widersprechen[72]. Auch im Bereich der Zinsanpassung ist die Wahrung des Äquivalenzprinzips, d. h. die Vorstellung beider Parteien von der Gleichwertigkeit der von ihnen zu erbringenden Leistungen, letztlich entscheidend[73].

5.1.1.1.4 Marktverhältnisse

Ein Abstellen auf das allgemeine Zinsgefüge am Markt[74] würde zunächst im Interesse des Darlehensgebers liegen[75], soweit ein durch die Marktsituation sich

---

[68] Selbst nach Kreditkündigung, vgl. Scholz ZIP 1986, 545, 554; allg. ferner BGH BB 1985, 1351, 1352 = BauR 1985, 573 = NJW 1985, 2270 (Werkvertrag); Bohle/Micklitz BB Beilage 11/1983 S. 12; BGH NJW 1980, 2518, 2519 = WM 1980, 1120 = LM AGBG Nr. 6 = BB 1980, 2125 = BB 1980, 1490 = ZIP 1980, 765 (Zeitschriftenabonnement); BGH NJW 1982, 331, 332 = BGHZ 82, 21 = BB 1982, 146 = ZIP 1982, 71 = MDR 1982, 486 = WM 1982, 9 (Tagespreisklausel); aA: Kunth/Wollburg BB 1985, 230, 234 für Dauerschuldverhältnisse.

[69] Vgl. Köndgen/König ZIP 1984, 129, 134.

[70] Vgl. oben 3.1.5.3 „Bestimmtheitsgrundsatz" mwN.

[71] So aber wohl Ulmer BB 1982, 1125, 1129 zur Tagespreisklausel unter Berufung auf die marktwirtschaftlich organisierte Wirtschaftsverfassung.

[72] So Bartsch DB 1983, 214, 215 im Zusammenhang mit der Tagespreisklausel; vgl. unten 5.2.3.2 „Äquivalenz".

[73] So BGH NJW 1982, 331, 332 = BGHZ 82, 21 = BB 1982, 146 = ZIP 1982, 71 = MDR 1982, 486 = WM 1982, 9 zur Tagespreisklausel.

[74] Vgl. zur Änderung des Zinssatzes am Kapitalmarkt als Anlaß einer Zinsänderung OLG Stuttgart NJW 1954, 1646 = DNotZ 1955, 80; ebenso Canaris, Bankvertragsrecht, Rdnr 1328; dagegen keine Anpassung an das übliche Preisniveau: BGH NJW 1980, 2518, 2519 = WM 1980, 1110 = LM AGBG Nr. 6 = DB 1980, 2125 = BB 1980, 1490 = ZIP 1980, 765 (Zeitschriftenabonnement); anders, wenn ein Marktpreis gewollt ist, vgl. Bilda, Anpassungsklauseln in Verträgen, 2. Aufl., 1973, Rdnr 59 S. 60 f.

[75] Vgl. BGH WM 1977, 834, 836.

ergebender Mehrwert diesem zugewiesen wird[76]. In einer marktwirtschaftlich orientierten Wirtschaftsverfassung spiegelt der Marktpreis die Wertschätzung aus der Sicht der Nachfrager wieder und gilt zudem einheitlich gegenüber allen Kunden in gleicher Lage[77]. Im Kreditbereich könnten immerhin die sich aus den Monatsberichten der Deutschen Bundesbank ergebenden Durchschnittszinssätze und deren Streubreite wie ein Marktpreis fungieren[78].

Dabei darf aber nicht übersehen werden, daß die allgemeine Lage des Geldmarktes ihren Ausdruck nicht nur in den statistischen Durchschnittssätzen der Monatsberichte der Deutschen Bundesbank ihren Ausdruck findet, sondern auch in zahlreichen anderen Faktoren, so dem Bundesbankdiskontsatz[79], dem Privatdiskontsatz und in den Abgabesätzen für Geldmarktpapiere[80]. Diese Faktoren können durchaus in entgegengesetzter Richtung verlaufen.

Die Entwicklung am Geld- oder Kapitalmarkt wird in erster Linie von Angebot und Nachfrage bestimmt[81], so daß geänderte Geldmarktverhältnisse auch z. B. in Form von steigenden Kreditzinsen nicht gleichbedeutend sein müssen mit einer Verschlechterung der Refinanzierungssituation[82]. Bei entsprechenden Marktgegebenheiten würde damit ein Anknüpfen an Änderungen der allgemeinen Kapitalmarktverhältnisse auch die Anpassung zum Zweck der Erhöhung der Zinsspanne[83] erlauben. Gerade dazu dürfen Zinsänderungsklauseln, jedenfalls in den bisher gebräuchlichen Formen[84], jedoch nicht eingesetzt werden. Mit ihrer Hilfe kann allenfalls die bei Abschluß des Kreditvertrages

---

76 Vgl. Kunth/Wollburg BB 1985, 230, 235.

77 Vgl. Ulmer BB 1982, 1125, 1129 zum Listenpreis; der Listenpreis soll dem Marktpreis entsprechen, wenn entweder allen Kunden in gleicher Lage ein fester Preis oder aber ein empfohlener, allgemein eingehaltener Preis in Rechnung gestellt wird. Genau das fehlt aber im Kreditgewerbe: es gibt hier weder einen Listenpreis noch einen empfohlenen Preis.

78 Vgl. Büschgen, Bankbetriebslehre S. 497; Köndgen/König ZIP 1984, 129, 135, die den Marktpreis als Referenzgröße in Reserve betrachten mwN; ähnlich stellt das BVerwG in BVerwGE 61, 59, 73 auf Branchenzahlen ab; auch das OLG Hamm WM 1985, 159, 161 = WuB I A. Nr. 14 AGB-Banken 1.85 Becker verweist als generellen Rahmen auf die Streubreite der Zinssätze aus den Monatsberichten der Deutschen Bundesbank; in diesem Sinn bereits OLG Schleswig WM 1984, 651, 652; auch BGH LM Nr. 11 zu § 315 BGB = MDR 1971, 826 stellt auf den marktgerechten Preis ab; ähnlich verweist BGH WM 1977, 834, 836 auf das allgemeine Zinsniveau, geht aber gleichzeitig wohl davon aus, daß dies in etwa den Aufwendungen der Bank entspreche.

79 Vgl. OLG Stuttgart NJW 1954, 1646 = DNotZ 1955, 80: Diskontsatz ist kein unmittelbarer Anknüpfungspunkt.

80 Vgl. Obst/Hintner, 37. Aufl., S. 651; vgl. Kugler, Konzeptionelle Ansätze zur Analyse und Gestaltung von Zinsänderungsrisiken in Kreditinstituten, 1985, S. 158 f.

81 Vgl. z. B. Bank-Lexikon, Sp. 2047; auch Bohle/Micklitz BB-Beilage 11/1983 S. 11.

82 Vgl. Schwarz NJW 1987, 626, 628.

83 Vgl. zur Zinsspanne Gabler, Wirtschaftslexikon Sp. 4224; auch Zinsmarge, vgl. Steffan, (Hrsg.), Grundlagen des Realkredits, in: Handbuch des Real- und Kommunalkredits, 2. Aufl., (1977) S. 75.

84 Siehe oben 2.3.1.1.2 „Zinsänderungsklauseln".

bestehende Zinsspanne aufrechterhalten werden[85], während andererseits Zinsanpassungen zum Zwecke der Erhöhung der Zinsspanne grundsätzlich ausgeschlossen sind[86]. Da das „Übliche“ nicht unbedingt dem „Billigen iSd § 315 BGB“ entsprechen muß[87], haben reine Änderungen am Markt außer Betracht zu bleiben[88]. So ist wohl auch der Satz zu verstehen, daß nur „unumgängliche“ Preiserhöhungen weitergegeben werden sollen[89].

Umgekehrt müssen sinkende Marktzinsen nicht unbedingt identisch sein mit einer Verbesserung der Refinanzierungssituation. Wäre Voraussetzung einer Zinsanpassung die Marktsituation, müßte dann konsequenterweise bei sinkenden Marktzinsen der Vertragszinssatz ebenfalls herabgesetzt werden, ohne Rücksicht darauf, ob eine Verbesserung der Refinanzierungssituation eingetreten ist oder nicht. Dies folgt daraus, daß dem Kreditnehmer ja ein Anspruch auf Herabsetzung der Zinsen zusteht.

Die Üblichkeit des angepaßten Zinssatzes kann lediglich eine Indizwirkung hinsichtlich der Billigkeit der Anpassung entfalten[90]. Wenn der BGH[91] unbestimmt gefaßte Klauseln, selbst wenn sie auf die Veränderung der Geld- bzw. Kapitalmarktlage abstellen, dahingehend auslegt, daß sich Zinsänderungen in den Grenzen einer Änderung der Refinanzierungsmöglichkeiten halten müssen, so kann damit gerade nicht ein genereller, dem aktuellen Zinsniveau der den eigenen Kunden gewährten Neukredite angepaßter Änderungssatz[92] angesprochen sein. Denn dann hätte es einer Einschränkung auf die Refinanzierungssituation nicht bedurft[93].

Es ist daher festzuhalten, daß eine Änderung der Marktverhältnisse für sich allein kein rechtfertigender Anlaß einer Zinsänderung sein kann, solange sie

---

[85] Vgl. LG Heidelberg WM 1975, 1271, 1272.

[86] Vgl. Schwarz NJW 1987, 626, 628 mwN; Köndgen/König ZIP 1984, 129, 134f; im übrigen oben die Ausführungen unter 5.1.1.1.3 „Gewinnspanne“; zur weiteren Begründung siehe unten 5.2.3.2 „Äquivalenz“ und oben 2.3.3.3.2 „Bedeutung der Nominalzinssatzangabe im Kreditvertrag“.

[87] OLG Hamm WM 1985, 159, 161 = WuB I A.- 1.85 Becker.

[88] Vgl. Staudinger/Jürgen Schmidt, 12. Aufl., § 242 BGB Rz 2150; die Anhebung des Zinsniveaus rechtfertigt im allgemeinen auch nicht eine außerordentliche (Änderungs-) Kündigung wegen Fortfalls der Geschäftsgrundlage und stellt auch keinen wichtigen Grund im Sinne der Nr. 17 S. 2 AGB-Banken dar, vgl. Staudinger/Karsten Schmidt, 12. Aufl., § 246 BGB Rdnr 82.

[89] Vgl. BGH NJW 1980, 2518, 2519 = WM 1980, 1120 = LM AGBG Nr. 6 = DB 1980, 2125 = BB 1980, 1490 = ZIP 1980, 765, der sogar bei unumgänglichen Preiserhöhungen nur dann einen angemessenen Ausgleich annimmt, wenn dem Kunden gleichzeitig ein Lösungsrecht vom Vertrag zugebilligt wird (Zeitschriftenabonnement).

[90] Vgl. Becker WuB I A. -1.85 aE.

[91] Im Urteil vom 6.3.1986 — III ZR 195/84 — BGHZ 97, 212 (weitere Fundst. siehe Kap. 1 Fußn 5).

[92] So Stützle WuB I E 1. — 13.86.

[93] Auch BGH WM 1977, 834, 836.

nicht mit einer Veränderung der konkreten Refinanzierungssituation einhergeht. Die Zinserhöhung zum Zwecke der Anhebung auf das übliche Zinsniveau ohne Veränderung der Refinanzierungssituation ist damit ausgeschlossen[94].

5.1.1.1.5 Sonstige Veränderungen

Berücksichtigungsfähig sind allerdings alle sonstigen Änderungen, die in der Zinsanpassungsklausel genannt sind, und die ihrerseits der Inhaltskontrolle standhalten. Angesprochen sind damit z.B. Zinsgleitklauseln[95], die auf die Veränderung des Bundesbankdiskontsatzes abstellen. In diesen Fällen handelt es sich um einen aufschiebend bedingten Abänderungsvertrag mit automatischer Anpassung an die Bezugsgröße. Bedingung ist die Änderung der Bezugsgröße, mit deren Eintritt der Zinssatz angepaßt ist[96]. Ob damit gleichzeitig eine Änderung der Refinanzierungssituation verbunden ist oder nicht, braucht nicht geprüft zu werden.

Offen ist, was gelten soll, wenn die Zinsanpassungsklausel einen Zinssatz vorsieht, der nur für eine bestimmte Zeit festgelegt ist, ohne daß mit Ablauf der Festschreibungszeit gleichzeitig der Kreditvertrag endet. Es handelt sich hier nicht um einen variablen Zinssatz im eigentlichen Sinne[97].

Zwar könnte man die Auffassung vertreten, daß der Unterschied zu den variablen Zinssatzklauseln nur darin besteht, daß hier das Strukturelement „Änderung der Verhältnisse" durch die Angabe eines festen Zeitpunktes ersetzt ist; andereseits ähnelt aber die Situation nach Ablauf der Festschreibungszeit wohl mehr derjenigen des Zinsvorbehaltes im Hinblick auf den neuen Finanzierungsabschnitt[98].

Als Sonderfälle veränderter Verhältnisse im Zusammenhang mit Zinsänderungsklauseln sollen abschließend angeführt werden:
(1) Die Umstrukturierung des Passivkreditgeschäfts, und
(2) die Veränderung der Mindestreservekosten[99].

Während der letztgenannte Fall sicherlich eine Änderung der Refinanzierungssituation darstellt und demgemäß zu einer Zinsanpassung berechtigt, und gegebenenfalls auch verpflichtet, ist dies im erstgenannten Fall nicht so eindeutig zu entscheiden. Die Veränderung der Refinanzierungsstruktur durch Verschiebung der Gewichtung der einzelnen Refinanzierungsarten im Verhältnis zueinander wird nicht immer auf kapitalmarktbedingten Veränderungen im Sinne des Urteils des BGH vom 6. 3. 1986[100] beruhen.

---

[94] In diesem Sinne vgl. BGH NJW 1980, 2518 = WM 1980, 1120 = LM AGBG Nr. 6 = BB 1980, 2125 = BB 1980 = 1490 = ZIP 1980, 765 (Zeitschriftenabonnement).

[95] Siehe dazu oben 2.3.1.1.1 „Zinsgleitklausel".

[96] Vgl. Bilda MDR 1973, 537.

[97] Siehe oben 2.3.1.2 „Kündigungsklauseln".

[98] Siehe oben 2.3.1.1.3 „Zinsvorbehalt".

[99] Siehe dazu oben 2.2.1.1.2.2 „Fremdfinanzierung".

5.1.1.2 Wesentliche Veränderung

Nicht jede, unter Umständen ganz geringfügige Veränderung der maßgeblichen Verhältnisse kann zur Zinsanpassung berechtigen oder verpflichten, sondern nur eine wesentliche[101]. Dies gilt erst recht, wenn dies bereits in der Zinsanpassungsklausel selbst so bestimmt ist[102].

Das ist die Fragestellung nach dem Umfang, in welchem Veränderungen eingetreten sein müssen, um überhaupt dem Grunde nach eine Zinsanpassung zu rechtfertigen. Die Frage nach der Wesentlichkeit einer eingetretenen Veränderung sagt noch nicht unbedingt etwas aus über den möglichen Umfang einer Anpassung. Erst der Umfang der Anpassung unterliegt der Überprüfung anhand des Kriteriums des billigen Ermessens, nicht aber die Feststellung des Umfangs der eingetretenen Veränderungen. Erst dann, wenn eine wesentliche Veränderung bejaht ist, kann überhaupt die Frage nach der Billigkeit der Anpassung gestellt werden.

Im ähnlichen Sinne hat das BVerwG[103] eine Prämienanpassung in der Versicherungswirtschaft unter der Voraussetzung für zulässig erklärt, daß die bei Vertragsschluß vorliegenden und für die Preisgestaltung maßgeblichen Umstände eine „nicht nur unwesentliche“ Änderung erfahren haben. Allgemein läßt sich wohl sagen, daß über § 315 BGB gerade Vorsorge für den Fall einer „erheblichen“ Veränderung der Verhältnisse getroffen werden soll[104]. In dieser Richtung war auch bereits die Rechtsprechung des BGH zur Preiserhöhungsklausel in AGB bei Dauerschuldverhältnissen zu verstehen, wenn dort (allerdings im Zusammenhang mit dem Lösungsrecht) von „unumgänglichen Preiserhöhungen“ die Rede war[105].

5.1.1.2.1 Evidenz

Wesentlichkeit in diesem Sinne läßt sich als Unterfall der „Evidenz“ auffassen, die z.B. in § 319 BGB, bei der Leistungsbestimmung durch einen Dritten nach billigem Ermessen, eine Rolle spielt[106]. Sie ließe sich negativ dahingehend begreifen, daß eine Zinsanpassung jedenfalls dann nicht gerechtfertigt sein kann, wenn die Veränderung der zugrundeliegenden Verhältnisse so geringfügig ist, daß eine darauf gestützte Anpassung für einen sachkundigen

---

[100] — III ZR 195/84 — BGHZ 97, 212, 222 (weitere Fundst. siehe Kap 1 Fußn 5).

[101] Zur Problematik der Bestimmung eines allg. gültigen Bagatellsatzes vgl. Bilda, Anpassungsklauseln in Verträgen, 2. Aufl., 1973, Rdnr 102 S. 79 f.

[102] So in OLG Hamm WM 1985, 159, 161 = WuB I A. — 1.85 Becker.

[103] In BVerwGE 61, 59, 73 bis 75.

[104] Vgl. Staudinger/Mayer-Maly, 12. Aufl., § 315 BGB Rdnr 18.

[105] Vgl. BGH NJW 1980, 2518, 2519 = WM 1980, 1120 = LM AGBG Nr. 6 = DB 1980, 2125 = BB 1980, 1490 = ZIP 1980, 765 (Zeitschriftenabonnement).

[106] Vgl. dazu Staudinger/Mayer-Maly, 12. Aufl., § 319 BGB Rdnr 9.

Beurteiler offenbar unbillig ist[107]. Eine Anpassung kommt damit nur in Betracht, wenn die Änderung der Verhältnisse in diesem Sinne evident ist.

Diese Evidenz bedeutet andererseits nicht, daß erst eine grundlegende Störung des Äquivalenzverhältnisses[108] eine Anpassung rechtfertigen könnte, wie dies nach den Grundsätzen des Wegfalls der Geschäftsgrundlage der Fall ist[109].

Zwar hat auch der BGH[110] im Prinzip das Kriterium der Wesentlichkeit anerkannt, wenn er ausführt, daß eine Erhöhung des Zinssatzes eine „nicht überschaubare Entwicklung auf dem Kapitalmarkt" zur Voraussetzung hat. Damit ist allerdings noch kein Maßstab gewonnen, an dem die Wesentlichkeit gemessen werden kann. Das LG Frankfurt[111] hat die Wesentlichkeit an eine Veränderung des durchschnittlichen Zinssatzes von mindestens 2 % gegenüber demjenigen durchschnittlichen Zinssatz gewertet, der zum Zeitpunkt der vertraglichen Festlegung der Zinshöhe für das Darlehen bestanden hat. Als Bezugsgröße für die Beurteilung der Frage, wann eine wesentliche (2 %ige) Änderung des Zinssatzes eingetreten ist, hat das LG Frankfurt in diesem Zusammenhang den Schwerpunktzins der Deutschen Bundesbank herangezogen.

Nun kann aber, wie oben bereits ausgeführt[112], im Anschluß an das Urteil des BGH vom 6. 3. 1986[113] die Veränderung der Marktverhältnisse allein ohne gleichzeitige Veränderung der konkreten Refinanzierungssituation der kreditgewährenden Bank eine Zinsanpassung ohnedies nicht rechtfertigen. Damit wird eine reine Orientierung am Schwerpunktzins der Deutschen Bundesbank fragwürdig. Soweit die Bank den Zinssatz erhöht, kann diese Erhöhung deshalb nicht allein darauf gestützt werden, daß die Marktzinsen entsprechend gestiegen seien. Vielmehr muß dargelegt werden, daß im Zuge der allgemeinen Änderung des Zinsgefüges auch eine Veränderung der konkreten Refinanzierungssituation eingetreten ist, und zwar in einem wesentlichen Umfang. Lediglich für den Kreditnehmer, der eine Zinsherabsetzung beansprucht, kann mangels anderer Anhaltspunkte eine Orientierung am Marktzins, wie er in den Monatsberichten der Deutschen Bundesbank ausgewiesen wird, hilfreich sein. Aber auch in diesem Fall wird nicht geprüft werden müssen, ob die Unterlassung der

---

[107] Vgl. Staudinger/Mayer-Maly aaO.

[108] Vgl. MünchKomm/von Maydell, 2. Aufl., § 244 BGB Rdnrn 15 f.

[109] Vgl. auch Palandt/Heinrichs, 46. Aufl., § 246 BGB Anm 3 b zur unzulässigen Rechtsausübung beim Weiterfordern rechtsgeschäftlicher, insbesondere vertraglich vereinbarter Zinsen trotz starkem Fallen des üblichen Zinsfußes; siehe auch unten 6.1.5 „Abänderungsklage § 323 ZPO".

[110] Urteil vom 6.3.1986 — III ZR 195/84 — BGHZ 97, 212, 222 = NJW 1986, 1803, 1805 (weitere Fundst. siehe Kap. 1 Fußn 5).

[111] In WM 1985, 316, 318 = WuB I E 1.- 8.85 Münstermann.

[112] Siehe oben unter 5.1.1.1.4 „Marktverhältnisse".

[113] Siehe Fußn 110.

Zinsherabsetzung billigem Ermessen entspricht, wenn die Bank entsprechend darlegt, daß trotz Senkung des allgemeinen Zinsgefüges eine Änderung ihrer Refinanzierungssituation nicht oder nur unwesentlich eingetreten ist. Ein Anspruch auf unwesentliche Abänderung des Zinssatzes kann nicht bestehen.

5.1.1.2.2 Entsprechende Anwendung des Rechtsgedankens des § 323 ZPO

Als Maßstab empfiehlt sich daher eher eine Orientierung an den Grundsätzen, wie sie zu § 323 ZPO entwickelt wurden. Diese Vorschrift kann im Bereich der Vertragszinsen keine unmittelbare Anwendung finden: Zwar schuldet auch der Kreditnehmer wiederkehrende Leistungen, auf die § 323 Abs. 1 ZPO abhebt. Dessen direkte Anwendung scheitert jedoch daran, daß die Zinsen als wiederkehrende Leistungen, die der Kreditnehmer schuldet, von einer vorgängigen Gegenleistung, nämlich der Krediteinräumung abhängen[114]. Indes wird unter Zugrundelegung des Rechtsgedankens, wie ihn die Rechtsprechung zu § 323 ZPO entwickelt hat, Wesentlichkeit ab einer Veränderung von wenigstens 10 % bezogen auf den veränderten Passivzinssatz angenommen werden können[115]: Die nach der Auslegung der Zinsanpassungsklausel maßgeblichen Verhältnisse müssen sich danach gegenüber dem Zeitpunkt des Vertragsschlusses um wenigstens 10 % geändert haben.

Kommt es wie üblich auf die Refinanzierungssituation an, genügt z. B. bei einer angenommenen Passivverzinsung von 5 % deren Veränderung um wenigstens 0,5 %, um Wesentlichkeit in diesem Sinne zu bejahen.

5.1.1.2.3 Wesentlichkeit bei Kündigungsklauseln

Darüberhinaus ist die Wesentlichkeit selbst Voraussetzung für die Ausübung des Kündigungsrechts auf der Grundlage von Kündigungsklauseln[116]. Diese setzen nämlich zur Legitimation der Kündigung einen „ernstlichen Grund"[117] voraus, weil das Ziel der vom Kreditgeber ausgesprochenen Kündigung die Voraussetzungen des Kündigungsrechtes selbst bestimmt. Unter ernstlichem Grund ist dabei nicht ein wichtiger Grund zu verstehen, vielmehr reicht ein

---

[114] Vgl. zur Unanwendbarkeit des § 323 ZPO bei vorgängigen Gegenleistungen Hartmann in Baumbach/Lauterbach, 45. Aufl., § 323 ZPO Anm 2 B; Zöller/Vollkommer, ZPO, 15. Aufl., § 323 Rdnr 25; anders für Verzugszinsen nach Kreditkündigung, siehe unten 6.1.5 „Abänderungsklage".

[115] Vgl. Hartmann in Baumbach/Lauterbach aaO Anm. 2 D; Vollkommer in Zöller aaO Anm III 2; vgl. aber auch OLG München VersR 1959, 1071, wonach Abweichungen bis 25 % zu tolerieren sein sollen; vgl. auch BGH JZ 1971, 291: wesentliche Veränderung durch Steigerung der dem Vertrag zugrundeliegenden Kosten von rund 30 %; Thiele JZ 1971, 292, 293 mwN, der eine Erhöhung der Lebenshaltungskosten von 14 % innerhalb von 5 Jahren als wesentliche ansieht.

[116] Siehe oben 2.3.1.2 „Kündigungsklauseln".

[117] Vgl. BGH WM 1977, 834, 835.

berechtigender Anlaß[118]. Als solcher wird immer eine Zinsanpassung, die für eine wirtschaftliche Refinanzierung unentbehrlich ist, anzusehen sein[119].

Ähnliches gilt auch für die Änderungskündigung: Auch diese setzt nicht einen zur außerordentlichen Kündigung berechtigenden Grund voraus. Immerhin sind auch hier im Sinne des Kriteriums der Wesentlichkeit hinreichende Gründe, z.B. eine unvorhergesehene Steigerung des Zinsniveaus, als Voraussetzung anzusehen[120].

5.1.2 Formelle Voraussetzungen

Die Anpassung des Zinssatzes setzt in jedem Fall eine Handlung der Bank voraus, sei es bei einer Zinsänderungsklausel die Leistungsbestimmung nach § 315 BGB[121], sei es bei den Zinsgleitklauseln einen Anpassungsakt bzw. bei Kündigungsklauseln entweder die Kündigung des Zinssatzes oder gar die Änderungskündigung des Darlehens[122], aber auch bei reinem Zeitablauf die Festsetzung des neuen Zinssatzes nach Neuverhandlung. Ihrem Wesen nach ist die Zinsänderung eine Verfügung, ein Rechtsgeschäft, durch das der Zinsanspruch in seinem Inhalt verändert wird[123]. Die Verfügungsmacht liegt aufgrund der in der Zinsanpassunsklausel zugewiesenen Bestimmungsberechtigung[124] in den Händen des Kreditgebers. Die einseitige Zinsanpassung stellt dabei eine formfreie[125], unwiderrufliche[126] Willenserklärung[127] in der Form einer Gestaltungserklärung[128] dar. Die Bestimmungserklärung muß einen eindeutigen

[118] Vgl. Canaris, Bankvertragsrecht Rdnr 1329.

[119] Vgl. Staudinger/Karsten Schmidt, 12. Aufl., § 246 BGB Rdnr 67, der aber zugleich für die Kündigungsklauseln minder strenge Voraussetzungen annimmt als für Anpassungsklauseln (aaO Rdnr 68).

[120] Vgl. Staudinger/Karsten Schmidt aaO Rdnr 73.

[121] Vgl. schon RG HRR (Bd. 16) 1940, 544; OLG Schleswig WM 1984, 651, 652.

[122] Vgl. BGH WM 1977, 834.

[123] Vgl. dazu grundsätzlich Enneccerus/Nipperdey, 15. Aufl., § 143 4 a I 2 S. 881 und II S. 882; Larenz AT, 6. Aufl., § 18 II S. 311, 313; ders. Schuldrecht, 1. Bd. AT, 14. Aufl., S. 570.

[124] Siehe oben 2.3.2.3 „Bestimmungsberechtigung".

[125] Vgl. Staudinger/Mayer-Maly, 12. Aufl., § 315 BGB Rdnr 63: Formfreiheit selbst dann, wenn der durch die Bestimmungserklärung näher zu bestimmende Vertrag formbedürftig ist, mwN.

[126] Vgl. Staudinger/Mayer-Maly aaO Rdnr 64 mwN: als Gestaltungserklärung unwiderruflich; Bilda, Anpassungsklauseln in Verträgen, 2. Aufl., 1973, Rdnr 71 S. 68.

[127] Vgl. Staudinger/Karsten Schmidt, 12. Aufl., § 246 BGB Rdnr 66; Terpitz, Festschrift für Johannes Bärmann, 1975, S. 953, 958; Staudinger/Mayer-Maly, 12. Aufl., § 315 BGB Rdnrn 61, 62; auch Gerke, Gleitklauseln im Geld- und Kapitalverkehr, Mark = Mark, 1980, S.20; Mittelbach, Wertsicherungsklauseln im Zivil- und Steuerrecht, 1980, S. 47 Rdnr 108; Gutzwiller, Vertragliche Abreden zur Sicherung des Geldwerts, insbesondere Gleitklauseln, 1972, S. 111 Rdnr 188.

[128] Vgl. die Nachweise zur hM bei Staudinger/Mayer-Maly, 12. Aufl., § 315 BGB Rdnr 16.

Leistungsinhalt haben (Eindeutigkeit in diesem Sinne als Unterfall des Bestimmtheitserfordernisses). Überläßt sie dem Empfänger das Errechnen seiner Verpflichtung, so ist sie unwirksam[129].

Nicht entschieden ist damit die Frage, ob der Zugang der Bestimmungserklärung an den Kunden Wirksamkeitsvoraussetzung ist. Diese Frage ist nicht generell zu beantworten.

Ausgangspunkt der Überlegung sollte dabei sein, daß sich die Zinsanpassung in einem weitgehend reaktionsfreiem Raum vollzieht[130]. Obere und untere Intervallgrenze des reaktionsfreien Bereichs werden dabei bestimmt durch räumliche, zeitliche und personelle Präferenzen[131], Markttransparenz und Grad der Substituierbarkeit[132]. Ein Großteil der Kunden reagiert auf Preisänderungen nicht, weil sie sie nicht kennt oder zu spät erfährt[133].

5.1.2.1 Bankinterne Festsetzung

§ 315 Abs. 2 BGB, wonach die Bestimmung durch Erklärung gegenüber dem anderen Teil erfolgt, ist als dispositives Recht abdingbar[134]. Daraus folgt, daß durch entsprechende Vereinbarung auf das Erfordernis des Zugangs der Zinsänderungsbestimmung verzichtet werden kann[135]. Hiervon zu unterscheiden ist die Frage nach dem Zeitpunkt des Wirksamwerdens der Zinsanpassung, auf die noch einzugehen sein wird[136]. Auch § 130 BGB, der eine gegenüber Abwesenden abgegebene Willenserklärung mit dem Zeitpunkt des Zugangs wirksam werden läßt, ist abdingbar[137].

Die hier zu entscheidende Frage ist zunächst die, ob die Zinsänderung aufgrund einer formularmäßigen Zinsanpassungsklausel zu ihrer Wirksamkeit des Zugangs der Anpassungserklärung an den Darlehensnehmer bedarf, womit noch nicht die Frage nach dem Zeitpunkt des Wirksamwerdens der Zinsanpas-

---

[129] Vgl. Staudinger/Mayer-Maly aaO Rdnr 13; Wolf ZIP 1987, 341, 352.

[130] Zu den Gründen hierzu vgl. Schwarz NJW 1987, 626, 629; Bericht der Studienkommission „Grundsatzfragen der Kreditwirtschaft", abgedruckt in der Schriftenreihe des Bundesministeriums der Finanzen Heft 28 S. 158ff (Rdnrn 518ff); Titelbericht in „Der Spiegel" Nr. 46, 40. Jahrg. 23.6.1986, S. 40, 50, 57; auch Häuser/Welter NJW 1987, 17, 19 zu dem seit 1.1.1987 geltenden § 609 a Abs. 2 BGB.

[131] Vgl. Hagenmüller, Festschrift zum 70. Geburtstag von H. Rittershausen, 1968, S. 158, 160ff.

[132] Vgl. Hagenmüller aaO S. 166.

[133] Zu den Gründen hierzu vgl. Hagenmüller aaO S. 166.

[134] Vgl. OLG München WM 1983, 1275, 1276 = DB 1984, 919; Staudinger/Mayer-Maly, 12. Aufl., § 315 BGB Rdnrn 65, 15.

[135] Vgl. OLG München aaO; Soergel/Häuser, Nachträge, 6. Lieferung, Januar 1986, Anhang zu § 608 BGB Rdnr 9.

[136] Siehe unten 5.1.3 „Zeitliche Problematik".

[137] Vgl. Palandt/Heinrichs, 46. Aufl., § 130 BGB Anm. 7; OLG München aaO.

sung gestellt ist. Die Antwort hierauf ergibt die Auslegung der Zinsanpassungsklausel[138].

Die Auslegung kann sich dabei entgegen dem Urteil des OLG München vom 22.9.1983—24 U 140/83 —[139] nicht allein am Wortlaut der Zinsanpassungsklausel orientieren. Dem OLG München lagen zur Überprüfung zwei sprachlich unterschiedlich gefaßte Klauseln vor. Die erste enthielt den Zusatz, daß Änderungen des Zinssatzes dem Darlehensnehmer mitgeteilt würden. Die zweite Klausel integrierte die Mitteilung an den Darlehensnehmer in die sprachliche Fassung des Zinsänderungsvorbehaltes ein, indem formuliert wurde, daß die Sparkasse berechtigt sei, die Zinsen „mit sofortiger Wirkung durch Erklärung gegenüber dem Darlehensnehmer" zu ändern berechtigt sei. Es liegt die Vermutung nahe, daß dic sprachlich unterschiedliche Fassung rein zufälliger Natur war. Aus ihr allein ist nicht zu schließen, daß im ersten Fall die Mitteilung der Zinsänderung nur deklaratorischer Natur, im zweiten Fall aber Wirksamkeitsvoraussetzung sei[140]. Wird von dem gesetzlichen Leitbild des § 315 Abs. 2 BGB abgewichen, so muß dies schon in sprachlich eindeutigerer Form geschehen, so z. B. durch die Regelung, daß die Zinsänderung dem Kunden nicht mitgeteilt, sondern z. B. in einem besonderen Mitteilungsblatt durch Aushang bekanntgegeben wird[141]. Außerdem ist eine AGB-Klausel, die einen Verzicht des Zugangs der Zinsanpassungserklärung bei Zinsänderungsklauseln[142] normiert, schon im Hinblick auf den Rechtsgedanken des § 10 Nr. 6 AGBG als unwirksam anzusehen[143], weshalb jedenfalls in diesen Fällen eine Zinsanpassung ohne Mitteilung an den Kunden unwirksam ist. Wird sie nachgeholt, stellt sich das Problem der Rückwirkung[144].

Daß der Mitteilung des geänderten Zinssatzes an den Darlehensnehmer nur deklaratorische Bedeutung zuzumessen ist, kann sich allerdings aus der Natur der verwendeten Zinsanpassungsklausel ergeben, so insbesondere bei Zinsgleitklauseln, die eine automatische Anpassung des Vertragszinssatzes in Abhängigkeit z. B. vom Bundesbankdiskontsatz vorsehen[145], nicht aber schon bei jedem Kontokorrentkreditvertrag[146]. Im Abschluß eines Kontokorrentkreditvertrages liegt noch kein Verzicht des Darlehensnehmers auf Zugang der Mitteilung

---

[138] Vgl. Stützle WuB I E 1. — 13.86; Staudinger/Mayer-Maly, 12. Aufl., § 318 BGB Rdnr 1; Soergel/Häuser, Nachträge aaO; OLG München aaO.

[139] OLG München aaO.

[140] So aber OLG München aaO.

[141] Vgl. Staudinger/Mayer-Maly, 12. Aufl., § 318 BGB Rdnr 1.

[142] Zum Begriff siehe oben 2.3.1.1.2 „Zinsänderungsklausel".

[143] Zur Begründung siehe oben 3.1.4 „Klauselkatalog der §§ 10 und 11 AGBG"; vgl. auch Werhahn/Schebesta Rdnr 196; ausdrücklich Palandt/Heinrichs, 46. Aufl., § 315 BGB Anm 3 a) gegen OLG München aaO; so auch OLG Saarbrücken, NJW 1988, 3210f.

[144] Siehe dazu unten 5.1.3.2 „Rückwirkung".

[145] So Staudinger/Karsten Schmidt, 12. Aufl., § 246 BGB Rdnr 65.

[146] So aber offensichtlich Werhahn/Schebesta Rdnr 197.

von Änderungen des Zinssatzes, schon gar nicht, wenn (wie im Fall des OLG München) diese Mitteilung sogar in der Klausel eigens hervorgehoben ist.

5.1.2.2 Empfangsbedürftige Erklärung

Für die Auffassung[147], daß bankinterne Festsetzung genügen solle, läßt sich auch nichts aus dem Urteil des BGH vom 6.3. 1986[148] entnehmen. Die dortige Zinsanpassungsklausel sah ebenfalls vor, daß die Zinsänderungen dem Kunden mitzuteilen waren, wobei sich der BGH allerdings nur mit der Wirksamkeit einer solchen Klausel zu befassen hatte, nicht aber mit der Frage, ob die Mitteilung der Zinsänderung Wirksamkeitsvoraussetzung der Zinsanpassung war.

Die Änderungserklärung hat konstitutive Wirkung[149]. Bei allen nicht automatischen Anpassungen[150] ist deshalb der Zugang der Zinsänderungserklärung Wirksamkeitsvoraussetzung, insbesondere bei allen Arten der Kündigungs-, aber auch bei den verschiedenen Formen der Zinsänderungsklauseln[151].

Dieses Ergebnis folgt nicht nur mangels abweichender anderweitiger Vereinbarung aus dem gesetzlichen Leitbild des § 315 Abs. 2 BGB[152], sondern auch aus dem Schutzgedanken des § 315 BGB, wonach ein Einverständnis des Kunden nur mit solchen Bedingungen anzunehmen ist, mit deren Aufstellung billiger- und gerechterweise gerechnet werden kann[153]. Nur so kann auch dem Bestimmtheitserfordernis, das sich hier nicht auf die Klausel, sondern auf die Zinsanpassung erstreckt, Rechnung getragen werden[154], da die Zinsanpassung ja erst durch die Erklärung konkretisiert wird[155]. Wie sonst sollte der Darlehensnehmer überhaupt in die Lage versetzt werden, die Berechtigung einer Zinsanpassung zu überprüfen, und gegebenenfalls auch umzudisponieren[156]? Wenn die

[147] Vgl. Stützle WuB I E 1. — 13.86.

[148] — III 195/84 (München) — BGHZ 97, 212 = NJW 1986, 1803 (weitere Fundst. siehe Kap. 1 Fußn 5).

[149] Vgl. Staudinger/Karsten Schmidt, 12. Aufl., § 246 BGB Rdnr 66.

[150] Zu Zinsgleitklauseln, vgl. oben 2.3.1.1.1; Staudinger/ Karsten Schmidt aaO Rdnr 65; auch Gerke, Gleitklauseln im Geld- und Kapitalverkehr, 1980, S. 20.

[151] Vgl. Staudinger/Karsten Schmidt aaO Rdnr 66; Terpitz, Festschrift für Johannes Bärmann, 1975, S. 953, 958; RGRK-Ballhaus § 608 BGB Rdnr 8; Werhahn/Schebesta aaO Rdnr 196; Münstermann WuB I E 1. — 8.85, Palandt/Heinrichs, 46. Aufl., § 315 BGB Anm 3 a; das Zugangserfordernis wird auch ausdrücklich bejaht von OLG Stuttgart NJW 1954, 1646 = DNotZ 1955, 80; so auch LG Saarbrücken, Urteil vom 4.2. 1986 — 4.0.455/84, bestätigt durch OLG Saarbrücken NJW 1988, 3210f.

[152] Vgl. Mittelbach, Wertsicherungsklauseln im Zivil- und Steuerrecht, 1980,S. 47 Rdnr 108; Gerke aaO S. 20; auch im Zusammenhang mit § 318 BGB Staudinger/Mayer-Maly, 12. Aufl., § 318 BGB Rdnr 1.

[153] Vgl. BGHZ 38, 183, 185 f.

[154] Vgl. Staudinger/Mayer-Maly, 12. Aufl., § 315 BGB Rdnrn 61 u. 13.

[155] Vgl. Wolf ZIP 1987, 341, 352.

[156] Vgl. Löwe BB 1982, 152, 157; Trinkner BB 1983, 924; zur Markttransparenz Hagenmüller III S. 291.

Zulässigkeit unbestimmter Klauseln unter anderem auch im Hinblick auf ein eingeräumtes Lösungsrecht bejaht worden ist[157], würde ein solches Lösungsrecht leerlaufen, wenn dem Darlehensnehmer die Zinsänderung überhaupt nicht mitgeteilt zu werden brauchte, bzw. eine Mitteilung auch so spät, unter Umständen erst nach Jahren, in Betracht käme, daß eine Ausübung des Lösungsrechtes, z. B. wegen Ablauf des Kreditvertrages, sinnlos wäre. Zu Recht scheitern daher zumindest bei Zinsänderungsklauseln Bedingungen, die eine einseitige Zinsänderung ohne eine Mitteilung an den Kunden ermöglichen sollen, an § 9 AGBG[158] bzw. an dem Rechtsgedanken des § 10 Nr. 6 AGBG[159].

Das Leistungsbestimmungsrecht nach § 315 BGB läßt am ehesten einen Vergleich mit der Ersetzungsbefugnis zu. Solange hier dem Schuldner nicht bekannt ist, ob und wie der Gläubiger von seinem Anpassungsrecht Gebrauch macht, wird von seiner jeweils fälligen Verbindlichkeit frei, wenn er die vereinbarte Leistung entrichtet. Die Ersatzleistung kann erst ab Zugang einer entsprechenden Ersetzungserklärung des Gläubigers verlangt werden, und dann auch nur für den Zeitraum, in dem noch keine Erfüllung eingetreten ist[160]. Entsprechend gilt bei zinsvariablen Krediten: solange dem Darlehensnehmer nicht bekannt ist, ob und wie der Darlehensgeber von seinem Anpassungsrecht Gebrauch gemacht hat, wird er von seiner jeweils fälligen Verbindlichkeit frei, wenn er die ihm obliegende Leistung erbringt. Daraus folgt, daß die „angepaßte“ Leistung frühestens von dem Zeitpunkt an verlangt werden darf, in dem das Anpassungsbegehren dem Darlehensnehmer zugegangen ist[161]. Solange die Leistungsbestimmung noch nicht erfolgt ist, können sich die Parteien auch noch nicht auf die Rechtsfolgen einer solchen berufen[162]. Wirksam erfolgt ist sie erst mit dem Zugang einer entsprechenden Mitteilung durch den Darlehensgeber.

Die Mitteilung an den Darlehensnehmer kann auf der Grundlage eines Verzeichnisses der Kunden, denen die Veränderungen des Zinssatzes mitzuteilen sind[163], auch in den Kontoauszügen erfolgen[164].

---

[157] Siehe Fußn 148.

[158] Vgl. MünchKomm/Kötz, 2. Aufl., § 9 AGBG Rdnr 48; Staudinger/Karsten Schmidt, 12. Aufl., § 246 BGB Rdnr 66; ders. aaO Rdnr 100 wonach die unzureichende Aufklärung des Kreditnehmers bei der Nichtigkeitsprüfung nach § 138 ins Gewicht fällt.

[159] Siehe oben 3.1.4 „Klauselkatalog der §§ 10 und 11 AGBG“.

[160] Vgl. Bilda MDR 1973, 537, 539, auch mit Vergleichen verwandter Rechtsinstitute.

[161] Vgl. Bilda NJW 1974, 1947.

[162] Vgl. Schlosser, Gestaltungsklagen und Gestaltungsurteile, 1966, S. 26; Thiele JZ 1971, 292, 294.

[163] Vgl. schon Strauch, Bankpraxis, 2. Aufl., 1921, S. 380.

[164] Vgl. Werhahn/Schebesta aaO Rdnr 196.

5.1.3 Zeitliche Problematik

Der Anpassungsvorgang wird nur in seltenen Fällen zeitgleich mit dem Eintritt der Veränderung der maßgebenden Verhältnisse erfolgen. Die Fragestellung ist dabei doppelter Natur, — zum einen, ob die Anpassung im Vorgriff auf zu erwartende Veränderungen erfolgen, und — zum anderen ob sie auf den Zeitpunkt des Eintritts der Veränderungen zurückbezogen werden kann.

Soweit auf eine wesentliche Veränderung der Verhältnisse abzustellen ist, könnte wegen der damit verbundenen Wertungsfragen das Problem auch unter dem Stichwort Bezugszeitpunkt der Billigkeitsprüfung erörtert werden[165]. Der Zeitpunkt des Eintritts der Veränderung der maßgeblichen Verhältnisse ist nur selten ganz exakt festzustellen, taggenau praktisch nur in den Fällen der Maßgeblichkeit einer Änderung des Bundesbankdiskontsatzes. Soweit die konkrete Refinanzierungssituation angesprochen ist, wird auf einen gewissen Zeitraum abzustellen sein, in welchem sich die Änderung der Refinanzierungsverhältnisse vollzogen hat. Die Festlegung des Anfangszeitpunktes innerhalb des Zeitraumes ist eine Frage des billigen Ermessens des Darlehensgebers[166].

Da jedoch der Eintritt der Veränderung Wirksamkeitsvoraussetzung ist, muß der Anfangszeitpunkt der Zinssatzänderung entweder auf denjenigen des Eintritts der Veränderung der Verhältnisse oder einen danachliegenden Zeitpunkt Bezug nehmen. Ist das nicht der Fall, ist eine Zinssatzänderung ohne weiteres unwirksam, ohne daß es auf die Frage der Billigkeit im übrigen ankommt.

5.1.3.1 Vorwirkung

Während der BGH im Bereich der Tagespreisklausel die Vorwegnahme künftig zu erwartender Kostensteigerungen als unzulässig beurteilt hat[167], hat er eine solche Vorwirkung im Bereich variabler Zinsen zugelassen[168]. Voraussetzung ist in diesem Fall, daß die Erhöhung der Zinsen erforderlich ist, weil dem Kreditgeber sonst in Anbetracht der Refinanzierungssituation der Eintritt erheblicher wirtschaftlicher Nachteile droht, was im Sinne einer zeitlich nahe bevorstehenden Änderung der Refinanzierungssituation zu verstehen ist. Der Fall wurde zwar für eine Sparkasse entschieden, dürfte aber auch auf sonstige Kreditgeber zu übertragen sein. Mit der Abwehr von Nachteilen braucht nicht erst dann begonnen zu werden, wenn diese bereits eingetreten sind, die Liquidität also entsprechend schon eingeengt ist. Dies liegt auch nicht zuletzt im Interesse der Kunden[169].

---

[165] So Staudinger/Mayer-Maly, 12. Aufl., § 315 BGB Rdnr 71.

[166] Vgl. Staudinger/Mayer-Maly aaO Rdnr 18; RGZ 90, 27, 30.

[167] Vgl. BGH NJW 1982, 331, 332 = BGHZ 1982, 21 = BB 1982, 146 = ZIP 1982, 71 = MDR 1982, 486 = WM 1982, 9.

[168] So BGH WM 1977, 834, 836.

Eine Vorwirkung in diesem Sinne wirkt durch Aufrechterhaltung des finanziellen Gleichgewichtes dem Liquiditätsrisiko entgegen und stellt sicher, daß die Bank rechtzeitig ihren Zahlungsverpflichtungen nachkommen kann[170]. Dies bedingt eine Prognose, die von vielfältigen Parametern (Daten und Erwartungswerten) abhängig sein kann[171]. Das Risiko besteht hierbei darin, daß die Zinsänderung bei Nichteintritt der erwarteten Veränderung der maßgeblichen Verhältnisse unwirksam ist. Dieses Risiko ist zu umgehen, wenn die Zinsänderung nach Eintritt der Veränderung der Verhältnisse erfolgt und dabei in angemessenem Umfang zurückbezogen werden kann.

5.1.3.2 Rückwirkung

Ob allerdings eine Rückwirkung der Zinsänderung auf einen in der Vergangenheit liegenden Zeitpunkt möglich ist, ist umstritten[172]. Der BGH hat diese Frage jedenfalls für Leistungsbestimmungsrechte nach § 315 BGB bisher nicht entschieden, aber angedeutet, daß aus Gründen der Rechtssicherheit einiges dafürspreche, daß die Leistungsbestimmung sich nur stets in die Zukunft richten könne[173].

Die Problematik kann sich auch bei Zulässigkeit einer bankinternen Festsetzung[174] des geänderten Zinssatzes[175] ergeben, nämlich dann wenn sich der Zinssatz nicht zusammen mit der bankinternen Festsetzung ändern soll, sondern schon mit einem davorliegenden Zeitpunkt.

---

[169] Vgl. BGH aaO; entsprechend empfiehlt von Maydell, Geldschuld und Geldwert, 1974, S. 210, den Zinssatz der Höhe nach der zu erwartenden Geldentwertung anzupassen, um dadurch zu versuchen, den Kapitalschwund durch höhere Zinsen auszugleichen.

[170] So Hagenmüller III S. 362 im Zusammenhang mit der Frage des rechtzeitigen Geldanschlusses.

[171] Vgl. Hagenmüller III S. 291 f.

[172] Vgl. Thiele JZ 1971, 292, 294; Bilda MDR 1973, 537ff; ders. NJW 1974, 1947ff; Staudinger/Mayer-Maly, 12. Aufl., § 315 BGB Rdnr 65; auch Münstermann WuB I E 1.-8.85.

[173] Vgl. BGH NJW 1974, 1464; offengelassen im Urteil vom 6.3. 1986 — III ZR 195/84 — BGHZ 97, 212, 221 f (weitere Fundst. siehe Kap. 1 Fußn 5); bei Leistungsvorbehalt grundsätzlich erst ab Zugang, vgl. Palandt/Heinrichs, 46. Aufl., § 245 BGB Anm 5 c) und § 315 BGB Anm 3; BGH NJW 1978, 154; DNotZ 1979, 20; Bilda, Anpassungsklauseln in Verträgen, 2. Aufl., 1973, Rdnr 125 S. 92f und Rdnr 131 S. 97f; ferner oben 5.1.2.2 „Empfangsbedürftige Erklärung"; differenzierend Werhahn/Schebesta Rdnr 196f; weitere Nachweise bei OLG München WM 1983, 1275 = DB 1984, 919; RGRK-Ballhaus, 12. Aufl., § 315 BGB Rdnr 15; MünchKomm/Söllner, § 315 BGB Rdnr 19; Rosenberg/Schwab, Zivilprozeßrecht, 10. Aufl., 1969, S. 452; Schlosser, Gestaltungsklagen und Gestaltungsurteile, 1966, S. 135ff; Kornblum AcP 168, 450, 456, 558ff; Staudinger/Kaduk, 10./11. Aufl., § 315 BGB Rdnr 8.

[174] Siehe oben 5.1.2.1 „Bankinterne Festsetzung".

[175] Vgl. OLG München WM 1983, 1275 = DB 1984, 919; Soergel/Häuser, Nachträge, 6. Lieferung Januar 1986, Anhang zu § 608 BGB Rdnr 9.

Läßt man eine Rückwirkung zu, kann der frühestmögliche Zeitpunkt, bis zu demjenigen die Zinssatzänderung zurückbezogen werden kann, derjenige der Eintritt der Änderung der Verhältnisse sein. Wird die Rückwirkung verneint, könnte frühester Zeitpunkt des Wirksamwerdens der Zinssatzänderung derjenige der bankinternen Festsetzung bzw. des Zugangs der Änderungsmitteilung sein[176]. Aus zwingenden dogmatischen Gründen jedenfalls kann die grundsätzliche Möglichkeit einer Rückwirkung nicht verneint werden[177]. Dem materiellen Zivilrecht sind rückwirkende Rechtsgestaltungen durchaus nicht fremd[178]. Unproblematisch ist in diesem Zusammenhang der Zinsvorbehalt[179]. Er ermöglicht die Bestimmung des ursprünglichen Zinssatzes und wirkt deshalb auf den Zeitpunkt des Vertragsabschlusses zurück[180].

In diesem Zusammenhang kann es nicht entscheidend darauf ankommen, ob die Leistungsbestimmung eher als Feststellung oder aber als Gestaltungsakt aufgefaßt wird[181].

5.1.3.2.1 Inhalt der Zinsanpassungsklausel

Die Frage der Zulässigkeit einer Rückwirkung drängt sich besonders deshalb auf, da zwischen dem Ende der Zeit, für die die Bezugsgrößen zu ermitteln sind, und der Veröffentlichung dieser Daten oftmals ein größerer Zeitraum liegen kann[182]. Sie ist in erster Linie nach Sinn und Zweck der Anpassungsregelung zu beantworten[183]. Entscheidend ist zunächst der Inhalt der Klausel: Da § 315 BGB zum einen disponibel ist[184], zum anderen § 315 BGB keine Regelung enthält, von welchem Zeitpunkt an die neue Leistung geschuldet wird, kommt es darauf an, ob die Zinsanpassungsklausel überhaupt eine Rückwirkung vorsieht.

---

[176] Zu den alternativen Lösungsansätzen vgl. Thiele JZ 1971, 292, 294; Bilda MDR 1971, 537. Die dort erörterte dritte Möglichkeit der Maßgeblichkeit des Zeitpunktes der Klageerhebung spielt keine Rolle, da das Leistungsbestimmungsrecht der Bank obliegt; vgl. auch unten 5.1.3.3.2 „Zeitpunkt bei Herabsetzungsverlangen".

[177] Vgl. Thiele JZ 1971, 292, 294 mwN; Bilda MDR 1973, 537, 539; Staudinger/Mayer-Maly, 12. Aufl., § 315 BGB Rdnr 65; aA neuerdings Münstermann WuB I E 1. — 8.85; so schon Staudinger/Kaduk, 10./11. Aufl., § 315 BGB Rdnr 8; offengelassen in BGH NJW 1974, 1464.

[178] Vgl. die Beispiele bei Staab, Gestaltungsklage und Gestaltungsklagerecht im Zivilprozeß, Diss., Saarbrücken 1967 S. 22ff, 50ff; Schumann in Stein/Jonas, 20. Aufl., II vor § 253 ZPO Rdnr 56.

[179] Siehe oben 2.3.1.1.3 „Zinsvorbehalt".

[180] In diesem Sinne Palandt/Heinrichs, 46. Aufl., § 315 BGB Anm 3; Bilda NJW 1974, 1974.

[181] Vgl. Staudinger/Mayer-Maly, 12. Aufl., § 315 BGB Rdnr 65.

[182] Vgl. Staudinger/Mayer-Maly, 12. Aufl., § 315 BGB Rdnr 65.

[183] In diesem Sinne z. B. Thiele JZ 1971, 292, 294; Bilda MDR 1973, 537, 539.

[184] Vgl. Staudinger/Mayer-Maly aaO; Bilda MDR 1973, 531, 539; OLG München WM 1983, 1275, 1276 = DB 1984, 919; Soergel/Häuser, Nachträge, 6. Lieferung Januar 1986, Anhang zu § 608 BGB Rdnr 9.

Vereinbarungen, die die Rückwirkung der Zinssatzänderung vorsehen, sind grundsätzlich möglich[185], jedenfalls in Form der Individualvereinbarung. Rückwirkung anordnende Zinsanpassungsklauseln können auch in Form von AGB angeordnet sein, unterliegen dann aber gewissen Beschränkungen, auf die unten einzugehen sein wird[186]. Solche Klauseln sind in der Praxis zwar selten anzutreffen, jedoch kann in der Anordnung der sofortigen Wirkung der Zinssatzanpassung eine gewisse Rückwirkung enthalten sein[187], so z. B. wenn für die Wirksamkeit einer Zinsanpassungsklausel der Zugang der Zinsänderungserklärung erforderlich ist[188], die zinssatzändernde Wirkung aber bereits mit bankinterner Festsetzung eintreten soll. Üblicherweise enthalten Zinsanpassungsklauseln jedoch keine Regelungen hinsichtlich einer eventuellen Rückwirkung.

Zinsgleitklauseln mit einer automatischen Anpassung an eine Bezugsgröße, z. B. den Diskontsatz der Deutschen Bundesbank[189], beinhalten in der Regel einen aufschiebend bedingten Abänderungsvertrag: die den Zinssatz ändernde Bedingung ist die Änderung der Bezugsgröße, so daß mit Eintritt der Änderung der Zinssatz angepaßt ist[190]. Probleme der Rückwirkung entstehen aber auch hier, wenn die Bank zunächst davon abgesehen hat, ihren Anspruch auf erhöhte Zinszahlung geltend zu machen, und statt dessen den früheren Zinssatz weiter in Rechnung gestellt hat[191]. In diesen Fällen würden sich bei individualvertraglicher Vereinbarung einer Rückwirkungsmöglichkeit Fragen der Verjährung[192] bzw. der Verwirkung[193] stellen. Eine Nachforderung über die bereits abgerechneten Zinsen hinaus würde bei formularmäßigen Zinsanpassungsklauseln allerdings nur in engen Grenzen zulässig sein, wie im nächsten Abschnitt darzustellen sein wird.

In diesen Grenzen stellt sich auch das Problem bei Zinsänderungsklauseln, die die Bank einseitig berechtigen, z. B. bei Änderung der Refinanzierungssituation, den Zinssatz anzupassen[194]. In allen Fällen kann sich die Rückwirkungsproblematik nur stellen, wenn die Auslegung der Zinsanpassungsklausel ergibt, daß die

---

[185] Vgl. Thiele JZ 1971, 292, 294; Bilda aaO; auch Staudinger/Mayer-Maly aaO; OLG München aaO.

[186] Siehe nächsten Abschnitt 5.1.3.2.2 „Grenzen".

[187] Solche Klauseln waren Gegenstand der Entscheidungen in OLG München aaO; aber auch OLG Stuttgart NJW 1954, 1646 = DNotZ 1955, 80.

[188] Vgl. dazu oben 5.1.2.2 „Empfangsbedürftige Erklärung".

[189] Siehe oben 2.3.1.1.1 „Zinsgleitklausel".

[190] Vgl. Palandt/Heinrichs, 46. Aufl., § 245 BGB Anm 5 c); BGH NJW 1980, 589.

[191] Zur grundlegenden Problematik vgl. Bilda MDR 1973, 537.

[192] Siehe auch unten 5.5.4 „Verjährung".

[193] Siehe unten 5.5.3.2 „Verwirkung".

[194] Vgl. oben 2.3.1.1.2 „Zinsänderungsklauseln"; zur grundsätzlichen Problematik der Rückwirkung in diesen Fällen auch Bilda MDR 1973, 537, 541, 542 mit Fußn 57; Staudinger/Mayer-Maly aaO Rdnr 71.

Rückwirkungsmöglichkeit überhaupt vereinbart ist. Wo das nicht der Fall ist, kommt eine rückwirkende Zinssatzänderung bereits mangels Rechtsgrundlage nicht in Betracht[195].

5.1.3.2.2 Grenzen

Läßt die Auslegung einer Zinsanpassungsklausel in Allgemeinen Geschäftsbedingungen eine Rückwirkung zu, ist diese nicht unbeschränkt möglich. Hat der Darlehensnehmer bis zur Vornahme des zinsändernden Aktes, sei es durch bankinterne Festsetzung, sei es durch Zugang der zinssatzändernden Erklärung, die ihm in Rechnung gestellten Zinsen gezahlt, ist insoweit jedenfalls der Zinsanspruch erloschen, § 362 BGB. Nicht bestehende Zinsansprüche können keiner Änderung mehr unterliegen[196]. Eine davon abweichende Regelung in der Zinsanpassungsklausel in Allgemeinen Geschäftsbedingungen müßte nach den §§ 3, 4 und 9 AGBG der Unwirksamkeit unterliegen[197].

Unabhängig von der Erfüllung ergibt sich die Unwirksamkeit von Rückwirkungen bereits für Zeiträume, für die vom Darlehensgeber Zinsen fälliggestellt wurden bzw. nach den Vertragsbedingungen fälligzustellen sind, z. B. durch Sollstellung der Zinsen auf den Kontoauszügen. Dies folgt zwingend aus der Unwiderruflichkeit[198]. Die Zulassung einer Rückwirkung über bereits fälliggestellte bzw. fälligzustellende Zinsen hinaus würde den Grundsatz der Unwiderruflichkeit unterlaufen, könnte im Extremfall selbst eine frühere Zinssatzänderung, die einen niedrigeren Zinssatz vorsah, durch Festsetzen eines höheren Zinssatzes außer Kraft setzen. Eine Rückwirkung kommt daher nur insoweit in Betracht, als Zinsen noch nicht gezahlt bzw. noch nicht fälliggestellt sind. Dieselbe Grenze sollte auch gelten, wenn bei Zinsänderungsklauseln erhöhte Zinsen über die Kontoauszüge in Rechnung gestellt und eventuell auch bezahlt wurden, ohne daß der Darlehensnehmer über die Zinssatzänderung informiert wurde. In einem solchen Fall wird die Zinssatzänderung erst durch den Zugang

---

195 Dazu bedarf es nicht des Rückgriffs auf eine Gefährdung der Rechtssicherheit in diesen Fällen, so aber Staudinger/Mayer-Maly aaO Rdnr 65; ein Vergleich mit ähnlichen Rechtsinstituten, wie z. B. der Wertung in § 323 ZPO der Vertragsanpassung nach Treu und Glauben bei Wegfall der Geschäftsgrundlage, dem Wahlschuldverhältnis und der Ersetzungsbefugnis, (vgl. dazu Bilda MDR 1973, 537, 539ff, 541) kann erst hinsichtlich des Umfangs einer durch Vereinbarung zugelassenen Rückwirkung Bedeutung erlangen.

196 In diesem Sinne Bilda MDR 1973, 537, 540f: „Soweit die Erfüllungswirkung geht, darf der Gläubiger keine andere Leistung mehr verlangen"; ders., Anpassungsklauseln in Verträgen, 2. Aufl., 1973, Rdnr 125 S. 92 f.

197 Zum Streit über die Bedeutung des § 362 BGB im Zusammenhang mit Zinsberechnungsklauseln siehe Canaris NJW 1987, 609, 610; Kollhosser ZIP 1986, 1429, 1431; Bader BB 1986, 543, 544; ders. BB 1987, 348, 349; Baums WM Sonderbeilage Nr. 2/1987, S. 7f; Trinkner/Wolfer BB 1987, 425, 427; Löwe NJW 1987, 937, 939; Köndgen NJW 1987, 160, 163.

198 Siehe schon oben 5.1.2 „Formelle Voraussetzungen"; Staudinger/Mayer-Maly, 12. Aufl., § 315 BGB Rdnrn 64, 71.

einer entsprechenden Erklärung an den Darlehensnehmer wirksam[199]. Da die Zinssatzänderung erst mit dem Zugang der entsprechenden Erklärung an den Darlehensnehmer wirksam wird, kann sie nur Rückwirkung für den Zeitraum entfalten, für den bisher noch keine Zinsen fälliggestellt wurden.

5.1.3.3 Richterliche Gestaltung

Die bisherige Fragestellung bezog sich allein auf das Anpassungsrecht des Darlehensgebers: inwieweit kann der Darlehensgeber eine Zinssatzänderung auf frühere Zeitpunkte zurückbeziehen? Davon zu unterscheiden ist die Frage, auf welchen Zeitpunkt das Gericht im Falle eines Rechtsstreits den von ihm nach § 315 Abs. 3 S. 2 BGB zu bestimmenden Zinssatz zu beziehen hat. Diese Frage stellt sich darüber hinaus auch immer dann, wenn der Darlehensnehmer seinen Anspruch auf Zinsherabsetzung[200] gerichtlich verfolgt.

Als mögliche Bezugspunkte einer richterlichen Festsetzung des geänderten Zinssatzes stehen im Ansatz zur Verfügung:
(1) Eintritt der Veränderung der Verhältnisse[201].
(2) Mißlungener Bestimmungsversuch[202] bzw. der im Zinsanpassungsakt vorgesehene oder vertraglich nach dem Inhalt der Zinsanpassungsklausel mögliche Zeitpunkt[203].
(3) Erstmaliges Verlangen der Zinssatzherabsetzung durch den Kreditnehmer[204].
(4) Klageerhebung[205].
(5) Letzte mündliche Verhandlung[206].
(6) Eintritt der Rechtskraft[207].

Auch bei der Beantwortung der Frage, auf welchen Zeitpunkt das Gericht die Festsetzung des Zinssatzes zu beziehen hat, kann letztlich nicht die dogmatische und systematische Einordnung des Gestaltungsurteils nach § 315 Abs. 3 S. 2 BGB entscheidend sein[208]. Vielmehr muß es auch hier auf die spezielle

---

[199] Siehe oben 5.1.2.2 „Empfangsbedürftige Erklärung".

[200] Siehe dazu schon oben 3.1.5.5 „ Anspruch des Kreditnehmers auf Zinsherabsetzung".

[201] Vgl. hierzu Thiele JZ 1971, 292, 294; Bilda MDR 1973, 537ff.

[202] Vgl. Thiele aaO; Bilda MDR 1973, 537.

[203] Z.B. Zeitpunkt der bankinternen Festsetzung (siehe oben 5.1.2.1) bzw. Zugang der empfangsbedürftigen Erklärung der Änderung des Zinssatzes.

[204] Vgl. Bilda MDR 1973, 537, 541; siehe unten 5.1.3.3.2 „Zeitpunkt bei Herabsetzungsverlangen".

[205] Vgl. Thiele JZ 1971, 292, 294; BGH JZ 1971, 291.

[206] Vgl. Thiele aaO.

[207] Vgl. Thiele aaO: „ex nunc"-Wirkung des Urteils nach § 315 Abs. 3 BGB.

[208] Vgl. Thiele aaO; Staudinger/ Mayer-Maly, 12. Aufl., § 315 BGB Rdnr 65.

Interessenlage[209] bei der Zinsanpassungsklausel und deren Sinn und Zweck ankommen[210].

5.1.3.3.1 Hineinwachsen in die Rechtmäßigkeit

Bei der Überprüfung der Rechtmäßigkeit einer Zinsanpassung durch das Gericht nach § 315 BGB, sei es im Rahmen einer Gestaltungsklage oder auch inzidenter im Rahmen einer Leistungsklage, sind zwei Fallgestaltungen der fehlerhaften Zinsanpassung durch den Darlehensgeber zu unterscheiden, und zwar nach der Ursache der Unwirksamkeit:

(1) Die Unwirksamkeit kann darauf beruhen, daß bereits die Voraussetzungen für eine Zinsanpassung fehlen, etwa weil keine wesentliche Veränderung der Verhältnisse zu dem von dem Darlehensgeber bestimmten Zeitpunkt festzustellen ist[211], oder auch weil es an einer erforderlichen Willenserklärung gegenüber dem Darlehensnehmer fehlt[212].

(2) Die Unwirksamkeit kann aber auch darauf beruhen, daß zwar die grundsätzlichen Voraussetzungen für eine Zinsanpassung vorgelegen haben, daß die Zinsanpassung selbst aber nicht der Billigkeit im Sinne des § 315 Abs. 3 S. 2 BGB entspricht („Unverbindlichkeit").

Der erstgenannte Fall stellt keine Frage der Billigkeit dar, wiewohl sich natürlich sagen ließe, daß jede rechtswidrige Zinsanpassung, für die es keine Rechtsgrundlage gibt, natürlich auch unbillig ist. Die Frage einer richterlichen Ersetzung der Zinsanpassung kann sich aber nicht stellen, wenn z. B. keine wesentliche Veränderung der maßgeblichen Verhältnisse eingetreten ist. Es muß dann beim ursprünglich vereinbarten Zinssatz verbleiben. Das gleiche gilt, wenn es an einer wirksamen Anpassungserklärung fehlt, was sich in den Fällen ergeben kann, in denen der Darlehensnehmer in einer Klage wegen ungerechtfertigter Bereicherung zu viel gezahlte Zinsen zurückverlangt. Auch hier kann das Gericht z. B. nicht die erforderliche Anpassungserklärung als solche ersetzen.

Die richterliche Befugnis nach § 315 Abs. 3 S. 2 BGB erstreckt sich nur auf die Korrektur einer ansonsten wirksamen Zinsanpassung, die lediglich nicht der Billigkeit entspricht. In diesem Fall bezieht sich, wie sich aus dem Wortlaut des § 315 Abs. 3 BGB ergibt, die richterliche Anpassung auf den Zeitpunkt des im Hinblick auf die Billigkeit mißlungenen Zinsanpassungsaktes bzw. den sich daraus ergebenden, vom Darlehensgeber gewollten Zeitpunkt, der vom Zinsanpassungsakt aus gesehen sowohl einen in der Zukunft als auch in der Vergangenheit liegenden Zeitpunkt bezeichnen kann[213]. Maßgebender Zeit-

---

[209] Siehe dazu schon oben 3.1.5.2 „Interessenlage".

[210] Vgl. Bilda MDR 1973, 537; Staudinger/Mayer-Maly, 12. Aufl., § 315 BGB Rdnr 65.

[211] Siehe dazu oben 5.1.1 „Änderung der Verhältnisse".

[212] Siehe dazu oben 5.1.2.2 „Empfangsbedürftige Erklärung".

[213] Siehe dazu oben 5.1.3.1 „Vorwirkung" und 5.1.3.2 „Rückwirkung".

punkt für die richterliche Überprüfung ist somit grundsätzlich der im Zinsanpassungsakt bezeichnete Zeitpunkt für den Beginn der Geltung des geänderten Zinssatzes. Auf frühere bzw. spätere Zeitpunkte (wie z. B. Klageerhebung, letzte mündliche Verhandlung und Rechtskraft) kann es hierbei nicht ankommen[214].

In beiden Fallgestaltungen kann sich das Problem des „Hineinwachsens in die Rechtmäßigkeit"[215] ergeben. Gemeint ist damit der Fall, daß die Zinserhöhung zwar nicht zu dem vorgesehenen Zeitpunkt gerechtfertigt ist, wohl aber zu einem späteren Zeitpunkt. Dies könnte im Streitfall z. B. erst mit der letzten mündlichen Verhandlung eintreten.

Vom Ausgangspunkt her muß das Gericht bei der Überprüfung der Zinssatzänderung nicht die Verhältnisse des gesamten Zeitraums zwischen Zinsanpassung bis zur letzten mündlichen Verhandlung berücksichtigen. Die ursprünglich fehlerhafte Zinsanpassung erwächst nicht nachträglich in Wirksamkeit. Die gerichtliche Überprüfung hat sich zunächst allein auf den im Zinsanpassungsakt für maßgeblich erklärten Zeitpunkt zu erstrecken. Ergibt sich dabei, daß zu dem maßgebenden Zeitpunkt nur eine Zinsanpassung von 1 % statt von 2 % der Billigkeit entspricht, ist es für die Feststellung der Fehlerhaftigkeit der streitbefangenen Zinsanpassung unerheblich, ob etwa ein halbes Jahr danach eine Zinsanpassung von 2 % gerechtfertigt wäre.

Sind wegen veränderter Umstände weitere Zinsanpassungen erfolgt, können diese natürlich, soweit dies sachdienlich ist, im Wege der Klageerweiterung in den Rechtsstreit einbezogen werden. Umgekehrt gilt dasselbe für ein Herabsetzungsverlangen des Darlehensnehmer. Stützt er sein Herabsetzungsverlangen statt auf die ursprünglich behaupteten geänderten Verhältnisse auf spätere Veränderungen, so liegt darin genaugenommen eine Klageänderung. Davon wird nicht die Möglichkeit des Gerichts tangiert, Unzuträglichkeiten durch das Mittel der Kompensation auszugleichen, wenn die Parteien in diesem Sinne größere Zeiträume zum Streitgegenstand machen[216].

5.1.3.3.2 Zeitpunkt bei Herabsetzungsverlangen

Dem Kreditnehmer steht kein Gestaltungsrecht[217], sondern nur ein schuldrechtlicher Anspruch auf Zinsherabsetzung bei Vorliegen der entsprechenden Voraussetzungen zu[218]. Diesem Anspruch entspricht auf seiten des Kreditgebers eine hierzu bestehende Verpflichtung. Es handelt sich hierbei nicht nur um eine Verpflichtung gegenüber sich selbst, sondern um eine ganz gewöhnliche

---

214 Vgl. Palandt/Heinrichs, 46. Aufl., § 245 BGB Anm 5 c) bb); BGH NJW 1975, 211.

215 Vgl. Staudinger/Mayer-Maly, 12. Aufl., § 315 BGB Rdnr 71; Grunsky SAE 1977, 224, 225.

216 Siehe unten 5.2.3.3 „Kompensation".

217 Siehe oben 2.3.2.3 „Bestimmungsberechtigung".

218 Siehe oben 3.1.5.5 „Anspruch des Kreditnehmers auf Zinsherabsetzung"; auch Stützle WuB I E 1. — 13.86.

Verpflichtung gegenüber dem Kreditnehmer, der ein schutzwürdiges Interesse daran hat, daß der Kreditvertrag im Rahmen von Treu und Glauben und ohne Unbilligkeit abgewickelt wird[219]. Da allerdings der Kreditnehmer nicht verpflichtet ist, schuldrechtliche Ansprüche geltend zu machen, kann im Rahmen einer Gestaltungsklage, die auf Bestimmung des billigen Zinssatzes gerichtet ist, maßgebender Zeitpunkt für die Festsetzung des billigen Zinssatzes durch das Gericht nur der Zugang eines entsprechenden Herabsetzungsverlangens des Kreditnehmers sein[220]. Dies gilt nicht nur, wenn der ursprünglich vereinbarte Zinssatz bisher nicht geändert worden ist, sondern auch dann, wenn nachträgliche Zinsanpassungen durch den Kreditgeber erfolgt sind.

Allerdings ist damit nicht gesagt, daß nicht schon der Eintritt einer Veränderung der maßgeblichen Verhältnisse gänzlich ohne Auswirkungen auf das Vertragsverhältnis ist. Das Unterlassen einer Zinsherabsetzung trotz geänderter Verhältnisse kann eine positive Vertragsverletzung darstellen[221]. Ein solcher Anspruch setzt allerdings Verschulden des Darlehensgebers voraus: Ihm muß positiv bekannt oder infolge von Fahrlässigkeit unbekannt sein, daß die Voraussetzungen für eine Herabsetzung des Zinssatzes vorliegen[222].

Eine Übertragung der arbeitsrechtlichen Rechtsprechung, die für Dauerleistungen die Bindung an die einmal getroffene Leistungsbestimmung auf die Zeit des Andauerns der tatsächlichen Voraussetzungen zur Zeit der Leistungsbestimmung beschränkt[223], kommt nicht in Betracht[224]. Eine in diesem Sinne typische Abhängigkeit bestimmter Leistungspflichten von bestimmten tatsächlichen Voraussetzungen ist in den Fällen des variablen Zinses nicht anzunehmen, da die Höhe des angepaßten Zinssatzes letztlich eine Ermessensentscheidung[225] darstellt.

---

[219] Vgl. in diesem Sinne Staudinger/Mayer-Maly, 12. Aufl., § 315 BGB Rdnr 69, der diese Aussage allerdings auf den Bereich der Leistungsbestimmung nach freiem Belieben begrenzen will; siehe unten 5.5.2.3 „Schadenersatzanspruch".

[220] Vgl. Münstermann WuB I E 1. — 8.85, der allerdings ungenau von einem Zinsanpassungsrecht des Darlehensnehmers spricht; vgl. auch Bilda MDR 1973, 537, 542; ders. NJW 1974, 1947.

[221] Vgl. Bilda, Anpassungsklauseln in Verträgen, 2. Aufl., 1973, Rdnr 129; dazu ferner unten 5.5.2.3 „Schadenersatz".

[222] Vgl. Bilda aaO.

[223] Vgl. Staudinger/Mayer-Maly, 12. Aufl., § 315 BGB Rdnr 64; BAG AP Nr. 1 und AP Nr. 13 zu § 315.

[224] So ausdrücklich BGH, Urteil vom 6.3.1986 — III ZR 195/84 — BGHZ 97, 212, 221 f (weitere Fundst. siehe Kap. 1 Fußn 5) zu BAGE 18, 54.

[225] Siehe dazu unten 5.2.3.1 „Ermessen".

5.2 Billigkeitskontrolle

Wird ein Zinssatz aufgrund einer Zinsänderungsklausel[1] geändert, sei es erhöht oder gesenkt, oder unterbleibt trotz eines hierauf gerichteten Verlangens des Darlehensnehmers eine Herabsetzung, stellt sich die Frage, ob und inwieweit die betreffende Änderung oder deren Unterlassung gegenüber dem Darlehensnehmer verbindlich ist. Rechtsgrundlage für die Beantwortung dieser Frage ist anerkanntermaßen § 315 BGB[2]. Nach § 315 Abs. 1 BGB soll im Zweifel anzunehmen sein, daß die Bestimmung nach billigem Ermessen zu treffen ist. Entspricht sie nicht der Billigkeit, ist sie nach Abs. 3 unverbindlich. Die Bestimmung kann dann durch Urteil getroffen werden. § 315 Abs. 3 BGB stellt insoweit eine Sondervorschrift für den Fall der Bestimmung nach billigem Ermessen dar[3].

Was unter billigem Ermessen zu verstehen ist[4], wird weitgegehend aus der Natur der Sache heraus abstrakt formuliert. Hinweise darauf, daß die Bedeutung der vom Bestimmenden erbrachten Leistungen, Schwierigkeiten, Ungewöhnlichkeit, Umfang oder Dauer der Leistung[5], alle Umstände der Sachlage[6], oder alle wesentlichen Umstände[7] zu berücksichtigen sind, daß nicht schematisch vorgegangen werden soll[8], daß Bewertungsmaßstäbe Anwendung finden sollen, von denen nach der Lebenserfahrung auszugehen ist[9], daß Licht und Schatten gleich verteilt werden sollen[10], stellen im Grunde ebenso wie eine Vielzahl anderer abstrakter Beschreibungen[11] letztlich Leerformeln dar, die im Grunde nur zum Ausdruck bringen, daß es einigermaßen gerecht zugehen sollte. Ausgehend von der Struktur der Zinsanpassungsklausel[12] lassen sich jedoch im

---

[1] Siehe oben 2.3.1.1.2 „Zinsänderungsklausel".

[2] Vgl. z. B. Urteil des BGH vom 6.3.1986—III ZR 195/84—BGHZ 97, 212, 213 (weitere Fundst. siehe Kap. 1 Fußn 5); schon RG HRR (Bd. 16) 1940, 544; RGRK-Ballhaus, 12. Aufl., § 608 BGB Rdnr 8; Staudinger/Karsten Schmidt, 12. Aufl., § 246 BGB Rdnr 66.

[3] Vgl. Palandt/Heinrichs, 46. Aufl., § 315 BGB Anm. 4.

[4] Vgl. etwa Palandt/Heinrichs aaO; Staudinger/Mayer-Maly, 12. Aufl., § 315 BGB Rdnrn 52ff; Hans. OLG Hamburg MDR 1977, 51; Neumann/Duesberg JZ 1952, 705ff; Bilda, Anpassungsklauseln in Verträgen, 2. Aufl., 1973, Rdnrn 121ff, S. 91ff.

[5] So Hans. OLG Hamburg MDR 1977, 51.

[6] Vgl. etwa RGZ 118, 165, 167.

[7] Vgl. etwa BAG DB 1978, 212; auch Fögen BB 1967, 738; und Staudinger/Mayer-Maly, 12. Aufl., § 315 BGB Rdnr 58.

[8] Vgl. RGZ 136, 56, 59.

[9] Vgl. Staudinger/Mayer-Maly, 12. Aufl., § 315 BGB Rdnr 57 mwN.

[10] Vgl. RG HRR (Bd. 16) 1940, 544.

[11] Z.B. „Heterogene Maßstäbe", vgl. Staudinger/Mayer-Maly, 12. Aufl., § 315 BGB Rdnr 52, ebenso wie dessen Hinweis auf die allgemeine Verkehrsanschauung, aaO Rdnr 70.

[12] Siehe oben 2.3.2 „Struktur variabler Zinssatz-Klauseln".

Sinne einer „funktionsgebundenen Konkretisierung“[13] bestimmte Merkmale der Billigkeit herausarbeiten, die eine hinreichende Überprüfung von Zinsanpassungen bzw. deren Unterlassung ermöglichen.

5.2.1 Gegenstand der Billigkeitsprüfung

Einer Billigkeitsprüfung kann nur der Bereich unterliegen, in welchem eine Ermessensbetätigung möglich ist. Damit scheiden alle diejenigen Faktoren aus, die zu den tatsächlichen und rechtlichen Voraussetzungen einer Zinsänderung zu rechnen sind. In diesem Sinne läßt sich der Gegenstand der Billigkeit im Bereich von Zinsanpassungsklauseln negativ abgrenzen.

Nicht Gegenstand der Billigkeitsprüfung kann sein,

— unter welchen rechtlichen Voraussetzungen eine Zinsanpassung möglich ist, also die Feststellung, was zu den maßgeblichen Verhältnissen, deren Änderung die Zinsanpassung rechtfertigt, zählt[14],

— welche formalen Voraussetzungen für eine Anpassung des Zinssatzes einzuhalten sind, ob also eine bankinterne Festsetzung genügt oder der Zugang einer entsprechenden Willenserklärung erforderlich ist[15],

— ob dem Darlehensnehmer ein Anspruch auf Zinsherabsetzung eingeräumt ist oder nicht[16].

Alle diese Fragen betreffen Vertragsgegenstände, deren Inhalt durch Auslegung zu ermitteln ist[17], und zu deren Beantwortung kein Raum ist für die Ausübung eines Ermessens bzw. eine Überprüfung auf Billigkeit hin. Die damit aufgeworfenen Fragen können allenfalls im Rahmen einer Angemessenheitsprüfung nach § 9 AGBG von Bedeutung sein[18].

Ebenso scheidet im Rahmen einer Billigkeitsprüfung aus

— die Feststellung, ob und in welchem Umfang eine Änderung der maßgeblichen Verhältnisse eingetreten ist.

Hier handelt es sich um eine Tatsachenfeststellung, die sich außerhalb des Schuldverhältnisses vollzieht und über die im Streitfall gegebenenfalls Beweis erhoben werden muß. Auch diese kann nicht Gegenstand einer Ermessensausübung sein.

Daraus folgt, daß sich die Billigkeitsprüfung allein auf den Umfang einer Anpassung erstrecken kann. Ist, wie im Regelfall, die Änderung der Refinanzierungsverhältnisse als maßgeblich zu erachten[19], kann eine Veränderung dieser

---

[13] Kronke AcP 183, 113, 138.

[14] Siehe 5.1.1 „Änderung der Verhältnisse“ und 5.1.1.2 „Wesentliche Veränderung“.

[15] Siehe dazu 5.1.2 „Formelle Voraussetzungen“.

[16] Siehe dazu 3.1.5.5 „Anspruch des Kreditnehmers auf Zinsherabsetzung“.

[17] Vgl. z. B. BGH JZ 1971, 291 f mit Anm Thiele.

[18] Siehe dazu oben 3.1.3 „Inhaltskontrolle, § 8 AGBG“.

[19] Vgl. BGHZ 97, 212 (weitere Fundst. siehe Kap. 1 Fußn 5)

Verhältnisse nur Anlaß zur Überprüfung[20] des Zinssatzes, seiner Anpassung nach billigem Ermessen und damit der Billigkeitsprüfung sein. Erst wenn eine (wesentliche) Änderung der nach der Klausel maßgeblichen Verhältnisse (z. B. der Refinanzierungssituation) feststellbar ist, kann sich die Frage stellen, in welchem Umfang der Zinssatz anzupassen ist. Nur diese Entscheidung unterliegt mithin dem billigen Ermessen und damit der Billigkeitsprüfung. Nur diese kann Gegenstand der Leistungsbestimmung nach § 315 BGB im vorliegenden Zusammenhang sein[21]. Denn Gegenstand einer Leistungsbestimmung kann nur die Leistung sein, d. h. alles, aber auch nur das, was nach § 241 BGB als Leistung gilt bzw. zu einer solchen gehört. Die Leistung im hier interessierenden Sinn ist die Zinszahlung des Darlehensnehmers. Würden die oben genannten, aus der Billigkeitsprüfung ausgegrenzten Regelungsgegenstände dem Ermessen des Darlehensgebers unterliegen, würde dies ein Recht zur einseitigen, inhaltlichen Abänderung der Grundlagen des Vertrages durch diesen bedeuten, welches durch die Zinsanpassungsklausel als Ermächtigungsgrundlage nicht gedeckt ist.

5.2.2 Maßstab

Entscheidende Vorfrage der Billigkeitsprüfung ist diejenige nach dem Kontrollmaßstab[22]. Ganz allgemein formuliert ist dieser Maßstab ein Wertmesser des Grades der Veränderung bestimmter Verhältnisse. Dieser Wertmesser muß dabei nicht immer identisch sein mit den maßgeblichen Verhältnissen, deren Veränderung Anlaß zur Zinsanpassung sein kann[23]. Bestimmt z. B. die Zinsanpassungsklausel, daß sich der jeweilige Zinssatz aus dem Bundesbank-Diskontsatz zuzüglich x % zusammensetzt, stimmt die Änderung der maßgeblichen Verhältnisse mit dem Wertmesser überein[24]. Dasselbe ist der Fall, wenn auf die konkrete Refinanzierungssituation abzustellen ist. Wertmesser und maßgebliche Verhältnisse fallen jedoch z. B. auseinander, wenn Anlaß der Überprüfung des Zinssatzes ein reiner Zeitfaktor ist (z. B. Überprüfung des Zinssatzes alle 3 Monate), während als Wertmesser die Kapitalmarktverhältnisse angegeben werden.

---

[20] Vgl. dazu aus währungsrechtlicher Sicht Fögen, Geld- und Währungsrecht, 1969, S. 151.

[21] Zu den verschiedenen Gegenständen der Leistungsbestimmung vgl. Staudinger/Mayer-Maly, 12. Aufl., § 315 BGB Rdnr 18.

[22] Hönn, Kompensation gestörter Vertragsparität, 1982, S. 286 differenziert zwischen subjektiven Interessen der beteiligten Individuen als Bewertungsobjekt einerseits und den Bewertungsmaßstäben, die über die Frage entscheiden, welche Interessen sich durchsetzen sollen andererseits. Bewertungsmaßstäbe sind das Resultat der einwirkenden Bewertungsfaktoren, die ihrerseits Kriterien für die vorzugswürdigen Güter und Interessen darstellen; vgl. ferner auch Ulmer BB 1982, 1125, 1131.

[23] Vgl. oben 5.1.1 „Änderung der Verhältnisse".

[24] Vgl. Bilda, Anpassungsklauseln in Verträgen, 2. Aufl., 1973, Rdnr 48 S. 53 zu automatischen Anpassungen.

Dabei ist der Wertmesser objektiv zu fassen[25]. Subjektive Überzeugungen sind ohne Belang, und zwar sowohl was die Überzeugung des Kreditgebers von der Billigkeit seiner Bestimmung angeht[26], wie es ebensowenig auf subjektive Erwägungen auf seiten des Kreditnehmers ankommen kann[27].

Maßgebend für die Bestimmung des Wertmessers ist allein die Vereinbarung, d. h. der konkrete Inhalt der Zinsanpassungsklausel[28]. Der Bewertungsmaßstab kann dabei sehr exakt gefaßt sein[29]. Ist das wie üblicherweise nicht der Fall, entscheidet die Auslegung nach dem erkennbaren Sinn und Zweck der Zinsanpassungsklausel[30]. Dabei ist zwischen einem inner- und außervertraglichem Bezugsrahmen zu unterscheiden, je nachdem ob außerhalb des Schuldverhältnisses liegende Umstände (abstrakt) entscheidend sein sollen oder solche Umstände, die auf die Verhältnisse der Beteiligten abstellen (konkret).

5.2.2.1 Außervertraglicher Bezugsrahmen

Nach dem Inhalt der Zinsanpassungsklausel kann das Maß einer außerhalb des Schuldverhältnisses sich vollziehenden Änderung einer Bezugsgröße bestimmend für die Anpassung des Zinssatzes sein (außervertraglicher Bezugsrahmen). Derartige Verhältnisse können die Kalkulation berühren, also durchaus konkreten Einfluß auf das zu Vertragsbeginn bestehende Äquivalenzverhältnis ausüben, müssen es jedoch nicht. So ist es durchaus denkbar, daß z. B. eine Änderung des Bundesbank-Diskontsatzes keine wesentlichen Auswirkungen auf die konkrete Refinanzierungssituation des betreffenden Kreditgebers hat, etwa wegen dessen besonderer Refinanzierungsstruktur[31].

Während der Bundesbank-Diskontsatz in der Praxis weitgehend seine Funktion als Wertmesser eingebüßt hat, finden sich zunehmend in Zinsanpassungsklauseln Hinweise auf die Geld- bzw. Kapitalmarktlage[32]. In diesem Fall

---

[25] Vgl. z. B. BGHZ 41, 271, 279: „*objektive* wirtschaftliche Interessenlage"; vgl. auch die äußerst konkreten Anforderungen, die der BGH z. B. an die Verzugsschadensberechnung der Kreditinstitute stellt, BGH ZIP 1986, 21 = EWiR § 286 BGB 1/86, 125 (Hadding) = WM 1986, 8 = NJW-RR 1986, 205 = WuB I E 1.—5.86 Emmerich = BB 1986, 220 = DB 1986, 424.

[26] Vgl. Staudinger/Mayer-Maly, 12. Aufl., § 315 BGB Rdnr 57 mwN.

[27] Vgl. RGZ 118, 165, 167.

[28] Vgl. Urteil des BGH vom 6.3.1986—III ZR 195/84—BGHZ 97, 212, 217 = NJW 1986, 1803, 1804 = WM 1986, 580, 581 = ZIP 1986, 698, 700 = BB 1986, 1874, 1875 (weitere Fundst. siehe Kap. 1 Fußn 5).

[29] Vgl. Staudinger/Mayer-Maly, 12. Aufl., § 315 BGB Rdnr 15.

[30] Vgl. BGH aaO (Fußn 28).

[31] Zu unterschiedlichen Refinanzierungsstrukturen vgl. BGH ZIP 1986, 21, 24 = EWiR § 286 BGB 1/86, 125 (Hadding) = WM 1986, 8 = NJW-RR 1986, 205 = WuB I E 1.—5.86 Emmerich = BB 1986, 220 = DB 1986, 424; ferner die Tabelle bei Hagenmüller I S. 270; besonders Büschgen BB-Beilage 9/1984 S.11 f.

[32] Vgl. Canaris, Bankvertragsrecht Rdnr 1328 zu „Erhöhung des allgemeinen Zinsniveaus"; OLG Stuttgart NJW 1954, 1646 = DNotZ 1955, 80 zu „Allgemeiner Änderung

soll die allgemeine Wertschätzung aus der Sicht der Nachfrager[33] in den Rang eines Wertmessers erhoben werden. Zwar muß das Übliche nicht übereinstimmen mit dem Billigen[34]; hierauf kommt es jedoch bei der Prüfung der Frage, was als Maßstab zu gelten hat, nicht an. Grundsätzlich kann in den oben aufgezeigten Grenzen des AGBG und des Währungsgesetzes jeder beliebige außervertragliche Bezugsrahmen als vereinbart gelten, immer unter der Voraussetzung, daß dieser Bezugsrahmen durch die Zinsanpassungsklausel eindeutig bestimmt wird, und zwar für beide Seiten des Vertragsverhältnisses in gleicher Weise. Dies schließt aus, daß unter Berufung auf einen außervertraglichen abstrakten Bezugsrahmen Zinsen erhöht werden, während auf der anderen Seite Zinssenkungen unter Bezugnahme auf einen innervertraglichen Bezugsrahmen, etwa die konkrete Refinanzierungssituation, abgelehnt wird.

Das kann am Beispiel der Zinsstatistik der Deutschen Bundesbank erläutert werden: So könnte mit Rücksicht auf Praktikabilitätserwägungen[35] die Zinsstatistik aus den Monatsberichten der Deutschen Bundesbank, z. B. für Kontokorrentkredite unter 1 Million, vereinbart sein. Diese stellt eine Preisstatistik für den Kreditmarkt dar[36], die aufgrund statistisch-methodisch unzulänglicher Erhebungen[37] mögliche Entwicklungstendenzen erkennbar macht[38]. Im Hinblick auf die zahlreichen, unterschiedlichen Faktoren auf der Angebotsseite (Angebotsstruktur, preispolitische Handlungsmöglichkeiten/Mischkalkulation, Refinanzierungs-, Risiko- und Kostenstruktur) ist sie für die Beurteilung der Preispolitik einzelner Kreditgeber nicht geeignet[39]. Die Zinsstatistik würde im Falle ihrer Vereinbarung als Maßstab für Zinsanpassungen einen im obigen Sinne außervertraglichen, abstrakten Bezugsrahmen darstellen. Ob Zinsanpassungen dem Grunde bzw. der Höhe nach gerechtfertigt sind, ließe sich dann leicht durch einen Blick in die Zinsstatistik feststellen. In diesem Fall wäre der

---

der Kapitalmarktzinsen" bzw. der „Allgemeinen Tendenz am Kapitalmarkt"; OLG Hamm WM 1985, 159, 161 = WuB I A — 1.85 Becker zu „Änderung der Geldmarktlage oder kreditpolitischen Situation"; Staudinger/Mayer-Maly, 12. Aufl., § 315 BGB Rdnr 57 zu „Entwicklung der Marktpreise und die jeweilige Wirtschaftslage" unter Hinweis auf BGHZ 1, 353, 354; ebenso Palandt/Heinrichs, 46. Aufl., § 157 BGB Anm 3; BGH LM Nr. 11 zu § 315 BGB MDR 1971, 826 zu „marktgerechtem Preis"; Kunth/Wollburg BB 1985, 230, 236f zu „Marktpreis"; Ulmer BB 1982, 1125, 1129ff zu „Marktpreis" und 1132 zum Problem eines „atypischen Verlaufs der Marktpreisentwicklung".

[33] Definition nach Ulmer BB 1982, 1125, 1129.

[34] Vgl. RGZ 136, 56, 59; OLG Hamm WM 1985, 159, 161 = WuB I A — 1.85 Becker; RGRK-Ballhaus, 12. Aufl., II, 1 § 317 BGB Rdnr 2 zu „banküblichen" Zinsen, die durch Bankfachleute bestimmt werden sollen, und zur richterlichen Herabsetzungsmöglichkeit, wenn die Bankübung nicht der Billigkeit entspricht.

[35] die Ulmer BB 1982, 1125, 1131 im Zusammenhang mit der Tagespreisklausel hervorhebt.

[36] Vgl. dazu Büschgen BB-Beilage 9/1984 S. 2.

[37] Vgl. Büschgen BB-Beilage 9/1984 S. 16f.

[38] Vgl. Büschgen BB-Beilage 9/1984 S. 4.

[39] Vgl. Büschgen BB-Beilage 9/1984 S. 16f.

Kreditgeber aber auch entsprechend verpflichtet, die Zinsen jeweils bei einem Fallen des Vergleichszinses aus den Monatsberichten der Deutschen Bundesbank den Zinssatz des konkreten Vertrages herabzusetzen. Er könnte sich folglich also auch nicht darauf berufen, daß ein eventuelles Absinken der Vergleichszinssätze unbeachtlich sei, weil, was die eigene Refinanzierungsstruktur angeht, keine Verbesserung eingetreten ist. Es gilt der Satz, daß ein vereinbarter Wertmaßstab für beide Seiten einheitlich Anwendung findet.

Zinsanpassungsklauseln, die mehr oder weniger unbestimmt auf die Entwicklung am Geld- oder Kapitalmarkt rekurrieren, sind allerdings dahin auszulegen, daß nicht ein außervertraglicher, abstrakter Maßstab gelten soll, sondern vielmehr ein innervertraglicher konkreter: solche Klauseln bieten nur die Möglichkeit, den Zinssatz den wechselnden Verhältnissen auf dem Kapitalmarkt und den dadurch verursachten Änderungen der Refinanzierungskonditionen anzupassen[40]. Auch in diesem Fall kann den Zinsstatistiken der Deutschen Bundesbank im Rahmen der Ermessensausübung eine gewisse Funktion zukommen, wie zu erörtern sein wird[41].

5.2.2.2 Innervertraglicher Bezugsrahmen

Läßt sich, was überwiegend der Fall sein wird, ein bestimmter außervertraglicher Bezugsrahmen nicht feststellen, ist auf einen innervertraglichen, konkreten Bezugsrahmen[42] zurückzugreifen, d.h. auf Umstände, die konkreten Einfluß auf die Kalkulation des Kreditgebers haben. Nun können, wie zur Kalkulation des Zinses dargestellt[43], eine Vielzahl von Faktoren auf diese einwirken. Alle diese Faktoren könnten mit gutem Grund Gegenstand einer Zinsanpassungsklausel sein[44]. Sind allerdings solche Faktoren in der Zinsanpassunsklausel nicht genannt, bleibt die Klausel in diesem Sinne, was den Maßstab der Zinsanpassung angeht, unbestimmt, ist nur auf den Faktor Refinanzierung[45] abzustellen[46]. Eine Veränderung der Geldmarktlage, die als solche in einer Zinsanpassungsklausel erwähnt ist, kann dann nur insoweit Berücksichtigung

---

[40] So Urteil des BGH vom 6. 3. 1986 — III ZR 195/84 — BGHZ 97, 212, 217 = NJW 1986, 1803, 1804 = WM 1986, 580, 581 = ZIP 1986, 698, 700 = BB 1986, 1874, 1875 (weitere Fundst. siehe Kap. 1 Fußn 5); vorher bereits OLG Schleswig WM 1984, 651, 652 und OLG Hamm WM 1985, 159, 161 = WuB I A — 1.85 Becker; siehe dazu im folgenden 5.2.2.2 „Innervertraglicher Bezugsrahmen".

[41] Siehe unten 5.2.3.1.2 „Absolute Grenzen".

[42] Vgl. grundsätzlich dazu Kronke AcP 183, 113, 141 mwN; auch Staudinger/Mayer-Maly, 12. Aufl., § 315 BGB Rdnr 58 mwN.

[43] Siehe 2.2.1 „Bestandteile des Zinses".

[44] Vgl. Schwarz NJW 1987, 626, 628.

[45] Siehe oben 2.2.1.1.2 „Refinanzierung".

[46] In diesem Sinne vgl. das Urteil des BGH vom 6. 3. 1986 — III ZR 195/84 — BGHZ 97, 212, 217 = NJW 1986, 1803, 1804 = WM 1986, 580, 581 = ZIP 1986, 698, 700 = BB 1986, 1874, 1875 (weitere Fundst. siehe Kap. 1 Fußn 5).

finden, als deren Veränderung Auswirkung auf die konkrete Refinanzierungssituation des Kreditgebers hat. Da sich die Refinanzierungsstruktur eines Kreditgebers von Niederlassung zu Niederlassung unterscheiden kann[47], z. B. im Hinblick auf das Einlagengeschäft, ist es auch richtig, genauer auf die kreditgewährende Niederlassung des Darlehensgebers abzustellen[48].

Dieser Maßstab ist schwieriger zu handhaben als ein außervertraglicher Bezugsrahmen. Zur Begründung einer Zinsanpassung kann weder verwiesen werden auf eine allgemeine Steigerung der Lebenshaltungskosten[49], allgemeine Kostensteigerungen[50] außerhalb des Refinanzierungsbereiches, aber auch nicht auf die Änderung des Bundesbank-Diskontsatzes, wenn nicht gleichzeitig dargelegt wird, daß sich hierdurch die Refinanzierungssituation geändert hat[51]. Klauseln dieser Art berechtigen auch nicht dazu, den Zins durch einen besonderen Risikozuschlag anzupassen[52]. Ebensowenig ist der Kreditgeber berechtigt, den Zinssatz aus Gründen der innerbetrieblichen Kalkulation (unabhängig von einem Wechsel der Refinanzierungsbedingungen) heraufzusetzen[53].

Da die Zielsetzung der Zinsstatistiken aus den Monatsberichten der Deutschen Bundesbank lediglich ist, mangelnder Markttransparenz entgegenzuwirken[54], ihnen aber keine Aussagekraft über die Refinanzierungssituation des konkreten Kreditgebers zukommt[55], kann eine Zinsanpassung nicht allein hierauf gestützt werden. Deren Veränderungen ist somit allenfalls eine Indizwir-

---

[47] Vgl. zu unterschiedlicher Refinanzierungssituation Obst/Hintner, 36. Aufl., S. 243 ff, Büschgen BB-Beilage 9/1984 S. 11f; Hagenmüller I S. 270; ausführlich auch im Zusammenhang mit der Erörterung der Frage einer abstrakten Schadensberechnung durch Banken BGH ZIP 1986, 21, 24ff = WM 1986, 8 = EWiR § 286 BGB 1/86, 125 (Hadding) = NJW-RR 1986, 205 = WuB I E 1. — 5.86 Emmerich = BB 1986, 220 = DB 1986, 424.

[48] So OLG Hamm WM 1985, 159, 161 = WuB I A — 1.85 Becker; Urteil des BGH vom 6. 3. 1986 — III ZR 195/84 — BGHZ 97, 212, 223 = NJW 1986, 1803, 1805 = WM 1986, 580, 583 = ZIP 1986, 698, 702 = BB 1986, 1874, 1876 (weitere Fundst. siehe Kap. 1 Fußn 5); auch bereits RGZ 136, 56, 60; für Abstellen auf die „Geschäftsstruktur der einzelnen Bank" vgl. auch BGHZ 62, 103, 108.

[49] Vgl. BGH BB 1985, 481, 482 (Tagespreisklausel).

[50] Vgl. allg. Jung BB 1982, 458, 459.

[51] In diesem Sinn Urteil des BGH vom 6. 3. 1986 — III ZR 195/84 — BGHZ 97, 212, 218f = NJW 1986, 1803, 1804 = WM 1986, 580, 581f = ZIP 1986, 698, 700 = BB 1986, 1874, 1875 (weitere Fundst. siehe Kap. 1 Fußn 5).

[52] Vgl. Urteil des BGH vom 6. 3. 1986 — III ZR 195/84 — BGHZ 97, 212, 222 = NJW 1986, 1803, 1805 = WM 1986, 580, 582 = ZIP 1986, 698, 701 = BB 1986, 1874, 1876 (weitere Fundst. siehe Kap. 1 Fußn 5); OLG Hamm 1985, 159, 161 = WuB I A — 1.85 Becker.

[53] Vgl. BGH aaO.

[54] Vgl. Hagenmüller, Festschrift für Rittershausen, 1968, S. 158, 166.

[55] Siehe schon oben 5.2.2.1 „Außervertraglicher Bezugsrahmen"; besonders Büschgen BB-Beilage 9/1984 S. 4, 16f.

kung im Hinblick auf eine Veränderung der Refinanzierungssituation zu entnehmen[56]. Damit ist nicht ausgeschlossen, daß die Zinsstatistik der Deutschen Bundesbank bei der Billigkeitsprüfung zu beachten ist[57]. Die Streubreiten der Zinsstatistiken aus den Monatsberichten der Deutschen Bundesbank sind jedoch ohne Belang, sowohl, was die Ermittlung des Maßstabes als auch die Feststellung einer Veränderung der nach diesem Maßstab entscheidenden Verhältnisse angeht[58].

5.2.3 Umfang der Anpassung

An die Feststellung dessen, was als Maßstab anzusehen ist, schließt sich die Überprüfung an, in welchem Umfang eine Änderung der maßgeblichen Bezugsgrößen eingetreten ist[59]. Erst im Anschluß hieran erhebt sich die Frage, in welchem Umfang der Zinssatz anzupassen ist. Nur dies stellt den Bereich dar, in dem eine Entscheidung nach Billigkeitsgründen möglich ist. Hierbei sind die Fragen zu beantworten, inwieweit dem Kreditgeber als Bestimmungsberechtigtem ein Ermessen zusteht, inwieweit dieses Ermessen in Relation zur Änderung der Bezugsgrößen zu sehen ist, bzw. welche kompensierenden Faktoren hierbei auf die Entscheidung zur Zinssatzänderung einwirken können.

5.2.3.1 Ermessen

Jede Änderung des Zinssatzes, die von den grundsätzlichen Voraussetzungen einer Anpassung abweicht, z. B. durch Wahl eines unzutreffenden, weil nicht vereinbarten Maßstabes, ist zwar auch unbillig. Die Feststellung der Unwirksamkeit ist jedoch insoweit bereits eine Stufe vorverlagert. Es handelt sich nicht nur um eine Frage der Billigkeit oder des Ermessens. Solche Zinsanpassungen sind bereits mangels Rechtsgrundlage im konkreten Fall unwirksam. Auf die Frage eines Ermessens kommt es insoweit nicht an.

Liegen die grundsätzlichen Voraussetzungen für eine Zinsanpassung jedoch vor, kann die Bestimmung der Zinsänderung „nach billigem Ermessen" im Sinne des § 315 Abs. 1 BGB getroffen werden. Soweit das Zinsanpassungsrecht auf Allgemeinen Geschäftsbedingungen beruht, scheidet ein freies Ermessen

---

[56] In diesem Sinne vgl. Becker WuB I A — 1.85.

[57] Vgl. OLG Schleswig WM 1984, 651, 652 und OLG Hamm WM 1985, 158, 161 = WuB I A — 1.85 Becker, die allerdings die Zinsstatistik als direkten Maßstab annehmen; nicht ganz eindeutig auch das Urteil des BGH vom 6. 3. 1986 — III ZR 195/84 — BGHZ 97, 212, 222f = NJW 1986, 1803, 1805 = WM 1986, 580, 582f = ZIP 1986, 698, 702 = BB 1986, 1874, 1876 (weitere Fundst. siehe Kap. 1 Fußn 5); vgl. dazu unten 5.2.3.1.2 „Absolute Grenzen".

[58] Dies wird in den einschlägigen Entscheidungen (siehe vorige Fußnote) nicht hinreichend unterschieden.

[59] Zur Unterscheidung zwischen Voraussetzungen und Umfang einer Anpassung vgl. allgemein auch BGH BB 1978, 731, 732 und oben 5. „Wirksamkeit der Zinsanpassung".

aus[60]. Der Begriff des Ermessens selbst ist dabei objektiv zu verstehen, auf subjektive Einschätzungen des Bestimmungsberechtigten kann es nicht ankommen[61]. Für den Umfang des Ermessens läßt sich nichts aus § 316 BGB herleiten, da dort nicht ein Bestimmungsmaßstab für das Leistungsbestimmungsrecht festgelegt wird, sondern nur das Leistungsbestimmungsrecht selbst zugewiesen wird[62]. Hinweise auf das, was unter billigem Ermessen zu verstehen ist, sind jedoch zunächst einmal durch eine Abgrenzung der Leistungsbestimmung durch Dritte (§§ 317-319 BGB) zu derjenigen durch eine Vertragspartei (§§ 316, 315 BGB) zu gewinnen. Während bei der Leistungsbestimmung durch Dritte die Grenze erst durch offenbare Unbilligkeit gezogen wird, bildet bei der Leistungsbestimmung durch eine Partei schon die einfache Unbilligkeit die entscheidende Grenze[63]. Ein bestehender Ermessensspielraum bei § 315 BGB muß damit enger sein als derjenige bei der Leistungsbestimmung durch Dritte.

5.2.3.1.1 Ermessensspielraum

Daß ein Ermessensspielraum jedenfalls bei innervertraglichen Bezugsrahmen überhaupt bestehen muß, ergibt sich schon aus praktischen Überlegungen. Wäre nur eine einzige Entscheidung möglich, könnte dies dazu führen, daß die Zinsanpassung in praktisch jedem Falle einer gerichtlichen Überprüfung zugeführt werden könnte, was sicherlich nicht Sinn und Zweck eines einseitigen Leistungsbestimmungsrechtes nach § 315 BGB sein kann[64].

Es sprechen jedoch auch handfeste sachliche Gründe für die Zubilligung eines Ermessensspielraumes, die in den Besonderheiten des Kreditgeschäfts begründet sind. Wenn wie üblich als Maßstab für die Veränderung des Zinssatzes auf die Veränderung der Refinanzierungsverhältnisse abzustellen ist, muß, wie im nächsten Abschnitt näher darzustellen ist, eine gewisse Relation zwischen der Veränderung der Refinanzierungssituation und der Anpassung des Zinssatzes

---

[60] Vgl. oben 2.3.3.1.3 „Vorrangprinzip"; von billigem Ermessen gehen im übrigen alle einschlägigen Entscheidungen aus, vgl. z. B. OLG Hamm WM 1985, 159, 161 = WuB I A — 1.85 Becker; OLG Schleswig WM 1984, 651, 652; auch Urteil des BGH vom 6. 3. 1986 — III ZR 195/84 — BGHZ 97, 212, 216 = NJW 1986, 1803, 1804 = WM 1986, 580, 581 = ZIP 1986, 689, 700 = BB 1986, 1874, 1875 (weitere Fundst. siehe Kap. 1 Fußn 5); zur Herkunft des Begriffs aus dem arbitrium boni viri vgl. Kronke AcP 183, 113, 139 mwN; Staudinger/Mayer-Maly, 12. Aufl., § 315 BGB Rdnr 55; zu vergleichbaren Regelungen in den Ziffern 14 und 18 der AGB-Banken vgl. OLG Schleswig WM 1984, 651, 652; OLG Hamm WM 1985, 159, 161 = WuB I A — 1.85 Becker.

[61] Vgl. Kronke AcP 183, 113, 139; Staudinger/Mayer-Maly, 12 Aufl., § 315 BGB Rdnr 57; im Ergebnis auch BGHZ 41, 271, 279; im Unterschied zu § 26 Abs. 2 GWB.

[62] Vgl. Staudinger/Mayer-Maly, 12. Aufl., § 316 BGB Rdnr 1.

[63] Vgl. BGH WM 1975, 17.

[64] Zu diesen praktischen Überlegungen vgl. Staudinger/Mayer-Maly, 12. Aufl., § 315 BGB Rdnr 55; zu Vergleichen mit der öffentlich-rechtlichen Lehre vom Ermessen und unbestimmten Rechtsbegriff vgl. Staudinger/Mayer-Maly aaO Rdnr 53; Neumann-Duesberg JZ 1952, 705ff; Kronke AcP 183, 113, 138.

bestehen. Nun läßt sich aber im Regelfall die Kreditgewährung nicht einer bestimmten Refinanzierungsart zurechnen[65]. Mit Ausnahme vielleicht von Spezialbanken wird die Refinanzierungssituation des Kreditgebers durch verschiedene Refinanzierungsarten bestimmt[66]. Davon wird die Gültigkeit des Satzes, daß das Zinsverhalten auf der Aktivseite wesentlich durch die Passivverzinsung bestimmt wird[67], nicht berührt. Es kann aber deshalb nicht verlangt werden, daß mathematisch genau zu rechnen ist[68], weshalb ein Ermessensspielraum des Kreditgebers zurecht zuzugestehen ist[69]. Der Umfang des Ermessensspielraums ist im Zusammenhang mit der Technik der Überprüfung der Zinsanpassung dargestellt[70].

5.2.3.1.2 Absolute Grenzen

Der Ermessensspielraum unterliegt gewissen absoluten Grenzen, bei deren Nichtbeachtung die Zinsanpassung ohne weiteres nicht der Billigkeit entspricht.

Eine solche Grenze bildet zunächst das allgemein geltende Willkürverbot[71]. Willkür wird immer dann anzunehmen sein, wenn die Zinsanpassung ausschließlich zum Zwecke der Erzielung eines zusätzlichen Gewinns erfolgt[72]. Preisänderungen, die angesichts einer besonderen Nachfrage einen zusätzlichen Gewinn sichern sollen, sind unzulässig[73]. Auch die Schlechterstellung des Kunden gegenüber anderen Kreditnehmern kann Willkür bedeuten, sofern nicht besondere Sachgründe gegeben sind[74].

---

[65] Vgl. Gerke, Gleitklauseln im Geld- und Kapitalverkehr, 1980, S. 116.

[66] Vgl. z.B. Jährig/Schuck, Handbuch des Kreditgeschäfts, 4. Aufl., 1982, S. 108; Hagenmüller I S. 270; auch Büschgen BB-Beilage 9/1984 S. 16f.

[67] Vgl. Hagenmüller III S. 333.

[68] Vgl. bereits OLG Stuttgart NJW 1954, 1646 = DNotZ 1955, 80; in diesem Sinne ist wohl auch RGZ 136, 56, 59 zu verstehen; zu den schärferen Anforderungen im Zusammenhang mit abstrakter Schadensberechnung im Kreditgeschäft vgl. BGHZ 62, 103, 105ff; BGH ZIP 1986, 21, 24 = WM 1986, 8ff = EWiR § 286 BGB 1/86, 125 (Hadding) = NJW-RR 1986, 205 = WuB I E 1. — 5.86 Emmerich = BB 1986, 220 = DB 1986, 424.

[69] Im Ergebnis ebenso Staudinger/Mayer-Maly, 12. Aufl., § 315 BGB Rdnr 55 (auch 53); Neumann-Duesberg JZ 1952, 705, 707; LG München WM 1978, 915; RG HRR (Bd. 16) 1940, 544, Palandt/Heinrichs, 46. Aufl., § 315 BGB Anm 2; MünchKomm/Söllner § 315 BGB Rdnr 14; grundsätzlich Bilda, Anpassungsklauseln in Verträgen, 2. Aufl., 1973, Rdnr 61 S. 62.

[70] Siehe unten 6.2.3 „Technik der Überprüfung".

[71] Vgl. Graf von Westphalen in Löwe/von Westphalen/Trinkner § 11 Nr. 1 Rdnr 13; OLG Stuttgart NJW 1954, 1646 = DNotZ 1955, 80; Staudinger/Mayer-Maly, 12. Aufl., § 315 BGB Rdnr 70; ders. Rdnr. 60 mwN.

[72] Vgl. BGH BB 1985, 1351, 1352 = NJW 1985, 2270 = BauR 1985, 573 (zu Preisänderungsvorbehalt im Werkvertrag); in diesem Sinne auch RGZ 118, 165, 167.

[73] So BGH NJW 1982, 331, 332 = BGHZ 82, 21 = BB 1982, 146 = ZIP 1982, 71 = MDR 1982, 486 = WM 1982, 9 (Tagespreisklausel); Köndgen/König ZIP 1984, 129, 134; vgl. auch Kunth/Wollburg BB 1985, 230, 234.

Als weitere absolute Grenze kann die Zinsstatistik der Monatsberichte der Deutschen Bundesbank herangezogen werden, insbesondere die dort veröffentlichten Sollzinsen für Kontokorrentkredite unter 1 Million DM, allerdings nur für den Zinsvorbehalt[75]. Hält sich hier die erste Zinssatzfestsetzung nicht im Rahmen der Zinssätze für Kredite der betreffenden Art und Größenordung, wie sie sich aus den in den Monatsberichten der Deutschen Bundesbank veröffentlichten Statistiken ergeben, aus denen bereits die höchsten und niedrigsten Zinssätze ausgesondert sind, so ist sie als unbillig anzusehen[76]. Dieses Ergebnis gilt auch für Zinsänderungsklauseln[77] dann, wenn die Zinsstatistik der Deutschen Bundesbank selbst in den Rang eines Maßstabs erhoben wird[78], im übrigen jedoch nicht, da bereits der ursprünglich vereinbarte Zinssatz außerhalb der Streubreite der statistischen Durchschnittszinssätze liegen kann.

5.2.3.2 Äquivalenz

Als wesentliches Kriterium der Billigkeit im Sinne des § 315 BGB wird allenthalben die Berücksichtigung der beiderseitigen Interessen betrachtet[79].

Nun lassen sich zwar ohne weiteres eine ganze Reihe von Interessen des leistungsbestimmungsberechtigten Kreditgebers ermitteln, wie z. B. Vermeidung von Eigenkapitalverlust, Aufrechterhaltung der inneren Liquidität etc., während die Nennung derart konkreter, auf Seiten des Kreditnehmers zu berücksichtigender Umstände kaum anzutreffen ist. Wenn daher der Satz gelten soll, daß die beiderseitigen Interessen zu berücksichtigen sind, kann dies im Ergebnis nur die Aufrechterhaltung des Äquivalenzverhältnisses, das zum Zeitpunkt des Vertragsabschlusses bestand, meinen[80].

---

[74] Vgl. Urteil des BGH vom 6. 3. 1986 — III ZR 195/84 — BGHZ 97, 212, 223 = NJW 1986, 1803, 1805 = WM 1986, 580, 582 f = ZIP 1986, 698, 702 = BB 1986, 1874, 1876 (weitere Fundst. siehe Kap. 1 Fußn 5); zum Gedanken der Gleichbehandlung aller neuen und alten Kunden vgl. Bartsch DB 1983, 214, 216.

[75] Siehe oben 2.3.1.1.3 „Zinsvorbehalt".

[76] Vgl. BGH aaO (Fußn 4).

[77] Siehe oben 2.3.1.1.2 „Zinsänderungsklausel".

[78] Z. B. in OLG Schleswig WM 1984, 651, 652 und OLG Hamm WM 1985, 159, 161 = WuB I A. — 1.85 Becker.

[79] Vgl. z. B. Hans. OLG Hamburg MDR 1977, 51; BGH NJW 1980, 2518, 2519 = WM 1980, 1120 = DB 1980, 2125 = BB 1980, 1490 = ZIP 1980, 765 = LM AGBG Nr. 6 (Zeitschriftenabonnement); BGHZ 41, 271, 279; Staudinger/Mayer-Maly, 12. Aufl., § 315 BGB Rdnr 58 mwN, 70; Jung BB 1982, 458, 459; Horn, Geldwertveränderungen, Privatrecht und Wirtschaftsordnung, 1975, S. 18; grundlegend Hönn, Kompensation gestörter Vertragsparität, 1982, S. 286; zur Interessenlage im Rahmen der Inhaltskontrolle vgl. oben 3.1.5.2 „Interessenlage".

[80] Vgl. Urteil des BGH vom 6. 3. 1986 — III ZR 195/84 — BGHZ 97, 212, 222 (weitere Fundst. siehe Kap. 1 Fußn 5) und oben im Zusammenhang mit der Auslegung 2.3.3.3.3 „Relation zwischen Änderung der Verhältisse und Anpassung" und 3.1.5.3 „Bestimmtheitsgrundsatz"; ferner BGHZ 82, 21 = NJW 1982, 313, 312 = BB 1982, 146 = ZIP 1982, 71 = MDR 1982, 486 = WM 1982, 9 (Tagespreisklausel) in noch genauer BGH BB

Unter Äquivalenz in diesem Sinne ist die Vorstellung beider Parteien von der Gleichwertigkeit der von ihnen zu erbringenden Leistungen[81], sozusagen die „relative Ausgewogenheit von Leistung und Gegenleistung“[82] zu verstehen[83]. Dieses Verständnis begreift § 315 BGB als „individualschützende vertragsbezogene Regelung“[84], die das Vertragsverhältnis unter den Vorbehalt der gleichbleibenden Umstände stellt[85].

Aus der Anwendung des Äquivalenzgedankens ist damit eine Relation zwischen Umfang der Zinsanpassung und Umfang der Änderung der maßgebenden Verhältnisse jedenfalls bei innervertraglichem Bezugsrahmen (z.B. konkrete Refinanzierungssituation) abzuleiten: Der Umfang der Zinsanpassung muß dem Umfang der Änderung der maßgebenden Verhältnisse entsprechen. Dem liegt geradezu ein allgemeiner Rechtsgedanke für Preisanpassungen nach § 315 BGB zugrunde[86]. Das eigentliche Ziel der Billigkeitsprüfung ist damit die Aufrechterhaltung der ursprünglichen Äquivalenz[87]. Das ist nicht die Frage der Ermittlung eines gerechten Preises[88], sondern des Einsatzes des § 315 BGB als Steuerungsmittel gegen die bei einseitigen Preisanpassungen latent drohende Störung der Gleichwertigkeit von Leistung und Gegenleistung[89].

1985, 1351, 1352 = NJW 1985, 2270 = BauR 1985, 573 zu Preisänderungsvorbehalt im Werkvertrag, wonach die Berücksichtigung der Interessenlage des Auftraggebers bedeutet, daß sich eine Vergütungsänderung am Äquivalenzprinzip orientieren muß; grundsätzlich Hönn aaO S. 94; vgl. auch Rothoeft NJW 1986, 2211, 2214 zur Vorbeugung gegen Äquivalenzstörungen durch Anpassungsklauseln.

[81] Vgl. so BGHZ 82, 21 (weiter siehe Fußn 80); ebenso BGH BB 1985, 1351, 1352 (weiter Fußn 80); Staudinger/Mayer-Maly, 12. Aufl., § 316 BGB Rdnr 2 mwN; zur Vertragsparität siehe Heymann BB-Beilage 8/1983 S. 23; Schlosser ZIP 1985, 449, 461 zur Geltung des Bindungsgrundsatzes als wesentliche Grundlage für ein funktionierendes, die Äquivalenz gegenseitiger Leistungen sicherndes Vertragssystem auch im kaufmännischen Verkehr mwN.

[82] So Hönn aaO S. 94.

[83] Zur Abgrenzung der objektiven Äquivalenz gegenüber iustum pretium und laesio enormis vgl. Klinke, Causa und genetisches Synallagma, 1983, S. 120ff; kritisch Canaris ZIP 1980, 709, 717.

[84] Vgl. Hönn aaO S. 134ff: „Kompensationsmittel“.

[85] Vgl. dazu Soergel/Knopp, 11. Aufl., § 157 BGB Rdnr 130.

[86] Vgl. weiterhin zum Äquivalenzgedanken BGH BB 1985, 480 = NJW 1985, 426; BGH NJW 1980, 2518, 2519 = WM 1980, 1120 = LM AGBG Nr. 6 = DB 1980, 2125 = BB 1980, 1490 = ZIP 1980, 765; BGH WM 1967, 321, 323; OLG Frankfurt a. M. NJW 1986, 1355; BVerwGE 61, 59, 75; von Maydell, Geldschuld und Geldwert, 1974, S. 375; Staudinger/Karsten Schmidt, 12. Aufl., § 246 BGB Rdnr 81; Palandt/Heinrichs, 46. Aufl., § 246 BGB Anm 3 b); Bartsch DB 1983, 214, 215f; Kunth/Wollburg BB 1985, 230, 234, 235; MünchKomm/Kötz, 2. Aufl., § 11 Nr. 1 AGBG Rdnr 10; Bohle/Micklitz BB-Beilage 11/1983 S. 12; Gutzwiller, Vertragliche Abreden zur Sicherung des Geldwerts, insbesondere Gleitklauseln, 1972, S. 111 Rdnr 189 mwN.

[87] Vgl. Brandner in Ulmer/Brandner/Hensen, 5. Aufl., § 8 AGBG Rdnr 19.

[88] Vgl. dazu Staudinger/Mayer-Maly, 12. Aufl., § 315 BGB Rdnr. 53.

[89] Vgl. zur Steuerung von Störungen der Äquivalenz von Leistung und Gegenleistung auch Köndgen/König ZIP 1984, 129, 132.

Dieses Ergebnis ist auch dogmatisch zu gewinnen. Wurde der ursprüngliche Zinssatz individual ausgehandelt, darf bei späteren Zinsanpassungen ein eventuell ausgehandelter Vorteil nicht verlorengehen[90]. Dies beruht letztlich auf dem Vorrang der Individualvereinbarung vor Allgemeinen Geschäftsbedingungen[91]. Das gleiche Ergebnis muß auch dann gelten, wenn der Zinssatz in Form einer Hauptleistungspflicht-AGB formularmäßig vereinbart wurde[92].

Allein durch Abstellen auf die Zinsstatistiken der Deutschen Bundesbank als Wertmesser[93] lassen sich Zinsanpassungen, die eine Störung des ursprünglichen Äquivalenzverhältnisses beinhalten, nicht vermeiden. War z. B. bei Abschluß des Kreditvertrages ein Zinssatz vereinbart, der an der unteren Grenze der Streubreite der Zinssätze für Kontokorrentkredite unter 1 Million DM lag, wäre bei einem reinen Abstellen auf die Zinsstatistik bereits bei der ersten Veränderung des Durchschnittszinssatzes, sagen wir um nur 1 %, eine Anpassung bis an die obere Grenze der Streubreite möglich. In einem solchen Fall könnte aber sicher nicht mehr von einer Anpassung nach billigem Ermessen gesprochen werden. Solche Zinsanpassungen sind im Hinblick auf das Vorrangprinzip des § 4 AGBG unbillig.

Zeitlich gesehen ist der Vertragszinssatz zum Zeitpunkt des Abschlusses des Kreditvertrages mit dem angepaßten Zinssatz zu demjenigen Zeitpunkt zu vergleichen, der nach der Festsetzung des geänderten Zinssatzes maßgeblich sein soll[94]. Sind bereits Zinsanpassungen wirksam erfolgt, tritt deren Zeitpunkt an die Stelle des Vertragszeitpunktes.

Alle Erwägungen, die eine gegen das Äquivalenzprinzip verstoßende Zinsanpassung begründen sollen, können in diesem Sinne auch als ermessensfehlerhaft[95] und damit als gegen die Billigkeit verstoßend angesehen werden. Die Anwendung des Äquivalenzprinzips erklärt auch die Richtigkeit des Satzes, daß Preisanpassungen nicht zu einer Ausweitung der Gewinnspanne führen dürfen[96]. Welche Anforderungen im einzelnen im Streitfall an Darlegungs- und Beweislast in diesem Zusammenhang zu stellen sind, wird noch zu erörtern sein[97].

---

[90] Vgl. in diesem Sinne Ulmer BB 1982, 1125, 1127 im Zusammenhang mit der Tagespreisklausel; Löwe NJW 1987, 937, 940.

[91] So OLG München BB 1983, 212, 213 = WM 1983, 223 betreffend Verzugszinsen.

[92] Zur Begründung siehe oben 2.3.3.1.3 „Vorrangprinzip".

[93] Vgl. OLG Hamm WM 1985, 159, 161 = WuB I A. — 1.85 Becker.

[94] Zur zeitlichen Problematik siehe oben 5.1.3; allgemein ferner BGHZ 82, 21 (weiter siehe Fußn 80); Kunth/Wollburg BB 1985, 230, 234.

[95] Zur Ermessensunterschreitung und Ermessensmißbrauch allgemein vgl. Kronke AcP 183, 113, 139f.

[96] Siehe dazu oben 5.1.1.1.3 „Gewinnspanne".

[97] Siehe unten 6.2 „Darlegungs- und Beweislast".

5.2.3.3 Kompensation

Trotz Vorliegens aller Voraussetzungen für eine Zinserhöhung kann diese im Einzelfall unwirksam sein, nämlich dann, wenn früher gebotene Senkungen nicht an den Kreditnehmer weitergegeben wurden[98]. Die Richtigkeit dieser These kann zwanglos durch die hier vertretene Auffassung von der Maßgeblichkeit des Äquivalenzverhältnisses erklärt werden. Es handelt sich um eine nachträgliche Kompensation, durch welche das durch früher unterlassene Zinssenkungen gestörte Äquivalenzverhältnis wiederhergestellt wird. Würde dagegen z. B. die Streubreite der Zinsstatistik zum Maßstab gemacht, würde eine solche Kompensation weithin leerlaufen, da sich der Zinssatz wohl in der weitaus überwiegenden Zahl der Fälle auch bei unterlassenen Zinssenkungen noch im Rahmen der Streubreite bewegen würde. Das Abstellen auf das Äquivalenzverhältnis ist auch ein in der juristischen Anwendung greifbarerer Anknüpfungspunkt als z. B. allgemeine Grundsätze, wie Verwirkung, venire contra factum proprium oder Treu und Glauben[99]. Im gleichen Sinne müßte auch die wohl mehr theoretische Frage zu beantworten sein, ob der Kreditgeber im Einzelfall ein Herabsetzungsverlangen mit der Begründung zurückweisen kann, daß früher mögliche Zinserhöhungen unterblieben sind.

Aber auch darüberhinaus findet der Gesichtspunkt der Kompensation in einer anderen Richtung Anwendung. Innerhalb ein und desselben innervertraglichen Bezugsrahmens[100] können unterschiedliche Tendenzen wirksam sein, so z. B. wenn bei Maßgeblichkeit der Refinanzierungssituation sich eine Refinanzierungsart verteuert, während sich gleichzeitig eine andere verbilligt. So konnte in der Vergangenheit z. B. beobachtet werden, daß trotz permanenter Senkungen des Bundesbank-Diskontsatzes die Zinssätze für Einlagen stiegen, eben aufgrund der besonderen Nachfrageverhältnisse[101].

Es mag sein, daß sich die Billigkeit nicht ganz ausschließlich nach innervertraglichen Kriterien prüfen läßt[102]. Dies ändert aber nichts an der grundsätzlichen Berechtigung der Forderung nach Einhaltung des Äquivalenzverhältnisses, wenn auch in Fällen dieser Art, in denen die für eine Erhöhung sprechenden Umstände durch Umstände, die gegen eine Erhöhung sprechen, ausgeglichen oder gar überkompensiert werden[103], dem Kreditgeber ein weiterer Ermessensspielraum zuzubilligen ist.

---

[98] Vgl. Canaris, Bankvertragsrecht, Rdnr 1328; Urteil des BGH vom 6. 3. 1986 — III ZR 195/84 — BGHZ 97, 212, 222 = NJW 1986, 1803, 1805 = WM 1986, 580, 582 = ZIP 1986, 698, 702 = BB 1986, 1874, 1876 (weitere Fundst. siehe Kap.1 Fußn 5).

[99] auf die MünchKomm/Kötz, 2. Aufl., vor § 8 AGBG Rdnr 8 hinweist.

[100] Siehe oben 5.2.2.2 „Innervertraglicher Bezugsrahmen".

[101] Z.B. Senkungen des Bundesbank-Diskontsatzes bei gleichzeitig steigenden Kreditzinsen.

[102] Vgl. grundlegend Kronke AcP 183, 113, 141 ff.

[103] Vgl. Fögen BB 1967, 738.

5.3 Sonderstellung der Sparkassen?

Sparkassen nehmen als öffentlich-rechtliche Körperschaften und wegen ihrer ursprünglich gemeinwirtschaftlichen Orientierung eine gewisse Sonderstellung ein[1]. Ihre Geschäftspolitik unterliegt nach Mustersatzungen im Rahmen der Sparkassenordnungen der Länder bestimmten Richtlinien, die u.a. als wesentliche Aufgabe der Sparkasse die Förderung des Sparens hervorheben und dem gemeinnützigen Charakter Vorrang vor Rentabilitätsgesichtpunkten einräumen[2]. Heute betreiben Sparkassen wie die übrigen Geschäftsbanken alle banküblichen Geschäfte mit Gewinnerzielungsabsicht ohne Einschränkung auf ein reines Kostendeckungsprinzip[3]. Sie refinanzieren sich zu mehr als 75 % aus Einlagen und aufgenommenen Krediten von Nichtbanken[4]. Von der Refinanzierungsstruktur her gesehen dürfte, was den Umfang von Zinsanpassungen in Kreditverträgen angeht, der Veränderung des Einlagenzinssatzes des betreffenden Instituts eine hervorragende Indizwirkung zukommen[5], ähnlich wie bei Kreditgenossenschaften, deren Quote an Einlagen und Krediten von Nichtbanken noch höher ist als diejenige der Sparkassen[6].

Das eigentliche Kriterium, das die Sparkassen von anderen Kreditinstituten unterscheidet, ist deren öffentlich-rechtliche Organisation, weshalb sie besonderen Bindungen des Verwaltungsprivatrechtes und der Leistungsverwaltung unterliegen[7]. Dies verpflichtet die Sparkassen zu einer verstärkten Berücksichtigung des Gleichheitsgrundsatzes auch im Rahmen von Zinsanpassungen in Kreditverträgen[8]. Soweit die Sparkassen privatrechtlich handeln, unterliegen ihre AGB der Inhaltskontrolle nach den §§ 9ff AGBG[9].

---

[1] Vgl. z. B. RG HRR (Bd 16) 1940, 544; Brandner ZIP 1983, 1259; zu Landesbanken und Girozentralen Dirk Schmidt ZIP 1983, 1038.

[2] Vgl. Hagenmüller III S. 384f; Büschgen, Bankbetriebslehre, S. 45; von der Decken ZgK 1971, 672; Bärmann, Europ. Geld-, Bank- und Börsenrecht, Teil I, BRD, S. 62; Schoenle, Bank- und Börsenrecht, 3. Aufl., 1984, S. 423; vgl. auch Terpitz, Festschrift für Johannes Bärmann, 1975, S. 953, 961; Dieckhöner, Rentabilitätsrisiken aus dem Hypothekargeschäft von Kreditinstituten in Zeiten der Geldentwertung, 1984, S. 186ff.

[3] Vgl. Hagenmüller III S. 295; Büschgen, Bankbetriebslehre S. 45f; Bärmann, Europ. Geld-, Bank- und Börsenrecht, Teil I, BRD, S. 62; Jährig/Schuck, Handbuch des Kreditgeschäfts, 4. Aufl., 1982, S. 32; Altjohann, Der Bankvertrag, Diss., München, 1962, S. 15; Krümmel, Bankzinsen, 1964, S. 190; zur Gewinnplanung bei Sparkassen vgl. Abels/Stannigel B.Bl. 1969, 97ff.

[4] Vgl. Büschgen BB — Beilage 9/1984 S. 11, weshalb ihnen die höchsten Gewinnspannen nachgesagt werden, vgl. Der Spiegel, Nr. 26, 40. Jahrg., 23. Juni 1986 S. 52.

[5] So BGH WM 1977, 834, 835.

[6] Vgl. Büschgen BB-Beilage 9/1984 S. 11.

[7] Vgl. Dirk Schmidt ZIP 1983, 1038.

[8] Zum Gebot der Gleichbehandlung bei Ausübung des Ermessens staatlicher Instanzen vgl. Kronke AcP 183, 113, 139ff; auch RG HRR (Bd 16) 1940, 544; zum Verhältnis zwischen Gemeinwohl und § 315 BGB vgl. auch Staudinger/Mayer-Maly, 12. Aufl., § 315 BGB Rdnr 59.

5.4 Zur Rechtslage nach Kontoüberziehung und Kreditkündigung

Kontoüberziehung und Kreditkündigung sind zwar nicht Gegenstand dieser Arbeit. Da die AGB der Banken und Sparkassen für diese Bereiche jedoch auf § 315 BGB verweisen, sollen wegen des Zusammenhangs hier einige der dadurch entstehenden Fragestellungen gestreift werden.

Für die Kontoüberziehung bestimmte Ziffer 14 (3) AGB-Banken, idF 1984, insoweit gleichlautend mit Ziffer 14 (3) der AGB der Kreditgenossenschaften und ähnlich Ziffer 10 AGB-Sparkassen, daß der Kunde statt etwa vereinbarter niedrigerer Zinsen, Gebühren und Provisionen die für solche Überziehungen bestimmten Zinsen und sonstigen Entgelte zu zahlen hat, wobei Ziffer 14 (3) AGB-Banken idF 1984 (auch Kreditgenossenschaften) darauf verweist, daß die Festsetzung „im Rahmen des § 315 BGB" zu erfolgen hat. Dieser Hinweis findet sich zwar nicht in Ziffer 10 AGB-Sparkassen, dafür aber eine Verweisung auf einen Preisaushang bzw. ein Preisverzeichnis, die jetzt auch Ziffer 14 (3) S. 1 AGB-Banken idF 1986 enthält.

Die gleiche Rechtsfolge will Ziffer 18 (1) S. 1 AGB-Banken (auch Kreditgenossenschaften) durch Verweisung auf Ziffer 14 (3) für die Beendigung der Geschäftsverbindung herbeiführen. Dieser Regelung entspricht Ziffer 9 (3) AGB-Sparkassen, die allerdings in Satz 1 bestimmen, daß die Entgelte „unter Berücksichtigung der Marktgegebenheiten und des Aufwandes nach billigem Ermessen (§ 315 BGB) festgelegt" werden.

Inhaltlich wird in dieser Regelung überwiegend eine Verzugsschadenspauschalierung gesehen[1].

Während früher die genannten Regelungen der AGB der Kreditinstitute im Hinblick auf das AGBG für unbedenklich erachtet wurden[2], hat der BGH in

---

[9] Vgl. MünchKomm/Kötz, 2. Aufl., vor § 8 AGBG Rdnr. 9; auch AGB, die der Genehmigung durch die Verwaltungsbehörde bedürfen (§ 16 AGBG) sind der Inhaltskontrolle zu unterziehen, vgl. etwa MünchKomm/Kötz aaO Rdnr 11.

[1] Vgl. Urteil des BGH vom 7. 11. 1985 — III ZR 128/84 -ZIP 1986, 21, 24 = EWiR § 286 BGB 1/86, 125 (Hadding) = WM 1986, 8 = NJW-RR 1986, 205 = BB 1986, 220 = WuB I E 1. — 5.86 Emmerich = DB 1986, 424; auch BGH, Urteil vom 16. 10. 1986 — III ZR 92/85 — WM 1986, 1466f; ferner BGH ZIP 1985, 466 mit Anm Bunte = WM 1985, 473 = WuB I E 1. — 14.85 Fischer = EWiR § 11 Nr. 5 AGBG 2/85, 235 (Bunte) = NJW 1986, 473; vgl. Becker WuB I A -1.85; OLG Hamm WM 1985, 159, 161; Horn WM 1984, 9; Löwe/von Westphalen/Trinkner § 9 AGBG Rdnr 73 und III B Banken-AGB Rdnr 44; Soergel/Häuser, Nachträge, 6. Lief. Januar 1986, Anhang zu § 608 BGB Rdnr 4; von Westphalen ZIP 1984, 1, 4; zur Annahme einer Vertragsstrafe vgl. Canaris NJW 1978, 1891, 1894; dagegen von Westphalen WM 1980, 1406, 1416; differenzierend Staudinger/Karsten Schmidt, 12. Aufl., § 246 BGB Rdnrn 28 und 74; ferner Werhahn/Schebesta Rdnr 203; Nielsen, Das Bankrecht, 4. Aufl., S. 154; schon Koch, Banken und Bankgeschäfte, 1931, S. 91; ausführlich zum gesamten Problemkreis auch unter betriebswirtschaftlichen Gesichtspunkten vgl. Scholz ZIP 1986, 545ff; Ahrens DB 1987, 315ff; Reifner ZIP 1987, 545ff.

[2] Vgl. z. B. OLG Hamm WM 1985, 159, 161 = WuB I A — 1.85 Becker; OLG Schleswig WM 1984, 651, 652; LG Berlin WM 1979, 322, 323; OLG Hamm WM 1983,

seinem Urteil vom 7.11.1985[3] entschieden, daß Ziffer 18 (1) iVm Ziffer 14 (3) AGB-Banken wegen Verstoßes gegen die §§ 9 Abs. 2 Nr. 1, 11 Nr. 5 oder 6 AGBG unwirksam ist, jedenfalls soweit sich die Bank für Zeit nach Kreditkündigung einen über den Freiraum der §§ 286ff, 252 BGB, 287 ZPO hinausgehenden Bestimmungsfreiraum verschaffen will[4]. Damit scheidet jedenfalls für die Zeit nach Kreditkündigung eine Anwendung des § 315 BGB aus[5]. Die nach der Kreditkündigung zu zahlenden Zinsen, Überziehungsprovisionen etc. können nicht nach billigem Ermessen festgesetzt werden. Die Schadensberechnung wird nur ausnahmsweise abstrakt erfolgen können[6].

Nicht entschieden vom BGH wurde dabei die Frage der Wirksamkeit der Ziffer 14 (3) AGB-Banken für Kontoüberziehungen. Hier neigt der BGH wohl zur Bejahung des Zinsbestimmungsrechtes nach § 315 BGB, da die Kontoüberziehung geduldet wird und damit eine stillschweigende, wenn auch nach Ziffer 17 S. 1 AGB-Banken jederzeit kündbare, Kreditvereinbarung angenommen werden kann[7]. Da jedoch zumindestens Ziffer 14 (3) AGB-Banken keinerlei nähere Konkretisierung oder Eingrenzung dieses Zinsbestimmungsrechtes annimmt, müßte deren Wirksamkeit wegen Verstoßes gegen den Bestimmtheits-

---

222,223; LG München WM 1978, 915; Schlenke, AGB der Banken und AGBG, 1984, S. 143ff; Löwe/von Westphalen/Trinkner III B Banken-AGBG Rdnr 43ff; Staudinger/Karsten Schmidt, 12. Aufl., § 246 BGB Rdnr 62 und 74 zugleich zum Meinungsstand mwN; Werhahn/Schebesta Rdnr 203; ferner Soergel/Häuser aaO; Ulmer in Ulmer/Brandner/Hensen, 5. Aufl., Anhang zu §§ 9 — 11 AGBG Rdnr 163; von Westphalen WM 1984, 2, 9; Scholz ZIP 1986, 545, 555; ders. BB 1986, 157, 158.

[3] — III ZR 128/84 — ZIP 1986, 21 (weiter siehe Fußn 1), im Anschluß an BGH ZIP 1985, 466 mit Anm Bunte (siehe Fußn 1); vgl. Brandner in Ulmer/Brandner/Hensen, 5. Aufl., Anhang zu §§ 9 — 11 AGBG Rdnr 284; dagegen Steppeler Sparkasse 1986, 121f; ders. Sparkasse 1985, 281ff; ferner BGH WM 1984, 1174; dazu vgl. Feuerborn Sparkasse 1985, 155f.

[4] So BGH ZIP 1986, 21, 24 (siehe im übrigen Fußn 1); ferner BGHZ 62, 103 = NJW 1974, 895 = BB 1974, 435; ebenso für Ziffer 18 S. 1 HS 2 AGB-Banken idF 1986 Baumbach/Duden/Hopt, HGB, 27. Aufl., 1987, (8) AGB-Banken 18 Anm 1.

[5] aA: Fischer WuB I E 1. — 14.85; auch haben die meisten Banken hieraus keine Konsequenzen gezogen, vgl. Reifner ZIP 1987, 545, 546; Wolf ZIP 1987, 341, 348, wonach Preisanpassungsklauseln im allg. nicht dahin auszulegen sind, daß sie eine Preiserhöhung auch noch nach Eintritt des Schuldnerverzugs erlauben.

[6] Vgl. BGH ZIP 1986, 21, 24 (siehe Fußn 1) und BGHZ 62, 103, 108ff (siehe Fußn 4); OLG Düsseldorf WM 1987, 705 = DB 1987, 829 (Kurzmitteilung); ausführlich dazu Scholz ZIP 1986, 545ff; ferner Steppeler Sparkasse 1985, 241; Steiner DB 1986, 895ff und DB 1986, 1557ff; Reifner ZIP 1987, 545ff; Emmerich WM 1986, 541, 544ff: kaum lösbare Probleme; vgl. jetzt aber zur Verzugszinsenberechnung bei Darlehensverträgen BGH, Urt. vom 28. 4. 1988 — III ZR 57/87 (Düsseldorf) — NJW 1988, 1967ff = ZIP 1988, 759ff; bei Ratenkrediten BGH NJW 1988, 1971ff; interessant auch KG NJW 1989, 305: nur gesetzlicher Zinssatz für die Zeit nach der letzten mündlichen Verhandlung, in diesem Sinne bereits Herr NJW 1988, 3137f.

[7] So BGH ZIP 1986, 21, 24 (weiter Fußn 1); vgl. den Überblick bei Ahrens DB 1987, 315, 317; zur Verzugsproblematik auch Emmerich WM 1986, 541, 542f; zur Wirksamkeit Ulmer/Brandner/Hensen, 5. Aufl., Anhang zu §§ 9 — 11 AGBG Rdnr 164.

grundsatz verneint werden[8]. Wird jedoch in Anlehnung an das Urteil des BGH vom 6.3. 1986[9] angenommen, daß diese Bestimmung einer Inhaltskontrolle standhält, indem die Klausel dahin ausgelegt wird, daß sich die Zinsbestimmung an den tatsächlichen Refinanzierungskosten zu orientieren hat, ergeben sich die gleichen Fragestellungen, wie sie oben unter 5.2 erörtert wurden[10]. In diesen Fällen werden zwar Überziehungsprovisionen im Rahmen des billigen Ermessens festgesetzt werden können, allerdings ist in jedem Fall das Verlangen eines besonderen Risikozuschlages ebensowenig möglich[11], wie eines zusätzlichen Gewinns[12].

5.5 Rechtsfolgen fehlerhafter Zinsanpassung

Bei der Frage nach den Rechtsfolgen fehlerhafter Zinsanpassung ist zunächst nach den Ursachen der Unwirksamkeit zu unterscheiden. „Fehlerhaftigkeit" soll dabei hier als Oberbegriff für die Fälle der Unwirksamkeit einerseits und der Unverbindlichkeit im Sinne des § 315 Abs. 3 S. 1 BGB andererseits dienen. Zu unterscheiden sind die Fälle, in denen die Zinsanpassung per se nichtig ist, ohne daß die Möglichkeit einer Ersetzung der Zinsanpassung durch das Gericht besteht, und diejenigen Fälle, in denen die Zinsanpassung bloß unverbindlich im Sinne des § 315 Abs. 3 S. 1 BGB ist, weil die Festsetzung des neuen Zinses nicht billigem Ermessen entspricht.

Nichtig in diesem Sinne sind insbesondere Zinsanpassungen,
— die auf einer unwirksamen Zinsanpassungsklausel beruhen, die auch nicht z. B. durch ergänzende Vertragsauslegung aufrecht zu erhalten ist[1],
— die erfolgt sind, ohne daß eine Veränderung der maßgeblichen Verhältnisse festzustellen ist[2],
— denen es an der eventuell erforderlichen empfangsbedürftigen Erklärung der Zinsanpassung gegenüber dem Darlehensnehmer fehlt[3].

---

[8] Vgl. hierzu Schwarz NJW 1987, 626ff.

[9] Urteil des BGH vom 6. 3. 1986- III ZR 195/84 — BGHZ 97, 212, 216 = NJW 1986, 1803, 1804 = WM 1986, 580, 581 = ZIP 1986, 698, 699 (weitere Fundst. siehe Kap. 1 Fußn 5)

[10] Vgl. OLG München WM 1978, 915; zu den betriebswirtschaftlichen Folgen vgl. Scholz ZIP 1986, 545ff, ferner auch Häuser/Welter NJW 1987, 17, 21.

[11] Vgl. BGHZ 97, 212, 222 = NJW 1986, 1803, 1805 = WM 1986, 580, 582 = ZIP 1986, 698, 701 f = BB 1986, 1874, 1876 (weitere Fundst. siehe Kap. 1 Fußn 5); vgl. auch OLG Hamm WM 1985, 159, 162 = WuB I A — 1.85 Becker; dazu auch Staudinger/Schlosser, 12. Aufl., § 9 AGBG Rdnr 33.

[12] Siehe oben 5.2.3.1.2 „Absolute Grenzen"; auch Scholz ZIP 1986, 545, 554; noch offengelassen für die Zeit nach Kreditkündigung in BGH WM 1986, 1466, 1467; zu Abwicklungsgebühr nach Ziffer 14 (4) AGB-Banken vgl. LG Itzehoe WM 1981, 662, 663.

[1] Siehe oben 4. „Rechtsfolgen einer Unwirksamkeit der Zinsanpassungsklausel".

[2] Siehe dazu oben 5.1.1 „Änderung der Verhältnisse".

[3] Siehe oben 5.1.2.2 „Empfangsbedürftige Erklärung".

Unverbindlich, weil nicht dem billigen Ermessen entsprechend, und damit einer gerichtlichen Ersetzung zugänglich sind Zinsanpassungen hingegen nur,

— die auf einer Anwendung eines falschen Maßstabes beruhen, wenn sich gleichzeitig eine wesentliche Veränderung der maßgeblichen Verhältnisse feststellen läßt, oder
— die auf einer sonstigen falschen Anwendung des richtigen Maßstabes beruhen, z. B. wegen Nichtbeachtung der erforderlichen Äquivalenz oder Nichtberücksichtigung kompensierender Umstände[4].

Als teilweise nichtig und teilweise nur unverbindlich könnten die Fälle aufgefaßt werden, in denen eine Zinsanpassung in unzulässiger Weise zurückwirken soll, wenn festzustellen ist, daß jedenfalls zum Zeitpunkt des Zinsanpassungsaktes eine wesentliche Veränderung der maßgeblichen Umstände eingetreten ist.

Die aus Nichtigkeit und Unverbindlichkeit sich ergebenden Rechtsfolgen stimmen teilweise überein.

5.5.1 Unverbindlichkeit im Sinne des § 315 Abs. 3 S. 1 BGB

Zinsanpassungen, die nicht der Billigkeit entsprechen, und daher unverbindlich sind, können als Unterfall einer teilweise schwebenden Unwirksamkeit aufgefaßt werden[5]. Die Unwirksamkeit kann dabei durch richterliche Gestaltung nach § 315 Abs. 3 S. 2 BGB beseitigt werden. Diese erstreckt sich nur auf die Billigkeit, nicht jedoch auf andere Voraussetzungen, die zu einer wirksamen Zinsanpassung erforderlich sind, so daß sich dogmatisch erklären läßt, warum nichtige Zinsanpassungen im oben beschriebenen Sinne, z. B. mangels Veränderung der tatsächlichen Umstände, oder mangels erforderlicher Erklärung, keiner nachträglichen Heilung durch richterliche Gestaltung zugänglich sind. Es ist evident, daß das Gericht z. B. nicht die erforderliche, aber im konkreten Fall fehlende Erklärung oder deren Zugang durch Richterspruch im Rahmen des § 315 Abs. 3 ersetzen kann.

Die Unverbindlichkeit ist dabei eine relative: sie wirkt nach Wortlaut des Gesetzes nur in Richtung des Darlehensnehmers. Der Darlehensgeber ist hingegen an die einmal getroffene Bestimmungserklärung gebunden[6]. Der Zinsanpassungsakt verbraucht sozusagen das Gestaltungsrecht[7], jedenfalls was eine Anpassung bezogen auf den Zeitpunkt der bereits erfolgten angeht. Eine

---

[4] Zum ganzen siehe 5.2 „Billigkeitskontrolle".

[5] Vgl. zur Unverbindlichkeit als eigenständige Kategorie Palandt/ Heinrichs, 46. Aufl., § 315 BGB Anm 4 b).

[6] Vgl. Palandt/Heinrichs aaO Anm 3 b) mwN; ferner Staudinger/Mayer-Maly, 12. Aufl., § 315 BGB Rdnr 73, der allerdings im Anschluß an BAGE 18, 54, 59 die Unverbindlichkeit als eine Sonderform der Anfechtbarkeit ansieht.

[7] Vgl. Lukes NJW 1963, 1897, 1899; Staudinger/Mayer-Maly aaO Rdnr 74; Palandt/Heinrichs aaO Anm 4 b).

einmal erfolgte Zinsanpassung ist damit nur einverständlich durch Vereinbarung der Vertragsparteien oder aber durch richterliche Gestaltung auf ein billiges Maß zurückzuführen.

Die in diesem Sinne relativ unverbindliche Zinsanpassung bewirkt, daß die Zinsforderung hinsichtlich des angepaßten Teils nicht fällig wird, wodurch insoweit weder Schuldner- noch Gläubigerverzug eintreten können[8]. Die Unbilligkeit der Zinsanpassung allein berechtigt dabei den Darlehensnehmer nicht, sich vom Vertrag zu lösen[9]. Insoweit schließt § 315 BGB als Sonderregelung § 326 BGB aus. Ansonsten wäre die Zinsanpassung für den Kreditgeber mit einem Risiko verbunden, das ihm nach Sinn und Zweck der Leistungsbestimmung gerade nicht aufgebürdet sein sollte[10]. Die Lösung vom Vertrag durch den Kreditnehmer ist ungeachtet dessen immer dann möglich, wenn der Vertrag ein Lösungsrecht vorsieht bzw. ein solches im Wege ergänzender Vertragsauslegung zum Ausgleich eines unbestimmt gebliebenen Zinsanpassungsrechtes in den Vertrag hinein zu interpretieren ist[11].

Von der Unverbindlichkeit der Zinsanpassung wird nur der angepaßte Teil des Zinsanspruches erfaßt. Nur dieser geänderte Teil unterliegt der Billigkeitsprüfung nach § 315 Abs. 3 BGB[12].

5.5.2 Ansprüche des Darlehensnehmers

Unabhängig von der so getroffenen Unterscheidung zwischen nichtigen und unverbindlichen Zinsanpassungen kommen bei allen fehlerhaften Zinsanpassungen folgende Ansprüche des Darlehensnehmers in Betracht:

— ein Anspruch aus ungerechtfertigter Bereicherung, wenn aufgrund einer fehlerhaften Zinsanpassung Zinsen gezahlt worden sind,

[8] Vgl. Staudinger/Mayer-Maly, 12. Aufl., § 315 BGB Rdnr 65; OLG Braunschweig OLG Z 66, 15, 19; Palandt/Heinrichs aaO; aA noch Bilda, Anpassungsklauseln in Verträgen, 2. Aufl., 1973 Rdnr 64 S. 63.

[9] So ausdrücklich BGH LM Nr. 11 zu § 315 BGB = MDR 1971, 826; vgl. Palandt/Heinrichs aaO; Wolf ZIP 1987, 341, 351 zu analoger Anwendung der §§ 325, 326 BGB bei Störung des Vertrauensverhältnisses; Staudinger/Mayer-Maly, 12. Aufl., § 315 BGB Rdnr 75; anders allerdings im Bereich der Tagespreisklausel bei langfristigem Bezugsverhältnis unter Kaufleuten BGH BB 1985, 1223, 1225 = NJW 1985, 853 = BGH Z 93, 252 = ZIP 1985, 284, wonach ein Recht zu außerordentlichen Kündigung des Dauerschuldverhältnisses bei treuwidriger Benachteiligung durch die Preispolitik bestehen soll.

[10] In diesem Sinne BGH LM Nr. 11 zu § 315 BGB = MDR 1971, 826.

[11] Siehe dazu oben 3.1.5.4 „Lösungsrecht“; zur Anwendung auf Kaufleute jetzt auch Wolf ZIP 1987, 341, 350f.

[12] deshalb auch „teilweise schwebende Unwirksamkeit“; anders für gekündigte Kreditverträge noch OLG Hamm WM 1985, 159, 161 = WuB I A — 1.85 Becker, im Grundsatz aber wohl überholt durch BGH, Urteil vom 7. 11. 1985 — III ZR 128/84 — in BGH ZIP 1986, 21, 24 = WM 1986, 8 = EWiR § 286 BGB 1/86, 125 (Hadding) = NJW-RR 1986, 205 = WuB I E 1. — 5.86 Emmerich = BB 1986, 220 = DB 1986, 424; siehe dazu oben 5.4 „Rechtslage nach Kontoüberziehung und Kreditkündigung“.

— desweiteren Schadenersatzansprüche sowie
— ein Anspruch auf Neuberechnung bzw.
— sozusagen als Vorstufe ein Auskunftsanspruch.

Bei unverbindlicher Zinsanpassung besteht darüberhinaus ein Anspruch des Darlehensnehmers auf gerichtliche Festsetzung des billigen Zinssatzes.

5.5.2.1 Anspruch auf gerichtliche Bestimmung des Zinssatzes

Ein Anspruch auf gerichtliche Bestimmung des Zinssatzes kommt immer bei Zinsänderungsklauseln, die ein Zinsanpassungsrecht vorsehen, in Betracht, nicht jedoch bei Zinsgleitseln mit einer automatischen Anpassung, wohl aber bei Kündigungsklauseln, die z.B nach Ablauf einer Zinsbindungsfristeine Neufestsetzung durch den Darlehensgeber vorsehen[13]. Rechtsgrundlage des auf Bestimmung des billigen Zinssatzes gerichteten Begehrens ist § 315 Abs. 3 S. 2 BGB[14].

Voraussetzung des Anspruchs ist nach Halbsatz 1 der genannten Vorschrift, daß eine vorgenommene Zinsanpassung nicht der Billigkeit entspricht. Halbsatz 2 des § 315 Abs. 3 S. 2BGB stellt den Fall, daß die Leistungsbestimmung verzögert wird, gleich. Der Anspruch ist demnach nicht nur dann gegeben, wenn eine Zinserhöhung erfolgt, die nach Ansicht des Darlehensnehmers dem Umfang nach nicht gerechtfertigt ist, sondern auch dann, wenn nach Eintritt einer wesentlichen Veränderung der maßgeblichen Verhältnisse innerhalb angemessener Zeit eine Zinsanpassung unterbleibt[15]. Verzögerung bedeutet dabei weder Verzug im Sinne des § 285 BGB, noch muß ein Vertretenmüssen seitens des Darlehensgebers vorliegen[16]. Sind Verhandlungen über eine vom Darlehensnehmer verlangte Zinsherabsetzung gescheitert, wurde eine Zinsherabsetzung in Aussicht gestellt aber letztlich doch verweigert, sind ohne weiteres die Voraussetzungen des Anspruchs auf gerichtliche Festsetzung des Zinssatzes gegeben[17].

5.5.2.2 Leistungskondiktion, § 812 Abs. 1 S. 1 1. Alt. BGB

Ansprüche aus ungerechtfertigter Bereicherung entstehen bei allen Arten von Zinsanpassungsklauseln, wenn aufgrund nichtiger[18] Zinsanpassungen Zahlun-

---

[13] Siehe im einzelnen dazu oben 2.3.1 „Erscheinungsformen“.

[14] Vgl. das Urteil des BGH vom 6. 3. 1986 — III ZR 195/84 — BGHZ 97, 212 (weitere Fundst. siehe Kap. 1 Fußn 5); auch Bilda, Anpassungsklauseln in Verträgen, 2. Aufl., 1973, Rdnr 131 S. 97f.

[15] Zu verschiedenen Fallgestaltungsmöglichkeiten vgl. Staudinger/Mayer-Maly, 12. Aufl., § 315 BGB Rdnr 72.

[16] Vgl. Staudinger/Mayer-Maly aaO.

[17] Zu Fragen der Verwirkung siehe unten 5.5.3.2, der Verjährung 5.5.4 und der prozessualen Durchsetzung 6.1.

[18] Zur Unterscheidung zwischen nichtiger und unverbindlicher Zinsanpassung siehe oben 5.5.

gen des Kreditnehmers erfolgt sind[19], speziell jedoch bei unverbindlichen Zinsanpassungen, die nicht der Billigkeit entsprechen[20]. Dies gilt auch für bereits vollständig abgewickelte Verträge[21].

Die Haftung erstreckt sich

— auf die Herausgabe des Erlangten, § 812 Abs. 1 BGB, das sind die zuvielgezahlten Zinsen,
— gemäß § 818 Abs. 1 BGB auf Herausgabe der gezogenen Nutzungen, das sind die tatsächlich durch den Darlehensgeber durch die Nutzung der Überzahlung gezogenen Zinsen[22] bzw. als Wertersatz der banküblich Zinssatz[23],
— ab Verzugseintritt auf zusätzlich zu zahlende Verzugszinsen, § 286 Abs. 1 BGB, sowie neben dem Verzugsschaden des § 286 BGB auf den Ersatz eines weitergehenden Schadens gemäß § 288 Abs. 2 BGB, der in einem durch die inzwischen eingetretene Geldentwertung verursachten Verlust bestehen kann[24].

Eine Berufung des Darlehensgebers auf Wegfall der Bereicherung gemäß § 818 Abs. 3 BGB wird praktisch nicht in Betracht kommen[25]. Umgekehrt werden mangels positiver Kenntnis des Darlehensgebers in aller Regel die Voraussetzungen einer verschärfen Haftung nach § 819 BGB nicht gegeben sein. Ein Kennenmüssen im Sinne einer fahrlässigen Unkenntnis der Fehlerhaftigkeit der Zinsanpassung oder Bösgläubigkeit allein reichen hierzu nicht aus[26].

5.5.2.3 Schadenersatzanspruch

Inwieweit einem Darlehensnehmer Schadenersatzansprüche zustehen können, ist bisher diskutiert worden unter der Fragestellung

— einer Verletzung der Preisangabenverordnung[27],
— einer Verwendung unzulässiger Allgemeiner Geschäftsbedingungen[28],

[19] Auch bei abschnittfinanzierten Kreditverträgen, vgl. Köndgen NJW 1987, 160, 165 f.

[20] Vgl. Trinkner in Löwe/von Westphalen/Trinkner § 11 Nr. 1 AGBG Rdnr 20.

[21] Vgl. MünchKomm/Kötz, 2. Aufl., § 9 AGBG Rdnr 31; Kötz BB 1982, 644, 647; Staudinger/Karsten Schmidt, 12. Aufl., vor § 244 BGB, Rdnr D 168.

[22] Vgl. Palandt/Thomas, 46. Aufl., § 818 BGB Anm 3 c; RGZ 53, 363, 371.

[23] Vgl. Palandt/Thomas aaO; RGZ 51, 123; BGH NJW 1961, 452; BGH NJW 1962, 1148.

[24] Vgl. Palandt/Thomas, 46. Aufl., § 818 BGB Anm 7 d.

[25] Vgl. hierzu den Fall des LG Nürnberg-Fürth BB 1982, 456, 457 aus dem Bereich der Tagespreisklausel.

[26] Vgl. z.B. Palandt/Thomas, 46. Aufl., § 819 BGB Anm 2 a.

[27] Bejaht von OLG Stuttgart NJW 1979, 2409, 2413; vgl. dazu Staudinger/Karsten Schmidt, 12. Aufl., § 246 BGB Rdnr 101.

[28] Vgl. Bader BB 1986, 543, 546, der deshalb einen Anspruch aus culpa in contrahendo bejaht; vgl. dazu Löwe/von Westphalen/Trinkner, Vorbem. vor §§ 8 — 11 Rdnr 33; Palandt/Heinrichs, 46. Aufl., Vorb. vor § 8 AGBG Anm 3 e).

— eines Anspruchs des Kreditnehmers auf ordnungsgemäße Vertragsabwicklung[29],
— eines Anspruchs aus § 823 Abs. 2 BGB (§ 315 BGB als Schutzgesetz)[30].

Die Möglichkeit eines Schadenersatzanspruches ist jedoch unabhängig von all diesen Fragen in dem hier untersuchten Bereich der nichtigen bzw. unverbindlichen Zinsanpassung schon deshalb zu bejahen, wenn, was regelmäßig der Fall ist, dem Kreditnehmer ein eigenständiger Anspruch auf Zinsherabsetzung zugebilligt wird[31]. Dieser Anspruch besteht unabhängig davon, ob dem Darlehensnehmer die Existenz eines solchen Anspruchs oder dessen Voraussetzungen für eine Zinsherabsetzung überhaupt bewußt ist. Der Anspruch läßt sich genauer präzisieren als ein Anspruch auf eine Festsetzung des Zinssatzes nach billigem Ermessen. Dieser wird sowohl verletzt,wenn eine gebotene Zinsanpassung trotz wesentlicher Veränderung der maßgeblichen Umstände unterbleibt, als auch dann, wenn eine Zinserhöhung den Umfang des Billigen übersteigt.

In diesen Fällen wird das Verschulden auf Seiten des Kreditgebers regelmäßig zu bejahen sein, da dieser technisch und personell zureichend ausgestattet ist[32] und zudem über die notwendigen Daten zur Beurteilung der Zinsanpassung im Gegensatz zum Darlehensnehmer verfügt. Ein Mitverschulden auf Seiten des Darlehensnehmers wird nur ganz ausnahmsweise mit der Begründung in Ansatz gebracht werden können, er habe es unterlassen, die gerichtliche Leistungsbestimmung herbeizuführen[33], weil diesem in aller Regel die notwendige Markttransparenz fehlt[34].

Die Zubilligung des Schadenersatzanspruches ist durchaus aktuell[35], da dieser einerseits vor allem in zeitlicher Hinsicht bis auf den Zeitpunkt des Eintritts der Veränderung der maßgeblichen Verhältnisse zurückreichen, und

---

[29] Vgl. Staudinger/Jürgen Schmidt, 12. Aufl., § 242 BGB, Rdnr 1189 zu positiver Forderungsverletzung; Staudinger/Mayer-Maly, 12. Aufl., § 315 BGB Rdnr 69 auch zum Meinungsstand hinsichtlich einer Bestimmungspflicht; vgl. ferner Fuchs, Zur Lehre vom Allgemeinen Bankvertrag, 1982, S. 13ff zu den Pflichten des Darlehensgebers; zum Verzugsschaden siehe schon oben 5.5.2.2 „Leistungskondiktion, § 812 Abs. 1 S. 1 1. Alt. BGB".

[30] Vgl. Staudinger/Jürgen Schmidt, 12. Aufl., § 242 BGB Rdnr 1189.

[31] Siehe dazu oben 3.1.5.5 „Anspruch des Kreditnehmers auf Zinsherabsetzung"; im Ergebnis ebenso Bilda, Anpassungsklauseln in Verträgen, 1973, Rdnr 129 S. 95f.

[32] Vgl. Bader BB 1986, 543, 546; aA: Canaris WM 1986, 1453, 1464 im Zusammenhang mit Sittenwidrigkeit und Folgekreditverträgen: Verschulden nur in evidenten Fällen.

[33] So etwa Staudinger/Mayer-Maly, 12. Aufl., § 315 BGB Rdnr 68.

[34] Vgl. Hagenmüller in: Festschrift für H. Rittershausen, 1968, S. 166; Bericht der Studienkommission „Grundsatzfragen der Kreditwirtschaft", abgedruckt in der Schriftenreihe des Bundesministeriums der Finanzen Heft 28 auf den S. 158ff (Rdnrn 518ff); vgl. auch den Titelbericht in „Der Spiegel" Nr. 46, 40. Jahrg., 23. 6. 1986, S. 40, 50, 57; Schwarz NJW 1987, 626, 629.

[35] Entgegen Staudinger/Mayer-Maly, 12. Aufl., § 315 BGB Rdnr 66, beachtlich aber dessen Hinweis auf das gesetzliche Regelungsmodell des § 375 HGB.

zum anderen auch über die bloße Herausgabe ungerechtfertigter Bereicherung hinausgehen kann. Der Anspruch wird insoweit auch nicht von § 315 BGB als Spezialregelung verdrängt[36], da dem schutzwürdigen Interesse des Kreditnehmers mangels Markttransparenz ansonsten nicht hinreichend genügt wird. Andererseits werden die berechtigten Interessen des Kreditgebers durch die Verschuldensabhängigkeit dieser Haftung gewahrt, wobei allerdings dem Kreditnehmer eine Beweiserleichterung entsprechend § 282 BGB zuzubilligen sein sollte.

5.5.2.4 Neuberechnungsanspruch

Durch die Rechtsprechung bisher nicht geklärt ist die neuerdings in Zusammenhang mit der Diskussion um die Wirksamkeit von Zinsberechnungsklauseln aufgeworfene Frage eines Anspruchs des Darlehensnehmers auf Neuberechnung[37]. Diese Problematik stellt sich auch in den Fällen der fehlerhaften bzw. unterlassenen Zinsanpassung.

Zwar besteht grundsätzlich kein Anspruch auf Nachholung oder Berichtigung einer einmal erfolgten Rechnungslegung[38]. Andererseits ist anerkannt, daß auch rechtswidriges Verhalten eine Pflicht zur Rechenschaftslegung begründen kann, arg. § 687 Abs. 2 BGB[39]. Durch eine, wenn auch fehlerhafte, Zinsabrechnung ist zumindest auch ein Geschäft des Darlehensnehmers besorgt worden, indem dessen Pflicht zur Zinszahlung betragsmäßig errechnet wurde. Dieser hat auch ein schutzwürdiges Interesse an der Neuberechnung, wenn die bisherige Abrechnung objektiv fehlerhaft war. Für die Zubilligung des Neuberechnungsanspruches spricht auch ein sachlicher Grund. Würde man ihn verneinen, müßte der Darlehensnehmer, oft mit weitaus unzulänglichen Mitteln, selbst die Neuberechnung vornehmen, die dann der Darlehensgeber, wollte er sie substantiiert bestreiten, ohnedies nachrechnen müßte, was in vielen Fällen zu einem unnötigen Prozeßaufwand führen könnte. Bei einer Verurteilung auf Neuberechnung nach den Vorgaben eines entsprechenden Urteils ist hingegen damit zu rechnen, daß eine Klärung der Rechtsverhältnisse zwischen den Parteien ohne weitere Einschaltung des Gerichtes in vielen Fällen möglich sein wird. Die prozessuale Geltendmachung erfolgt durch Leistungsklage[40].

---

[36] Zum Vorrang des § 315 BGB gegenüber einer Lösungsmöglichkeit vom Vertrag im Falle unbilliger Leistungsbestimmung vgl. BGH LM Nr. 11 zu § 315 BGB = MDR 1971, 826; Staudinger/Mayer-Maly, 12. Aufl., § 315 BGB Rdnr 75; dagegen aus dem Bereich der Tagespreisklausel BGHZ 93, 252 = NJW 1985, 853 = BB 1985, 1223, 1225 = ZIP 1985, 284; für Kündigungsmöglichkeit aus positiver Vertragsverletzung wegen Störung des Vertrauensverhältnisses durch die Art und Weise der Anpassung Wolf ZIP 1987, 341, 351; siehe ferner oben 5.5.1 „Unverbindlichkeit im Sinne des § 315 Abs. 3 S. 1 BGB".

[37] Vgl. Bader BB 1986, 543, 546; Köndgen NJW 1987, 160, 165.

[38] Vgl. Köndgen NJW 1987, 160, 165.

[39] Vgl. Palandt/Heinrichs, 46. Aufl., § 261 BGB Anm. 3 b) bb).

[40] Siehe unten 6.1.2 „Leistungsklage".

5.5.2.5 Auskunftsanspruch

Mit Auskunftsanspruch ist hier nicht dasselbe gemeint wie mit Neuberechnungsanspruch. Der Auskunftsanspruch ist vielmehr darauf gerichtet, vom Darlehensgeber die Gründe zu erfahren, die diesem dem Grunde und der Höhe nach zur Zinsanpassung veranlaßt haben. Ob für einen solchen Anspruch eine Rechtsgrundlage besteht, ist soweit ersichtlich bisher nicht erörtert worden, sollte jedoch aufgrund folgender Überlegungen bejaht werden: Nach Treu und Glauben, § 242 BGB, besteht eine Auskunftspflicht dann, wenn der Berechtigte in entschuldbarer Weise über Bestehen oder Umfang seines Rechts in Ungewißheit ist und der Verpflichtete die zur Beseitigung der Ungewißheit erforderliche Auskunft unschwer geben kann[41]. Bereits diese grundsätzlichen Voraussetzungen müssen zumindest beim Kreditvertrag mit variablen Zinsen angenommen werden. Ist z. B. die Veränderung der Refinanzierungssituation bestimmender Faktor für die Änderung des Zinssatzes, wird in aller Regel der Darlehensnehmer weder Kenntnis von der Refinanzierungssituation des Darlehensgebers noch von deren Veränderung haben. Andererseits ist es dem Darlehensgeber leicht möglich, auf Verlangen die maßgeblichen Bestimmungsgründe, die zur Anpassung des Zinssatzes geführt haben, mitzuteilen.

Daneben kann der Anspruch schon auf eine vertragliche Grundlage gestützt werden. Wenn die Zinsanpassungsklausel dahingehend zu verstehen ist, daß der Darlehensnehmer einen Anspruch auf Zinsherabsetzung hat[42], kann der Auskunftsanspruch in gleicher Weise als Korrelat des einseitigen Bestimmungsrechtes des Darlehensgebers angesehen werden, welches als ein minus im Anspruch des Darlehensnehmers auf Zinsherabsetzung mitenthalten ist.

Da ein eventuell gegebener Bereicherungsanspruch auch auf Herausgabe gezogener Nutzungen, § 818 Abs. 1 BGB, bzw. auf deren Wertersatz, § 818 Abs. 2 BGB gerichtet sein kann[43], könnte sich ein Auskunftsanspruch auch auf den Umfang dieser Nutzungen beziehen[44]. Der Anspruch auf Herausgabe der Nutzungen oder deren Wertersatz hängt seinerseits aber letztlich davon ab, ob und inwieweit berechtigende Gründe zur Zinsanpassung gegeben waren, so daß sich letztlich der auf die Mitteilung der für die Zinsanpassung maßgeblichen Gründe gerichtete Auskunftsanspruch letztlich auch auf die §§ 812, 818 BGB stützen ließe.

Die Zubilligung dieses Anspruches würde zudem der Vermeidung unnötiger Gerichtsverfahren dienen. Dem Darlehensgeber ist ohnedies anzuempfehlen, bei Verlangen des Kreditnehmers die Zinsanpassung entsprechend zu begründen, wie das auch bei Anfragen ohne weiteres der Fall sein wird. Bei nur

---

[41] Vgl. Palandt/Heinrichs, 46. Aufl., § 261 BGB Anm 2 d) mwN.

[42] Vgl. oben 3.1.5.5 „Anspruch des Kreditnehmers auf Zinsherabsetzung".

[43] Siehe oben 5.5.2.2 „Leistungskondiktion, § 812 Abs. 1 S. 1 1. Alt. BGB".

[44] Vgl. Palandt/Thomas, 46. Aufl., § 812 BGB Anm 7 mwN.

einigermaßen plausibler Begründung wird ein Darlehensnehmer auch bereit sein, die Zinsanpassung zu akzeptieren.

5.5.3 Ausschluß der Ansprüche des Darlehensnehmers

Aus dem Gesetz läßt sich keine Frist für die Geltendmachung der Ansprüche des Darlehensnehmers bei nichtiger oder unverbindlicher Zinsanpassung entnehmen[45]. Da diese Ansprüche auch bereits vollständig abgewickelte Verträge betreffen können, ist im Rahmen von § 315 BGB erörtert worden, inwieweit solche Ansprüche durch Annahme einer rechtsgeschäftlichen Erklärung (Anerkenntnis, Erlaß, Verzicht) des Darlehensnehmers, durch Verwirkung bzw. durch eine analoge Anwendung der Fristen des § 79 Abs. 2 BVerfGG und sogar des § 121 BGB zu erzielen ist.

5.5.3.1 Anerkenntnis, Erlaß, Verzicht

Hat der Darlehensnehmer durch Willenserklärung die Zinsänderung anerkannt, entfallen die oben genannten Ansprüche. Ein Anspruch auf gerichtliche Bestimmung besteht nicht mehr, weil der Zinssatz in der Folgezeit nicht auf einseitiger Bestimmung beruht, sondern auf rechtsgeschäftlicher Vereinbarung. Bereicherungs-, Schadenersatzansprüche und Ansprüche auf Neuberechnung kommen nicht mehr in Betracht, da in der rechtsgeschäftlichen Vereinbarung des geänderten Zinssatzes zugleich ein Erlaß- oder Verzichtsvertrag zu sehen ist.

Für die Annahme eines wenigstens stillschweigend erfolgten Anerkenntnisses des geänderten Zinssatzes genügt jedoch nicht ein Nachgeben des Darlehensnehmers trotz Zweifeln an der Wirksamkeit oder Billigkeit der Zinsanpassung[46]. Aus Zweifeln am Bestehen der Verpflichtung kann nicht auf einen Rechtsfolgewillen des Darlehensnehmers geschlossen werden. Etwas anderes kann nur gelten, wenn aus dessen Verhalten eindeutig zu schließen ist, daß er den geänderten Zins ohne Rücksicht darauf bewirken will, ob er dazu verpflichtet ist oder nicht[47]. Deshalb kann auch in einem Schweigen auf Kontoauszügen allein keine schlüssige, rechtsgeschäftliche Erklärung, geschweige denn eine Genehmigung der Zinsbestimmung gesehen werden[48]. Selbst die z. B. in Ziffer 15 S. 3 der AGB-Banken, gleichlautend die AGB der Kreditgenossenschaften, und ähnlich in Ziffer 12 (1) AGB-Sparkassen, verankerte Genehmigungsfiktion führt nicht

---

[45] Vgl. Staudinger/Mayer-Maly, 12. Aufl., § 315 BGB Rdnr 73.

[46] So aber Basedow AcP 182, 335, 364.

[47] Vgl. BGH WM 1966, 1280, 1283 im Zusammenhang mit § 814 BGB zu einer Vorfälligkeitsentschädigung; ferner BGHZ 32, 273, 278 = WM 1960, 913.

[48] So ausdrücklich das Urteil des BGH vom 6. 3. 1986 — III ZR 195/84 — BGHZ 97, 212, 221 = NJW 1986, 1803, 1805 = WM 1986, 580, 582 = ZIP 1986, 698, 701 (weitere Fundst. siehe Kap. 1 Fußn 5).

zu einem Rechtsverlust[49], wie sich letztlich auch aus Ziffer 15 S. 3 Halbsatz 2 AGB-Banken bzw. Ziffer 12 (1) S. 5 AGB-Sparkassen ergibt[50]. Es kann somit zusammengefaßt werden, daß sicherlich kein Rechtsverlust des Darlehensnehmers eintreten kann, wenn ihm die Zinsänderungen nicht mitgeteilt wurden[51] bzw. wenn er den Zinsänderungsmitteilungen widersprochen oder eine Zinsherabsetzung verlangt hat[52]. Aber auch bei Mitteilung der Zinsänderung und nachfolgender Zahlung wird einem Schweigen des Darlehensnehmers in der Regel keine rechtsgeschäftlich verbindliche Anerkenntnis- oder Verzichtserklärung zu entnehmen sein[53]. Denn der Darlehensnehmer darf darauf vertrauen, daß das Vertragsverhältnis im Rahmen von Treu und Glauben und ohne Unbilligkeit abgewickelt wird[54]. Auch eine aus der Sicht des Darlehensgebers erfolgende Auslegung (Empfängerhorizont) wird dies berücksichtigen müssen[55].

5.5.3.2 Verwirkung

Wird nur in seltenen Fällen von einem rechtsgeschäftlichen Ausschluß der Ansprüche des Darlehensnehmers bei fehlerhafter Zinsanpassung auszugehen sein, so ist damit noch nicht die Frage nach der Verwirkung beantwortet. Verwirkung ist anzunehmen, wenn seit der Möglichkeit der Geltendmachung des Rechts längere Zeit verstrichen ist (Zeitmoment) und besondere Umstände hinzutreten, die die verspätete Geltendmachung als Verstoß gegen Treu und Glauben erscheinen lassen (Umstandsmoment). Der Darlehensgeber müßte unter Zugrundelegung einer objektiven Betrachtung zum einen darauf vertrauen dürfen, daß sich der Darlehensnehmer nicht auf die Fehlerhaftigkeit der Zinsanpassung berufen würde[56], und zum anderen auch tatsächlich darauf vertraut haben, so daß ihm durch eine verspätete Durchsetzung des Rechts ein unzumutbarer Nachteil entstehen würde[57]. Dabei kann das Unterlassen einer gerichtlichen Leistungsbestimmung nach Zinsanpassung allein keine Verwirkung begründen[58]. Verwirkung läßt sich auch nicht damit bejahen, daß der

---

[49] Vgl. BGH aaO; allg. Meinung vgl. Graf von Westphalen in Löwe/von Westphalen/Trinkner, III Banken-AGB Rdnr 47 mwN; ders. WM 1984, 2, 10; Bunte, Handbuch, S. 210 Nr. 12; Horn in Wolf/Horn/Lindacher § 23 AGBG Rdnr 627, 628.

[50] Zu beweisrechtlichen Fragen bei Abschluß eines stillschweigenden Saldoanerkenntnisvertrages vgl. Graf von Westphalen aaO Rdnr 48; Bunte, Handbuch, S. 210 Nr. 12.

[51] Abgesehen davon, daß die Mitteilung gemäß § 315 Abs. 2 BGB Wirksamkeitsvoraussetzung der Zinsanpassung sein kann, siehe dazu oben 5.1.2.2 „Empfangsbedürftige Erklärung".

[52] Vgl. BGH aaO.

[53] Offengelassen von BGH aaO.

[54] Vgl. Staudinger/Mayer-Maly, 12. Aufl., § 315 BGB Rdnr 69.

[55] So Bader BB 1986, 543, 547: kein schützenswertes Vertrauen, nicht durchschaut zu werden.

[56] Ein Fall, der nach Bader BB 1986, 543, 547 nicht eintreten kann.

[57] So Urteil des BGH vom 6. 3. 1986 — III ZR 195/84 — BGHZ 97, 212, 221 = WM 1986, 580, 582 = ZIP 1986, 698, 701 (weitere Fundst. siehe Kap. 1 Fußn 5).

Darlehensnehmer sich „ohne jedes Zögern" an die Leistungsbestimmung gehalten hat[59], sondern ausschließlich bei Feststellung einer „illoyalen" Verzögerung von Ergreifung von Maßnahmen seitens des Darlehensnehmers[60].

5.5.3.3 Analoge Anwendung § 79 Abs. 2 BVerfGG und § 121 BGB

Unter dem Stichwort „Klagefrist" ist die Frage gestellt worden, ob nicht über eine analoge Anwendung des § 79 BVerfGG die Berufung auf die Unbilligkeit einer Leistungsbestimmung einzuschränken ist, zumindest was Bereicherungsansprüche angeht, vgl. § 79 Abs. 2 S. 4 BVerfGG[61]. Die befürwortende Ansicht beruft sich im wesentlichen auf Rechtssicherheit und rechtspolitische Gründe[62]. Abgesehen davon, daß die analoge Anwendung dieser Vorschrift nur den Fall der in einem Verbandsverfahren nach § 13ff AGBG festgestellten Nichtigkeit der Zinsanpassungsklausel betreffen dürfte, ist diese Auffassung abzulehnen, da durch die genannte Vorschrift ausschließlich die Rechtskraft bzw. Rechtsbeständigkeit staatlicher Akte und das Vertrauen auf diese und die Gültigkeit der ihnen zugrundeliegenden Norm geschützt werden soll[63].

Auch die Anfechtungsfrist aus § 121 BGB kann nicht analog herangezogen werden, etwa mit der Begründung, der Urheber der Bestimmungserklärung könne nicht auf unabsehbare Zeit über die Geltung seiner Erklärung im Unklaren gelassen werden[64]. Zum einen ist § 315 Abs. 3 BGB nicht als Sonderform der Anfechtung zu betrachten[65]. Zum anderen sind die arbeitsrechtlichen Besonderheiten der Entscheidung BAGE 18, 54, die zur Begründung dieser Auffassung herangezogen werden, auf den Fall der nichtigen oder unverbindlichen Zinsanpassung nicht zu übertragen[66].

---

[58] So allerdings Staudinger/Mayer-Maly, 12. Aufl., § 315 BGB Rdnr 67, siehe dazu auch den nächsten Abschnitt 5.5.3.3 „Analoge Anwendung § 79 Abs. 2 BVerfGG und § 121 BGB".

[59] Vgl. Basedow S. 364: „Sehr diffizile Einzelfallprüfung nach den vagen Kriterien von Treu und Glauben".

[60] Vgl. MünchKomm/Söllner, 2. Aufl., § 315 BGB Rdnr 27; Palandt/Heinrichs, 46. Aufl., § 242 BGB Anm 9 a) mwN; Bader BB 1986, 543, 547; im Ergebnis auch BGHZ 97, 212, 220 f = WM 1986, 580, 582 = ZIP 1986, 698, 701 (weitere Fundst. siehe Kap. 1 Fußn 5); auch Bilda MDR 1973, 537, 538.

[61] Vgl. MünchKomm/Kötz, 2. Aufl., § 9 AGBG Rdnr 31; Kötz BB 1982, 644ff; Basedow AcP 182, 335, 368ff.

[62] Vgl. Basedow aaO.

[63] Vgl. Trinkner in Löwe/von Westphalen/Trinkner, II, § 11 Nr. 1 Rdnr 20; Löwe BB 1982, 648, 650; LG Nürnberg-Fürth BB 1982, 456, 457.

[64] So aber Staudinger/Mayer-Maly, 12. Aufl., § 315 BGB Rdnr 73 unter Berufung auf BAGE 18, 54, 59.

[65] Diese Auffassung vertritt Staudinger/Mayer-Maly, 12. Aufl., § 315 BGB Rdnr 73.

[66] So ausdrücklich Urteil des BGH vom 6. 3. 1986 — III ZR 195/84 — BGHZ 97, 212, 221 f = NJW 1986, 1803, 1805 = WM 1986, 580, 582 = ZIP 1986, 698, 701 (weitere Fundst. siehe Kap. 1 Fußn 5).

5.5.4 Verjährung

Was die Verjährung von auf die Rückzahlung zuviel gezahlter Zinsen gerichteter Bereicherungsansprüche angeht, hat der BGH in ausdrücklichem Anschluß an Canaris[67] entschieden, daß diese der kurzen Verjährungsfrist des § 197 BGB unterliegen[68]. Diese Rechtsprechung wurde inzwischen mehrfach bestätigt[69]. Die Ansprüche auf Rückzahlung zuviel gezahlter Zinsen werden dabei als „andere regelmäßig wiederkehrende Leistungen" im Sinne des § 197 BGB aufgefaßt. Gemäß § 201 BGB beginnt die Verjährung mit dem Schluß des Jahres, in welchem der nach § 198 BGB maßgebende Zeitpunkt eintritt. Entscheidend ist also der Ablauf des Jahres, in welchem der Bereicherungsanspruch entsteht. Der Bereicherungsanspruch entsteht bereits mit der Zahlung der Zinsen[70].

Da auch Schadenersatzansprüche, die auf nichtigen oder unverbindlichen Zinsanpassungen beruhen, sukzessive mit den einzelnen Zahlungen an den Kreditgeber entstehen, werden auch diese der kurzen Verjährungsfrist des § 197 BGB unterworfen[71]. In beiden Fällen ist der Beginn der Verjährung unabhängig von einer Kenntnis des Darlehensnehmers[72].

Nicht entschieden ist bisher die Frage, welcher Verjährungsfrist der Anspruch auf gerichtliche Bestimmung des Zinssatzes bzw. ein Anspruch auf Neuberechnung, soweit er überhaupt zu bejahen ist, unterliegen sollen. Zwar dürften sich Rechnungslegungsanspruch und Anspruch auf gerichtliche Bestimmung nur schwerlich als auf regelmäßig wiederkehrende Leistungen im Sinne des § 197 BGB gerichtet auffassen lassen. So wird denn auch vertreten, den Anspruch auf Neuberechnung als Unterfall des Rechnungslegungsanspruches der 30-jährigen Verjährungsfrist zu unterwerfen[73]. Dennoch wird man wohl davon

---

[67] Canaris ZIP 1986, 273, 276ff.

[68] Urteil vom 10. 7. 1986 — III ZR 133/85 — NJW 1986, 2564 mit Anm Steinmetz = ZIP 1986, 1037 = EWiR § 197 BGB 1/86, 869 (Canaris) = WM 1986, 991 (Vorinstanz OLG Celle NJW 1985, 2275); Urteil vom 10. 7. 1986 — III ZR 47/85 — NJW 1986, 2568 mit Anm Steinmetz = EWiR § 138 BGB 7/86, 863 (Bunte) = WM 1986, 1017 (Vorinstanz OLG Schleswig ZIP 1985, 403 = EWiR § 138 BGB 1/85, 41 Bunte); vgl. schon Bilda MDR 1973, 537, 538.

[69] Vgl. nur BGH WM 1986, 1519 = ZIP 1987, 22 und WM 1987, 101.

[70] Wer mit Staudinger/Mayer-Maly, 12. Aufl., § 315 BGB Rdnr 73, § 315 Abs. 3 BGB als Sonderform der Anfechtung betrachtet, müßte insoweit § 200 BGB anwenden; zum Beginn der kurzen Verjährung bei abschnittfinanzierten Kreditverträgen vgl. Köndgen NJW 1987, 160, 165f; zum Umfang der Verjährung bei Ratenkrediten zuletzt BGH NJW 1987, 830 = ZIP 1987, 288 = WM 1987, 101 = EWiR § 138 BGB 2/87, 219 (Fischer); zur Verjährung von Ansprüchen des Darlehensgebers vgl. Cahn/Farrenkopf ZIP 1986, 416ff.

[71] Vgl. Canaris ZIP 1986, 273, 282; vgl. BGH NJW 1986, 2564, 2567 mit Anm Steinmetz = EWiR § 197 BGB 1/86, 869 (Canaris) = ZIP 1986, 1037, 1041 = WM 1986, 991.

[72] Vgl. BGH aaO.

[73] Vgl. Bader BB 1986, 543, 546 mwN.

ausgehen müssen, daß nicht zuletzt im Hinblick auf den Rechtsfrieden sowohl für den Neuberechnungsanspruch als auch für den Anspruch auf gerichtliche Bestimmung die kurze Verjährung im Ergebnis zum Zuge kommen wird, da diese Ansprüche letztlich der Korrektur wiederkehrender Leistungen dienen.

5.5.5 Aufrechnung

Nach § 390 S. 2 BGB schließt die Verjährung die Aufrechnung nicht aus, wenn die verjährte Forderung zu der Zeit, zu welcher sie gegen die andere Forderung aufgerechnet werden konnte, noch nicht verjährt war.

Der BGH hat hierzu in einem Fall eines nichtigen Ratenkreditvertrages ausgeführt, daß wohl keine automatische Verrechnung der gegenseitigen Leistungen in Betracht komme, daß aber der Kreditnehmer gemäß § 396 Abs. 1 S. 1 BGB die Aufrechnung gerade mit den verjährten Ansprüchen erklären kann[74]. Selbst wenn der Kreditnehmer bei der — auch konkludent möglichen — Aufrechnungserklärung keine entsprechende Bestimmung gemäß § 396 Abs. 1 S. 1 BGB trifft, ergreift die Aufrechnung doch gemäß den §§ 396 Abs. 1 S. 2, 366 Abs. 2 BGB zuerst die verjährten Ansprüche, weil diese geringere Sicherheit bieten[75].

Voraussetzung hierzu ist allerdings das Vorliegen einer Aufrechnungslage im Sinne des § 390 S. 2 BGB[76]. Dies bedeutet, daß die Aufrechnung nur insoweit durchgreifen kann, als die verzinsliche Darlehensforderung vor Verjährungseintritt erfüllbar war. Dies wird bei einer Vielzahl von Krediten mit variablem Zinssatz der Fall sein, soweit mangels anderweitiger Vereinbarung ein jederzeitiges Recht zur Auflösung der vertraglichen Verbindung z. B. gemäß Ziffer 17 AGB-Banken besteht[77]. Läßt sich allerdings im Einzelfall feststellen, daß das Darlehen nicht vorzeitig rückzahlbar war, scheidet insoweit eine Aufrechnung aus. Im übrigen darf die Aufrechnung in diesem Zusammenhang nicht überschätzt werden, da dem Darlehensnehmer durch Ziffer 2 (1) AGB-Banken[78], insoweit gleichlautend Ziffer 2 (1) der AGB-Kreditgenossenschaften, desweiteren durch Ziffer 1 (7) AGB-Sparkassen dem Bankkunden weithin die Möglichkeit zur Aufrechnungsbefugnis genommen ist[79].

---

[74] Vgl. Urteil des BGH vom 2. 10. 1986 — III ZR 163/85 — (Düsseldorf) — ZIP 1987, 22, 25 = EWiR § 138 BGB 1/87, 17 (Köndgen) = WM 1986, 1519.

[75] So BGH aaO; bestätigt im Urteil des BGH vom 6. 11. 1986 — III ZR 70/86 — (Braunschweig), ZIP 1987, 288.

[76] Insoweit ist die Kritik von Canaris ZIP 1987, 1, 4ff berechtigt.

[77] Zum allg. Kündigungsrecht nach Ziffer 17 AGB-Banken vgl. von Westphalen WM 1984, 2, 10; zum jederzeitigen Kündigungsrecht des Darlehensnehmers nach § 609 a Abs. 2 BGB vgl. von Heymann BB 1987, 415, 420.

[78] Vgl. zur Wirksamkeit von Westphalen WM 1984, 2, 3.

[79] Vgl. Werhahn/Schebesta Rdnrn 47 - 51.

6. Prozessuale und praktische Fragen

Die theoretische Aufbereitung des variablen Zinssatzes aufgrund von Zinsanpassungsklauseln in vorformulierten Kreditverträgen wäre ohne Klärung der sich daraus ergebenden Probleme für die praktische Handhabung unvollständig. Im folgenden soll daher dargestellt werden, in welchen prozessualen Gestaltungen Probleme des variablen Zinssatzes auftreten, und wie in diesem Zusammenhang die Darlegungs- und Beweislast verteilt ist. Gleichzeitig wird auch der Versuch unternommen, eine einfache Formel zur Überprüfung der Zinsanpassung zu entwickeln. Die Darstellung schließt mit einigen Hinweisen zur Revisibilität.

6.1 Klagearten

Was die Wirksamkeit von Zinsanpassungsklauseln angeht, besteht zunächst die Möglichkeit des Verbandsverfahrens nach den §§ 13ff AGBG[1]. Eine besondere Darstellung der Klagemöglichkeiten des Darlehensgebers erübrigt sich. Ihm fehlt, da er bestimmungsberechtigt ist, ein Rechtsschutzbedürfnis zur Erhebung einer Gestaltungsklage[2]. Der Darlehensgeber setzt den geänderten Zinssatz fest und klagt gegebenenfalls direkt auf Leistung. Einer Klage zur Zustimmung auf Zinsanpassung würde das Rechtsschutzbedürfnis fehlen[3]. Im Rahmen dieser Leistungsklage wird die Zinsanpassung inzident überprüft, sofern seitens des Darlehensnehmers deren Fehlerhaftigkeit behauptet wird. Der Darlehensnehmer als Beklagter kann sich insoweit auf die Beantragung der Klageabweisung unter Darlegung des seiner Ansicht nach in Ansatz zu bringenden Zinssatzes beschränken. Soweit er sich auf ein Herabsetzungsverlangen beruft, wird sich allerdings empfehlen, insoweit in Form einer Widerklage die gerichtliche Bestimmung des herabzusetzenden Zinssatzes herbeizuführen.

Für den Darlehensnehmer als Kläger ergeben sich dagegen eine Reihe von verschiedenen Möglichkeiten, wobei es keine Beschränkung durch irgendwelche Klagefristen gibt[4]. Die vom Darlehensnehmer zu wählende Klageart richtet sich dabei nach dem von ihm geltend gemachten materiellen Anspruch.

---

1 Vgl. Palandt/Heinrichs, 46. Aufl., Vorb. v. § 8 AGBG Rdnr 3f.

2 Vgl. Staudinger/Mayer-Maly, 12. Aufl., § 315 BGB Rdnr 76.

3 Vgl. Hartmann in Baumbach/Lauterbach, 45. Aufl., Grundz. § 253 ZPO Anm 5d.

4 Vgl. oben 5.5.3.3 „Analoge Anwendung § 79 Abs. 2 BVerfGG und § 121 BGB“.

6.1.1 Gestaltungsklage

Das Rechtsschutzziel einer auf § 315 Abs. 3 BGB gestützten Gestaltungsklage[5] ist in irgendeiner Form die Bestimmung eines niedrigeren Zinssatzes als vom Darlehensgeber verlangt. Ihr Gegenstand ist die unverbindliche Zinsanpassung[6].

Sie kommt insbesondere in Betracht, wenn
— der Darlehensnehmer das Ausmaß einer Zinserhöhung für zu hoch erachtet,
— aber auch dann, wenn er glaubt, eine Zinssenkung sei zu gering ausgefallen,
— desweiteren, wenn der Darlehensgeber einem Zinsherabsetzungsverlangen nicht entspricht[7].

Sie setzt die Wirksamkeit der Zinsänderungsklausel voraus.

Auch bei voll abgewickelten Verträgen ist das Rechtsschutzbedürfnis zu bejahen, da trotz der Möglichkeit der Leistungsklage jedenfalls bei nur unverbindlicher Zinsanpassung (§ 315 Abs. 3 BGB) der Zinssatz nur noch durch Urteil gestaltet werden kann[8]. Da Banken einer Aufsicht unterliegen, ist auch, wie bei Versicherungen, davon auszugehen, daß sie voraussichtlich ohne weiteren Zwang einer entsprechenden richterlichen Festsetzung des Zinssatzes Folge leisten[9].

Wenn schon durch Erhebung einer Feststellungsklage die Verjährung unterbrochen wird[10], so geschieht dies erst recht durch die Erhebung der Gestaltungsklage, allerdings nur für den geltend gemachten Anspruch. Zur Unterbrechung der Verjährung eventuell sich nach der gerichtlichen Bestimmung Zinssatzes ergebender Rückforderungsansprüche ist daher die Erhebung einer Leistungsklage erforderlich, u.U. in Form einer Stufenklage. Umgekehrt ist dem Darlehensgeber anzuempfehlen, gegebenenfalls Zahlungsklage zu erheben, da im Falle seines Obsiegens der Lauf der Verjährung der Zinsansprüche nicht unterbrochen wurde. Die Verteidigung gegen die Gestaltungsklage des Darlehensnehmers unterbricht die Verjährung nicht[11].

---

[5] Zu den theoretischen Grundfragen der Gestaltungsklagen und Gestaltungsurteile siehe Schlosser, Gestaltungsklagen und Gestaltungsurteile, Bielefeld, 1966; Staab, Gestaltungsklage und Gestaltungsklagerecht im Zivilprozeß, Diss., Saarbrücken, 1967.

[6] Zum Begriff siehe oben 5.5 „Rechtsfolgen fehlerhafter Zinsanpassung"; zur Behandlung nichtiger Zinsanpassung siehe unten 6.1.3 „Feststellungsklage".

[7] Durch die Klagelast ist der Darlehensnehmer schlechter gestellt als der Darlehensgeber, vgl. Canaris ZIP 1980, 709, 720; einen Fall der Gestaltungsklage betrifft das Urteil des BGH vom 6. 3. 1986 — III ZR 195/84 — (München), BGHZ 97, 212 (weitere Fundst. siehe Kap. 1 Fußn 5).

[8] Vgl. hierzu Hartmann in Baumbach/Lauterbach, 45. Aufl., Grundz. § 253 ZPO Anm 5Ad).

[9] Vgl. hierzu Hartmann in Baumbach/Lauterbach, 45. Aufl., § 256 ZPO Anm 5 (Stichwort: Leistungsklage) mwN.

[10] Vgl. Palandt/Heinrichs, 46. Aufl., § 209 Anm 2; Hartmann in Baumbach/ Lauterbach, 45. Aufl., § 262 ZPO Anm 1 mwN.

Auch bei Gestaltungsklagen ist das Rechtsschutzziel eindeutig zu bezeichnen. Allerdings müßte wie bei einem Begehren auf Herabsetzung einer Vertragsstrafe „auf den angemessenen Betrag" der Klageantrag dahin gefaßt werden können, daß die Bestimmung des billigen Zinssatzes in das Ermessen des Gerichts gestellt wird, wobei aber mindestens die Angabe der vorgestellten Größenordnung erforderlich ist[12]. Auch kann es nicht dem Gericht überlassen bleiben, sich den Anfangszeitpunkt der Zinsherabsetzung auszusuchen. Hierzu sind konkrete Angaben erforderlich.

Als Klageantrag könnte daher folgendermaßen formuliert werden:

> „Der Zinssatz aus dem Kreditvertrag der Parteien (Angabe der Kreditnummer) vom (Angabe des Vertragszeitpunktes) wird ab (Angabe des Anfangszeitpunktes) nach dem billigen Ermessen des Gerichts festgesetzt."

Bei dieser Formulierung muß in der Klagebegründung die Größenordnung des Zinssatzes angegeben werden, dessen Bestimmung verlangt wird. Die Nichtaufnahme eines bestimmten Zinssatzes in den Klageantrag kann kostenrechtlich von Bedeutung sein, da insoweit ein teilweises Unterliegen zu vermeiden ist.

Um jedoch das Risiko der Unbestimmtheit zu vermeiden, sollte wie folgt formuliert werden:

> „Der Zinssatz aus dem Kreditvertrag (Angabe der Kreditnummer) vom (Angabe des Vertragszeitpunktes) der Parteien wird ab (Angabe des Anfangszeitpunktes) nach dem billigen Ermessen des Gerichts bestimmt, höchstens jedoch auf x % festgesetzt."

Entsprechend lautet der Tenor eines zusprechenden Urteils:

> „Der Zinssatz aus dem Kreditvertrag (Angabe der Kreditnummer) vom (Angabe des Vertragszeitpunktes) der Parteien wird ab (Angabe des Anfangszeitpunktes) auf x % festgesetzt."

Antrag und Urteil erstrecken sich dabei auf die Bezeichnung des Nominalzinssatzes als Preiszähler, da Zinsanpassungsklauseln nicht die Preisbemessungsgrundlage berühren.

Die Gestaltungsklage durch den Darlehensnehmer kann auch in Form einer Widerklage erfolgen.

Die Zinsbestimmung als Urteil stellt als Leistungsbestimmung durch gerichtliche Entscheidung nach fast einhelliger Ansicht einen Gestaltungsakt dar[13].

---

[11] Vgl. Palandt/Heinrichs, 46. Aufl., § 209 BGB Anm 2 aE zur Verteidigung gegen die negative Feststellungsklage; desweiteren Hartmann in Baumbach/Lauterbach, 45. Aufl., § 262 ZPO Anm 1.

[12] Vgl. Hartmann in Baumbach/Lauterbach, 45. Aufl., § 253 ZPO Anm 5A und B, Stichwort: Gestaltungsklage.

[13] Vgl. z.B. Kronke AcP 183, 113, 143f; Neumann/Duesberg JZ 1952, 705, 709; Staudinger/Mayer-Maly, 12. Aufl., § 315 BGB Rdnr 76; ausdrücklich Urteil des BGH vom 6. 3. 1986 — III ZR 195/84 — BGHZ 97, 212, 220 = NJW 1986, 1803, 1805 = WM

Auf Antrag kann der Endzeitpunkt des gerichtlich bestimmten Zinssatzes festgelegt werden, wenn bis zum Schluß der letzten mündlichen Verhandlung aufgrund einer weiteren Veränderung der maßgeblichen Verhältnisse erneute Zinsanpassungen erforderlich werden. Das Gericht überprüft die Billigkeit des Zinssatzes in vollem Umfang, stellt dabei eigene Billigkeitserwägungen an[14], wobei der dem Darlehensgeber zustehende Ermessensspielraum zu beachten ist[15].

6.1.2 Leistungsklage

Die Leistungsklage ist auf die Zurückzahlung zuviel gezahlter Zinsen und eventuell auf Zahlung von Schadenersatz gerichtet. Sie wird nicht durch die Möglichkeit einer Gestaltungsklage ausgeschlossen. Der Darlehensnehmer kann direkt unter Bezifferung des Anspruchs auf Leistung klagen[16]. Im Rahmen des Rechtsstreites wird die Billigkeit des anzuwendenden Zinssatzes inzident überprüft.

Der Klageantrag lautet in diesem Fall wie üblich:

„Die Beklagte wird verurteilt, an den Kläger x DM nebst x % Zinsen seit dem (Angabe des Verzugszeitpunktes) zu zahlen."

Auch ein u. U. zu bejahender Anspruch auf Neuberechnung wird im Wege der Leistungsklage verfolgt[17]. Diese Klage dient der Vorbereitung des Zahlungsanspruches und kann daher in Form einer Stufenklage mit dem Begehren auf Gestaltung bzw. Zahlung verbunden werden.

Ein Klageantrag könnte insoweit wie folgt lauten:

„Die Beklagte wird verurteilt, den Kreditvertrag (Angabe der Kreditnummer) vom (Angabe des Vertragszeitpunktes) der Parteien für die Zeit ab (Angabe des Zeitpunktes, ab welchem der Neuberechnungsanspruch geltend gemacht wird) unter Zugrundelegung eines Zinssatzes, der in das Ermessen des Gerichts gestellt wird, höchstens jedoch x % neu zu berechnen."

In diesem Falle würde sich jedoch empfehlen, statt einer Inzidentprüfung innerhalb des Neuberechnungsanspruchs im Rahmen eines Hauptantrags den Gestaltungsanspruch auf richterliche Festsetzung des billigen Zinssatzes zu verfolgen, und dann in einer 2. Stufe die Neuberechnung zu verlangen.

1986, 580, 582 = ZIP 1986, 698, 701, = DB 1986, 1276 (weitere Fundst. siehe Kap. 1 Fußn 5).

[14] Wobei man wohl die Rechtsgrundsätze des § 287 ZPO berücksichtigen wird.

[15] Zu Ermessen und Ermessensspielraum siehe oben 5.2.3.1 und 5.2.3.1.1; ferner 6.2 „Darlegungs- und Beweislast".

[16] Vgl. Staudinger/Mayer-Maly, 12. Aufl., § 315 BGB Rdnr 76.

[17] Vgl. Hartmann in Baumbach/Lauterbach, 45. Aufl., § 254 ZPO Anm 1; BGH NJW 1983, 1056.

Eine weitere Form der Stufenklage, die sich bei voll abgewickelten Verträgen anbietet, ist die Möglichkeit, nach Beantragung des Rechnungslegungsanspruches in einer weiteren Stufe die Verurteilung zur Zahlung zu beantragen, etwa wie folgt:

> „Die Beklagte wird verurteilt, den sich aus der Neuberechnung zu 1. ergebenden Betrag an den Kläger zu zahlen."

Jedenfalls in diesem Zusammenhang wird eine Feststellungsklage in keinem Fall möglich sein, auch nicht als Ersatzfeststellungsklage neben der Klage auf Rechnungslegung[18].

6.1.3 Feststellungsklage

Gegenstand einer Feststellungsklage kann die nichtige Zinsanpassung[19] sein, bei der kein Raum für eine richterliche Gestaltung besteht. Das Rechtsschutzziel der Feststellungsklage ist nicht die Gestaltung, sondern die Feststellung der Nichtigkeit der Zinsanpassung. Das Feststellungsinteresse[20] ist ohne weiteres anzunehmen, soweit keine Zahlungen auf die nichtige Zinsanpassung erfolgt sind. Soweit dies der Fall ist, muß direkt auf Leistung geklagt werden.

Der Klageantrag der Feststellungsklage lautet:

> „Es wird festgestellt, daß die Änderung des Zinssatzes vom (Datum der Zinsänderung) aus dem Kreditvertrag (Nummer des Kreditvertrages) vom (Datum des Vertragsschlusses) nichtig ist."

Da in einer Prognose nicht immer zuverlässig beurteilt werden kann, ob das Gericht von nichtiger oder bloß unverbindlicher Zinsanpassung ausgehen wird, empfiehlt sich insoweit die Kombination mit der hilfsweisen Stellung eines Gestaltungsantrages.

6.1.4 Vollstreckungsabwehrklage

Die Möglichkeit einer Vollstreckungsabwehrklage nach § 767 ZPO wird sich bei laufenden Kreditverträgen mit variablem Zins zwar nicht stellen. Zu einer Titulierung wird es erst kommen, wenn der Kreditvertrag gekündigt ist. Sind nur Zinsen tituliert worden, ohne Kündigung des Kreditvertrages, wird einer Vollstreckungsabwehrklage in aller Regel die Präklusion des § 767 Abs. 2 ZPO entgegenstehen.

---

[18] Vgl. Hartmann in Baumbach/Lauterbach, 45. Aufl., § 256 ZPO Anm 5 (Stichwort: „Rechnungslegung"); vgl. auch Bader BB 1987, 348, 352.

[19] Zum Begriff siehe oben 5.5 „Rechtsfolgen fehlerhafter Zinsanpassung"; zur Behandlung unverbindlicher Zinsanpassung 6.1.1 „Gestaltungsklage".

[20] Zum Feststellungsinteresse vgl. Hartmann in Baumbach/Lauterbach, 45. Aufl., § 256 ZPO Anm 3D.

Wegen des Zusammenhangs zur oben erörterten Rechtslage nach Kreditkündigung[21] soll hier nur auf folgende Überlegung hingewiesen werden:

Ist ein Zinssatz tituliert worden, dessen Höhe wegen einer Veränderung der tatsächlichen Verhältnisse nach dem Schluß der letzten mündlichen Verhandlung nicht mehr gerechtfertigt ist, bietet sich u. U. die Möglichkeit einer Vollstreckungsabwehrklage[22]. Bedeutung kann dies vor allem in den Fällen erlangen, in denen der Verurteilung zur Zahlung eines bestimmten Zinssatzes die Annahme eines Leistungsbestimmungsrechtes nach § 315 BGB des Darlehensgebers auch für die Zeit nach Kreditkündigung zugrunde liegt[23], aber auch in Fällen der Titulierung von Zinssätzen in Zusammenhang mit Kontoüberziehungen[24]. In Fällen dieser Art kann die Veränderung des nach der Zinsanpassungsklausel maßgeblichen Bezugsrahmens, also in der Regel die Veränderung der Refinanzierungssituation, zu einer erneuten Ausübung des billigen Ermessens mit der Folge einer Herabsetzung des titulierten Zinssatzes zwingen. Das richtige Rechtsmittel hierzu ist die Vollstreckungsabwehrklage nach § 767 ZPO, nicht die Abänderungsklage nach § 323 ZPO[25]. Unter § 323 ZPO sollten nach dessen Wortlaut nur wiederkehrende Leistungen gefaßt werden, die nicht aus zweiseitigen Verträgen herrühren, d.h. von einer gleichzeitigen oder vorgängigen Gegenleistung abhängig sind[26].

Der Klageantrag der Vollstreckungsabwehrklage gegen einen auf § 315 BGB beruhenden Verzugszinssatz kann lauten:

> „Die Zwangsvollstreckung aus dem (genaue Bezeichnung des Titels) wird insoweit für unzulässig erklärt, als der dort titulierte Zinsanspruch x % übersteigt."

Mit der hier vorgeschlagenen Klageform wird Neuland betreten. Gesichtspunkte der Rechtskraft dürften insoweit jedoch nicht gegen die Zulässigkeit der Klage sprechen. Die Gründe, die zu einer anderen Beurteilung der Höhe des Zinssatzes führen, sind in diesen Fällen erst nach dem Schluß der mündlichen Verhandlung des Vorprozesses entstanden. Zum Zeitpunkt der Entscheidung

---

21 Siehe oben 5.4 „Zur Rechtslage nach Kontoüberziehung und Kreditkündigung".

22 Vgl. KG JW 1937, 1405; Herschel JW 1937, 1407; RGZ 124, 146, 152; Staudinger/Karsten Schmidt, 12. Aufl., § 246 BGB Rdnr 81 mwN; aA BGHZ 100, 211 ff = NJW 1988, 251 ff = MDR 1987, 830; dazu Herr NJW 1988, 3137.

23 So z.B. in OLG Hamm WM 1985, 159, 161 = WuB I A — 1.85 Becker; OLG Schleswig WM 1984, 651, 652; LG Berlin WM 1979, 322, 323; OLG Hamm WM 1983, 222, 223; zur Rechtslage seit dem Urteil des BGH vom 7. 11. 1985 — III ZR 128/84 — BGH ZIP 1986, 21 = EWiR § 286 BGB 1/86, 125 (Hadding) = WM 1986, 8 = NJW-RR 1986, 205 = WuB I E 1. — 5.86 (Emmerich) = BB 1986, 220 = DB 1986, 424; siehe oben 5.4 „Zur Rechtslage nach Kontoüberziehung und Kreditkündigung"; keine Preisanpassung nach Schuldnerverzug, vgl. Wolf ZIP 1987, 341, 348.

24 Vgl. z.B. LG München WM 1978, 915.

25 Zur Abänderungsklage in diesem Zusammenhang vgl. Staudinger/Karsten Schmidt, 12. Aufl., § 246 BGB Rdnr 81 mwN.

26 Allg. Meinung, vgl. Zöller/Vollkommer ZPO, 15. Aufl., § 323 Rdnr 25; Hartmann in Baumbach/Lauterbach, 45. Aufl., § 323 ZPO Anm 2b.

des Vorprozesses hat keine Möglichkeit bestanden, die zukünftige Änderung der tatsächlichen Verhältnisse, die Grundlage der Beurteilung nach § 315 BGB sind, abzuschätzen. Die Voraussetzungen des § 767 ZPO sind damit zu bejahen.

6.1.5 Abänderungsklage, § 323 ZPO

Während titulierte Vertragszinsen, die nicht auf § 315 BGB beruhen, nur unter ganz erheblich erschwerten Voraussetzungen anzugreifen sind, ist die Rechtslage für Verzugszinsen nach Kreditkündigung anders zu beurteilen.

Rechtsgrundlage für eine Herabsetzung titulierter Vertragszinsen können allenfalls allgemeine Grundsätze sein, wie z. B. Rechtsmißbrauch, § 226 BGB, Treu und Glauben, § 242 BGB, möglicherweise § 826 BGB bzw. Wegfall der Geschäftsgrundlage[1]. Im Ergebnis kommen hier also nur extreme Äquivalenzstörungen zum Zuge[2]. Bei der Änderung titulierter Verzugszinsen dagegen geht es wohlgemerkt nicht um die Frage, inwieweit die Rechtskraft eines Titels durchbrochen werden kann, weil z. B. der Kreditvertrag selbst sittenwidrig war, sondern vielmehr um die Frage, wie prozeßrechtlich eine Veränderung der maßgeblichen Verhältnisse, die für die Höhe des Verzugszinssatzes bestimmend waren, zu behandeln ist.

Auf die letztgenannte Fallgestaltung trifft § 323 ZPO sowohl nach Wortlaut als auch Sinn und Zweck nach zu. Auch der Verzugszinsschaden unterliegt einem Zinsänderungsrisiko[3]. Der Verzugsaufwand ist variabel[4].

Daß die Verurteilung zu Verzugszinsen keine solche zu wiederkehrenden Leistungen im Sinne der Vorschrift darstelle[5], läßt sich nach den Urteilen des BGH vom 10.7.1986[6] wohl nicht aufrechterhalten. Verzugszinsen haben, was die Höhe angeht, ihren Rechtsgrund auch nicht in einer vertraglichen Vereinbarung, sondern beruhen auf Gesetz, §§ 286, 288 BGB. Der Verzugszinsanspruch ist Schadenersatzanspruch, nicht Erfüllungsanspruch[7]. Daß der Verzugszinsanspruch letztlich seine Ursache in der tatsächlichen Kapitalbereitstellung hat[8],

[1] Vgl. z. B. KG JW 1937, 1405; Palandt/Heinrichs, 46. Aufl., § 246 BGB Anm 3 b; Hartmann in Baumbach/Lauterbach, 45. Aufl., Einf. §§ 322—327 ZPO Anm 6.

[2] Vgl. Staudinger/Karsten Schmidt, 12. Aufl., § 246 BGB Rdnr 81 mwN.

[3] Vgl. Ahrens DB 1987, 315, 320.

[4] Vgl. Reifner ZIP 1987, 545, 547.

[5] Vgl. OLG Düsseldorf WM 1986, 316, 318; OLG Koblenz FamRZ 1980, 585; Zöller/Vollkommer, ZPO, 15. Aufl., § 323 Rdnr 25; Hartmann in Baumbach/Lauterbach, 45. Aufl., § 258 ZPO Anm 1 B aE.

[6] III ZR 133/85 — NJW 1986, 2564 mit Anm Steinmetz = ZIP 1986, 1037 = EWiR § 197 BGB 1/86, 869 (Canaris) = WM 1986, 991; III ZR 47/85 — NJW 1986, 2568 mit Anm Steinmetz = EWiR § 138 BGB 7/86, 863 (Bunte) = WM 1986, 1017 = DB 1986, 2227, wonach selbst auf Rückforderung von Zinsen gerichtete Ansprüche wiederkehrende Leistungen betreffen.

[7] Vgl. Reifner ZIP 1987, 545, 547 mwN.

[8] Vgl. Fischer WuB I E 1. — 14.85.

zwingt nicht zur Annahme eines faktischen Vertrages[9]. Es ist auch sachlich gerechtfertigt, dem Zinsschuldner die Möglichkeit zu geben, sich bei einer nachträglichen Veränderung der für die Zinshöhe bestimmenden Umstände hierauf zu berufen, auch wenn nach der Kreditkündigung keine vertragliche Bindung besteht. Deshalb liegt auch keine Ungleichbehandlung mit Darlehensnehmern ungekündigter Kredite vor[10].

Das Verhältnis der Abänderungsklage zur Vollstreckungsabwehrklage ist zwar umstritten[11]. Was das Rechtsschutzziel angeht, überschneiden sie sich. Ein wesentlicher Unterschied besteht jedoch darin, daß im Fall der Abänderungsklage ein Urteil nur für die Zeit nach der Erhebung der Klage abgeändert werden kann, § 323 Abs. 3 ZPO[12], während eine solche Beschränkung für § 767 ZPO nicht besteht. Die Verweisung von Angriffen gegen titulierte Verzugszinsen auf die Abänderungsklage ist deshalb auch sachlich gerechtfertigt. In den Fällen der unter 6.1.4 behandelten Vollstreckungsgegenklage gegen auf § 315 BGB beruhende Zinsen hat der Gläubiger das Recht und die Pflicht[13], von seinem billigen Ermessen Gebrauch zu machen. Bei Verzugszinsen nach Kreditkündigung, deren Titulierung nicht auf § 315 BGB beruht, besteht eine solche Pflicht hingegen nicht. Hier ist es ausschließlich Sache des Zinsschuldners, sich auf eine spätere Veränderung der maßgeblichen Verhältnisse zu berufen.

Der Klageantrag einer Abänderungsklage kann lauten:

„Das Urteil des (genaue Bezeichnung des Titels, Gericht, Aktenzeichen) vom (Verkündungsdatum) wird dahin abgeändert, daß ab (Zeitpunkt der Rechtshängigkeit) nur noch x % Zinsen aus (Kapitalbetrag) zu zahlen sind."

6.2 Darlegungs- und Beweislast

Von besonderer Bedeutung sind für die praktische Tätigkeit die Fragen der Darlegungs- und Beweislast, wobei die Vertragsauslegung als solche nicht zu diesem Fragenkreis zu rechnen ist. Auch wenn eine Klausel mehrere Deutungen zuläßt, bedarf es für deren Auslegung keines Beweisantrages, da dies Sache des Gerichts ist[1]. Dies gilt auch für die prozessuale Behandlung einer ergänzenden Vertragsauslegung. Dagegen sind die für die Auslegung maßgeblichen Tatsachen nach den allgemeinen Vorschriften zu ermitteln[2].

---

[9] Vgl. Kilimann NJW 1987, 618, 619f mwN; aA Steppeler Sparkasse 1985, 241, 242.

[10] Vgl. Ahrens DB 1987, 315, 320.

[11] Vgl. Hartmann in Baumbach/Lauterbach, 45. Aufl., § 767 ZPO Anm 1 Bd; dazu jetzt Herr NJW 1988, 3137f.

[12] Zur Rechtslage bei Vergleichen siehe Hartmann in Baumbach/Lauterbach, 45. Aufl., § 323 ZPO Anm 6.

[13] Siehe oben 3.1.5.5 „Anspruch des Kreditnehmers auf Zinsherabsetzung".

[1] Vgl. BGH JZ 1971, 291f mit Anm Thiele.

[2] Vgl. Soergel/Knopp, 11. Aufl., § 157 BGB Rdnr 126 mwN.

Bevor auf die zentrale Bedeutung der Darlegungs- und Beweislast im Rahmen der Billigkeitsprüfung eingegangen wird, soll eine kurze Übersicht über die mit dem Thema zusammenhängenden sonstigen Beweislastregelungen gegeben werden.

6.2.1 Einzelfragen

So ist der Darlehensnehmer darlegungs- und beweispflichtig für

— die Unangemessenheit einer Klausel bei Berufung auf § 9 Abs. 1 AGBG[3],
— für den Nachweis eines geringeren Schadens im Zusammenhang mit Ziffer 14 (4) AGB-Banken (entsprechend Kreditgenossenschaften) bzw. Ziffer 9 AGB-Sparkassen nach Kreditkündigung[4],
— für Tatsachen zur Beseitigung eines Saldoanerkenntnisvertrages[5],
— auch für einen Schaden im Zusammenhang mit der PAngV[6],
— die Voraussetzungen der Hemmung (§§ 202-204 BGB), der Ablaufhemmung (§§ 206, 207 BGB), und der Unterbrechung der Verjährung[7].

Dagegen ist der Darlehensgeber als darlegungs- und beweispflichtig anzusehen für

— die behauptete Zinshöhe insoweit, als diese den gesetzlichen Zinssatz überschreitet[8],
— das Bestehen des Leistungsbestimmungsrechtes[9],
— einen anderen Maßstab für die Leistungsbestimmung als billiges Ermessen[10],
— die Widerlegung einer unangemessenen Benachteiligung im Sinne des § 9 Abs. 2 AGBG[11],

---

[3] Für Unklarheiten im Tatsachenbereich, vgl. Staudinger/Schlosser, 12. Aufl., § 9 AGBG Rdnr 19; Löwe/von Westphalen/Trinkner, Vorbem. §§ 8-11 AGBG Rdnr 28; Baumgärtel/Hohmann, Handbuch der Beweislast im Privatrecht, Bd. 3, § 9 AGBG Rdnr 1.

[4] Vgl. von Westphalen in Löwe/von Westphalen/Trinkner III B. Banken-AGB Rdnr 45; Baumgärtel/Hohmann aaO § 11 Nr. 5 AGBG Rdnr 11.

[5] Vgl. von Westphalen in Löwe/von Westphalen/Trinkner III B. Banken-AGB Rdnr 48, auch dazu, daß der Tagesauszug keine Beweislastumkehr bewirkt; vgl. auch Baumgärtel/Laumen aaO, Bd. 1, §§ 780/781 BGB Rdnrn 9 und 12.

[6] Staudinger/Karsten Schmidt, 12. Aufl., § 246 BGB Rdnr 101.

[7] Vgl. Baumgärtel/Laumen aaO, Bd. 1, § 194 BGB Rdnr 1, § 202 BGB Rdnr 1, § 211 BGB Rdnr 1.

[8] Vgl. Staudinger/Karsten Schmidt aaO Rdnr 56; Baumgärtel/Strieder aaO, Bd. 1, § 246 BGB Rdnr 1 mit Hinweis auf Gegenmeinung.

[9] Vgl. Staudinger/Mayer-Maly, 12. Aufl., § 316 BGB Rdnr 12 und § 315 BGB Rdnr 77 (in Abweichung zur Vorauflage Rdnr 16); Baumgärtel/Strieder aaO, Bd. 1, § 315 BGB Rdnr 1 mwN.

[10] Vgl. Staudinger/Mayer-Maly aaO, § 315 BGB Rdnr 15; Baumgärtel/Strieder aaO, Bd. 1, § 315 BGB Rdnr 3 mwN.

— die Angemessenheit einer Schadenspauschale[12], auch im Zusammenhang mit Ziffer 14 AGB-Banken bzw. Ziffer 9 AGB-Sparkassen[13],
— die Voraussetzungen der Verjährung, den Fortfall und die Beendigung einer Unterbrechung (§§ 211 - 218 BGB)[14].

Vor allen Dingen aber wird die Darlegungs- und Beweislast hinsichtlich der Billigkeit der Zinsanpassung dem Darlehensgeber zugewiesen[15].

6.2.2 Umfang der Darlegungs- und Beweislast hinsichtlich Billigkeit

Das Problem stellt sich nur bei Zinsänderungsklauseln, da nur dort eine Zinsanpassung nach billigem Ermessen erfolgt, möglicherweise auch bei einseitiger Neufestsetzung des Zinssatzes nach Ablauf der Zinsbindungsfrist.

Bei Zinsgleitklauseln genügt es für den Darlehensgeber, die Veränderung der Bezugsgröße, die zu einer automatischen Anpassung führt, darzutun.

Bei Zinsänderungsklauseln hingegen kann der Darlehensnehmer durch cin Bestreiten der Billigkeit den Darlehensgeber zwingen, seinerseits die für die Billigkeit der Zinsanpassung sprechenden Gründe darzulegen und gegebenenfalls zu beweisen. Der Darlehensnehmer sollte Anhaltspunkte benennen, aus denen sich eine etwaige Unbilligkeit ergeben könnte[16]. Der Darlehensgeber hat seinerseits die Gründe darzulegen, die für die Billigkeit sprechen, also insbesondere die wesentliche Veränderung der nach der Zinsanpassungsklausel maßgeblichen Bezugsgröße und deren Umfang näher zu bezeichnen, ferner die Kongruenz zwischen der Veränderung der Bezugsgröße und des Umfangs der Zinsanpassung zu begründen.

---

[11] Vgl. Löwe/von Westphalen/Trinkner Vorbem. §§ 8 — 11 AGBG Rdnr 28; Staudinger/Schlosser, 12. Aufl., § 9 AGBG Rdnr 19; ausführlich Baumgärtel/Hohmann aaO, Bd. 3, § 9 AGBG Rdnr 2 mwN.

[12] Vgl. Staudinger/Schlosser aaO; Baumgärtel/Hohmann aaO, Bd. 3, § 11 Nr. 5 AGBG Rdnr 7.

[13] Zu Ziffer 14 (4) AGB-Banken siehe von Westphalen in Löwe/von Westphalen/Trinkner III B. Banken-AGB Rdnr 44 mwN.

[14] Vgl. Baumgärtel/Laumen aaO, Bd. 1, § 194 BGB Rdnr 1, § 211 BGB Rdnr 1, § 217 BGB Rdnr 1.

[15] Vgl. Urteil des BGH vom 6. 3. 1986 — III ZR 195/84 — BGHZ 97, 212, 223 mwN = NJW 1986, 1803, 1805 = WM 1986, 580, 583 = ZIP 1986, 698, 702 = BB 1986, 1874, 1876 (weitere Fundst. siehe Kap. 1 Fußn 5); Baumgärtel/Strieder aaO, Bd. 1, § 315 BGB Rdnr 2 mwN; BGHZ 41, 271, 279 = NJW 1964, 1617; BGH NJW 1969, 1809 = BB 1969, 1017 = MDR 1969, 999; BGH NJW 1981, 571, 572; BGH LM Nr. 9 zu § 315 BGB = AP Nr. 11 zu § 315 BGB; BGH WM 1975, 17; Staudinger/Mayer-Maly, 12. Aufl., § 315 BGB Rdnr 78; dies gilt auch, soweit § 315 BGB für die Zeit nach Kreditkündigung angewendet wird, vgl. OLG Hamm WM 1985, 159, 161 = WuB I A — 1.85 Becker und OLG Hamm WM 1983, 222, 223; zur Rechtslage nach Kreditkündigung siehe oben 5.4.

[16] Vgl. aus dem Bereich der Tagespreisklausel BGH BB 1985, 481, 482.

Wird dieser Vortrag durch den Darlehensnehmer bestritten, ist die Frage zu prüfen, welche Anforderungen an den Vortrag des Darlehensgebers zu stellen sind. Auch wenn, was überwiegend der Fall sein wird, die Refinanzierungssituation der kreditgewährenden Niederlassung des Darlehensgebers entscheidend ist, wird man nur in Ausnahmefällen von diesem die Offenlegung der Kalkulation des Zinses verlangen können, da dies der eigentlichen Anpassungs- und Flexibilitätsfunktion[17] des § 315 BGB widersprechen würde. Derartige Anforderungen mögen sich für das Bauvertragsrecht eignen[18], nicht aber für das Massengeschäft des Kreditvertrags. Ähnlich hat der BGH im Bereich des Kfz-Vertragsrechts ein anerkennenswertes Interesse des Gläubigers bejaht, nicht seine Kalkulationsunterlagen offenlegen zu müssen[19]. Wenn überhaupt von einem billigen Ermessen und einem Ermessensspielraum gesprochen werden soll, können auch nicht Anforderungen gestellt werden, wie sie der BGH zur Verzugsschadensberechnung nach Kreditkündigung aufgestellt hat[20]. Die dort an den Kreditgeber gestellten hohen Anforderungen zur Substantiierung[21] sind nicht auf den Bereich der Leistungsbestimmung nach billigem Ermessen zu übertragen, sollte nicht eben dieses zu einer reinen Leerformel werden.

6.2.3 Technik der Überprüfung

An die Lösung des Problems sind folgende Anforderungen zu stellen:

(1) Das zum Zeitpunkt des Vertragsabschlusses bzw. der letzten Zinsanpassung bestehende Äquivalenzverhältnis soll aufrechterhalten bleiben.

(2) Die Korrektur des Zinssatzes soll der Veränderung der Refinanzierungsseite entsprechen.

(3) Der Zinsanpassungsakt bzw. dessen Überprüfung sollen juristisch handhabbar sein.

Diese Forderungen sind durchaus miteinander in Einklang zu bringen:

Die Refinanzierungsstruktur ist der Passivseite der Jahresbilanz eines jeden Kreditinstituts zu entnehmen. Diese Jahresbilanz hat die Aufgabe, die Vermögens- und Kapitalverhältnisse des bilanzierenden Unternehmens am Bilanz-

---

[17] Vgl. Kronke AcP 183, 113, 139f.

[18] Vgl. z.B. OLG Düsseldorf DB 1982, 537f = AGBE II § 9 Nr. 94.

[19] Vgl. BGH NJW 1970, 29, 32.

[20] Siehe dazu oben 5.4 „Rechtslage nach Kontoüberziehung und Kreditkündigung"; Urteil des BGH vom 7. 11. 1985 — III ZR 128/84 — BGH ZIP 1986, 21, 24 = EWiR § 286 BGB 1/86, 125 (Hadding) = WM 1986, 8 = NJW — RR 1986, 205 = WuB I E 1. — 5.86 (Emmerich) = BB 1986, 220 = DB 1986, 424; zur Offenlegung der Kalkulationsgrundlage im Zusammenhang mit einer Schadenspauschale vgl. auch Staudinger/Schlosser, 12. Aufl., § 9 AGBG Rdnr 19; Schlenke, Allgemeine Geschäftsbedingungen der Banken und AGB-Gesetz, Berlin, 1984, S. 144; ferner Löwe BB 1982, 152, 155.

[21] Selbst bei abstrakter Schadensberechnungsart, vgl. dazu das Urteil des BGH vom 1. 2. 1974 — IV ZR 2/72 — BGHZ 62, 103, 108ff = NJW 1974, 895 = BB 1974, 435.

stichtag darzustellen[22]. Sie unterliegt der Publizitätspflicht[23]. Mit ihrer Zuhilfenahme kann festgestellt werden, welcher Anteil jeder einzelnen Refinanzierungsart am Gesamtrefinanzierungsvolumen zukommt. Da auf die Veränderung der Refinanzierungssituation gegenüber dem Zeitpunkt des Vertragsabschlusses bzw. der letzten Anpassung abzustellen ist, ein Wechsel der Refinanzierungsstruktur jedoch nicht einzubeziehen ist[24], sollte die diese Zeitpunkte betreffende letzte Jahresbilanz maßgebend sein. Sodann ist festzustellen, in welcher Refinanzierungsart die zur Zinsanpassung veranlassende Änderung eingetreten ist[25]. Der Umfang dieser Änderung soll bestimmend für den Umfang der Änderung des Zinssatzes sein. Was darunter zu verstehen ist, ist bisher völlig offen.

Ausgangspunkt der nachfolgenden Betrachtungen ist die Rechtsprechung des BGH, wonach eine gewisse Relation zwischen Veränderung der Refinanzierungssituation und dem Umfang der Anpassung bestehen muß. Nun besteht das Gesamtvolumen der einer Bank zur Verfügung stehenden Mittel nicht aus einer einzigen Refinanzierungsart. Von einer kapitalmarktbedingten Änderung sind nicht alle Refinanzierungsarten gleichmäßig betroffen, sondern in der Regel einzelne oder einige davon. Die Betrachtung muß sich also auf diejenige Refinanzierungsart beschränken, die von einer Kapitalmarktveränderung betroffen ist. Erhöhen sich z. B. die Einlagenzinsen, die der Kreditgeber seinen Sparern gewährt, und beträgt deren Anteil am Gesamtvolumen der Refinanzierung 50 %, so kann auch nur ein entsprechender Anteil auf die variablen Zinsen im Aktivkreditgeschäft weiter belastet werden. Der Grund ist darin zu sehen, daß es, von Ausnahmen abgesehen, keine direkte Zurechnung von Passiv- und Aktivkapital gibt. Dieser Umstand kann nur vernachlässigt werden, wenn im Einzelfall nur eine Refinanzierungsart besteht.

Wie kann nun eine Relation zwischen der kapitalmarktbedingten Änderung einer bestimmten Refinanzierungsart und der Anpassung des variablen Zinssatzes im Aktivkreditgeschäft ermittelt werden? Dafür bieten sich zunächst einmal zwei Betrachtungsweisen an:

(1) Absolute Betrachtungsweise:
In einer absoluten Betrachtungsweise kann man von der Annahme ausgehen, daß die Änderung der Passivverzinsung eine nominal gleichhohe Änderung des variablen Zinssatzes im Aktivgeschäft bewirkt, allerdings unter Einbeziehung der Tatsache, daß die betroffene Refinanzierungsart in der Regel nur einen bestimmten Anteil am Gesamtrefinanzierungsvolumen ausmacht. Danach würde also die Veränderung der Passivverzinsung einer

---

[22] Vgl. z. B. die Darstellung von Hagenmüller III S. 75ff.

[23] Vgl. Hagenmüller III S. 74f; Vahlens, Großes Wirtschaftslexikon, Bd. 2 Stichwort: Publizität.

[24] BGH, Urteil vom 6. 3. 1986 — III ZR 195/84 — BGHZ 97, 212, 222 (weitere Fundst. siehe Kap. 1 Fußn 5).

[25] Siehe dazu oben 2.2.1.1.2 „Refinanzierung".

bestimmten Refinanzierungsart um 1 % einer Änderung des variablen Zinssatzes ebenfalls um 1 % entsprechen, und zwar im Verhältnis der Teilbilanzsumme der betroffenen Refinanzierungsart zum Gesamtrefinanzierungsvolumen.

Bezeichnet man mit

X_A = den nominalen Änderungssatz, ausgedrückt in %, um den der variable Zinssatz zu verändern ist, und mit

X_P = den nominalen Änderungssatz, um den sich die Passivverzinsung der betroffenen Refinanzierungsart verändert hat, außerdem mit

R_1 = das Volumen der Refinanzierungsart (Teilbilanzsumme), die von der Kapitalmarktänderung betroffen ist, und mit

R_G = das Gesamtvolumen aller Refinanzierungsarten, auf die der betreffende Kreditgeber sein Bankgeschäft stützt,

so ließe sich der Änderungssatz x_A (nominale Veränderung des variablen Zinssatzes im Aktivgeschäft) mit folgender Formel ausdrücken:

$$X_A = X_P \frac{R_1}{R_G}$$

Diese Formel drückt aus: Der Änderungssatz, um den der variable Zinssatz im Aktivgeschäft anzupassen ist, ist das Produkt der nominalen Änderung der Passivverzinssung mit dem Quotienten aus der Teilbilanzsumme der betroffenen Refinanzierungsart mit dem Gesamtvolumen aller Refinanzierungsarten eines konkreten Kreditgebers.

Dies soll an folgendem Beispiel verdeutlicht werden: Machen die Einlagen 50 % des Gesamtrefinanzierungsvolumens aus, und ändert sich ihre Durchschnittsverzinsung um 1 %, so würde dies nach der vorstehenden Formel eine Änderung des variablen Zinssatzes im Aktivgeschäft um 0,5 % bedingen.

(2) Relative Betrachtungsweise:
Eine andere Betrachtungsmöglichkeit könnte die Höhe der Passivverzinsung miteinbeziehen. Es macht relativ gesehen einen Unterschied aus, ob die betroffene Refinanzierungsart vor der Änderung mit 2 % oder mit 6 % belastet war. Um ein Beispiel zu geben: Erhöht sich eine Passivverzinsung von ursprünglich 2 % um 1 % auf 3 %, so bedeutet dies eine prozentuale Veränderung von 50 %. Bei einer ursprünglichen Passivverzinsung von 6 % dagegen bewirkt eine Erhöhung um 1 % auf 7 % nur eine prozentuale Veränderung von 16,667 %.

Überträgt man diese relative Veränderung auf die Aktivverzinsung, ließe sich dies folgendermaßen ausdrücken:

Bezeichnet man mit

Z_P = die nominale Passivverzinsung der betroffenen Refinanzierungsart vor der kapitalmarktbedingten Änderung, und mit

Z_V = den nominalen Betrag, um den sich die Passivverzinsung ändert, ferner mit

Z_A = den Nominalzinssatz im variablen Aktivgeschäft, der anzupassen ist, und schließlich mit

X_R = den Änderungsbetrag, ausgedrückt in %, um den die Aktivverzinsung bei relativer Betrachtung anzupassen ist, so ergibt sich:

$$X_R = Z_A \frac{Z_V}{Z_P}$$

In diesem ersten Schritt wird der relative Anpassungsbetrag X_R aufgefaßt als das Produkt von nominaler Aktivverzinsung Z_A und dem Quotienten aus nominalem Ausgangsbetrag der Passivverzinsung Z_V und nominaler Passivverzinsung vor Anpassung Z_P. Dies bedeutet z. B., daß bei einer Änderung der Passivverzinsung um relativ 10 % eine solche der Aktivverzinsung von ebenfalls relativ 10 % erfolgt. Diese Formel hat vom Grundsatz her nur Gültigkeit, soweit nur eine einzige Refinanzierungsart dem Gesamtvolumen entspricht, da dann das Verhältnis zwischen betroffener Refinanzierungsart und Gesamtvolumen 1 ist.

In einem zweiten Schritt muß daher diese Formel um den Anteil der von der Änderung betroffenen Refinanzierungsart am Gesamtvolumen aller Refinanzierungsarten des konkreten Kreditgebers berichtigt werden, sodaß sich dann sagen ließe:

$$X_R = Z_A \cdot \frac{Z_V}{Z_P} \cdot \frac{R_1}{R_G}$$

Da wir uns, was den Umfang der Anpassung angeht, im Bereich billigen Ermessens bewegen, läßt sich nicht auf Anhieb sagen, welche der beiden Betrachtungsweisen den Vorzug verdient. Ihre Auswirkungen sollen daher an den folgenden Zahlenreihen demonstriert werden:

Es bedeuten dabei:

Z_A = nominale Aktivverzinsung vor Anpassung,

Z_P = nominale Passivverzinsung vor kapitalmarktbedingter Änderung,

R_1 = absoluter Wert der von der Kapitalmarktänderung betroffenen Refinanzierungsart (Teilbilanzsumme),

R_G = Gesamtsumme aller Refinanzierungsarten des konkreten Kreditgebers,

Z_V = nominale Veränderung der Passivzinssatzes,

X_R = nominaler Wert, um den der variable Zinssatz im Aktivgeschäft aufgrund relativer Betrachtung der Änderung des Passivzinses zu ändern ist,

X_A = nominaler Wert, um den der variable Zinssatz im Aktivgeschäft aufgrund absoluter Betrachtung zu ändern ist.

Der Anpassungsbetrag bei absoluter Betrachtungsweise stellt dabei dar:

$$X_A = Z_V \frac{R_1}{R_G},$$

bei relativer Betrachtungsweise:

$$X_R = Z_A \cdot \frac{R_1}{R_G} \cdot \frac{Z_V}{Z_P}$$

Zugrundegelegt wird eine Modellbank, die 100 Mill. DM ($R_G = 100$) refinanziert und den gleichen Betrag in Krediten im Aktivgeschäft vergeben hat. 75 Millionen davon werden durch Einlagen von Nichtbanken refinanziert[26] (bzw. 50/25 Mill. DM in den Zeilen 6/7 des folgenden Beispiels). Vor den Symbolen Z_V, X_R und X_A bringt das Symbol ± zum Ausdruck, daß die kapitalmarktbedingte Veränderung eine Senkung und eine Erhöhung der Passivverzinsung bewirken kann.

Beispiel 1:

	R_1	Z_A	Z_P	$\pm Z_V$	$\pm X_R$	$\pm X_A$
	Teilbilanzsumme in Mill DM	Aktivverzinsung in % vor Änderung	Passivverzinsung in % vor Änderung bezogen auf R_1	Nominale Änderung der Passivverzinsung Z_P in %	Anpass. des variablen Zinssatzes im Aktivgeschäft bei relativer Betrachtung in %	Anpass. des variablen Zinssatzes bei absoluter Betrachtung in %
1	75	8	3	0,5	1	0,375
2	75	9	3	0,5	1,125	0,375
3	75	10	3	0,5	1,25	0,563
4	75	8	3	0,75	1,5	0,75
5	75	8	3	1	2	0,75
6	50	8	3	0,5	0,667	0,25
7	25	8	3	0,5	0,334	0,125
8	75	8	2,5	0,5	1,2	0,375
9	75	8	4	0,5	0,75	0,375

Wie man sieht, sind die Unterschiede zwischen relativer und absoluter Betrachtung erheblich. So beträgt der Unterschied z. B. in Zeile 4 bei einem Anteil der von einer kapitalmarktbedingten Änderung betroffenen Refinanzierungsart von 75 % am Gesamtvolumen und einer angenommenen Veränderung der Passivverzinsung um nominal 0,75 % immerhin fast das 3-fache des Betrages, der sich bei absoluter Betrachtungsweise ergibt. So scheint deshalb eine Kontrollrechnung angebracht.

In dieser Kontrollrechnung wird unterstellt, daß nur eine Refinanzierungsart der Modellbank besteht ($R_1 = 100$). Da hier die Summe der von der Änderung

[26] Vgl. dazu die Statistik bei Büschgen BB-Beilage 9/1984 S. 11.

betroffenen Refinanzierungsart identisch ist mit dem Gesamtvolumen, ergibt sich ein Verhältnis von 1 zwischen R_1 und R_G. Dadurch ergeben sich folgende Vereinfachungen für die absolute Betrachtungsweise:

$$X_A = Z_V$$

und für die relative Betrachtungsweise:

$$X_R = Z_A \cdot \frac{Z_V}{Z_P}$$

Beispiel 2:

	R_1	Z_A	Z_P	$\pm Z_V$	$\pm X_R$	$\pm X_A$	$X_R - X_A$
1	100	7	3	0,5	1,167	0,5	0,667
2	100	8	3	0,5	1,334	0,5	0,834
3	100	9	3	0,5	1,5	0,5	1
4	100	8	2	0,5	2	0,5	1,5
5	100	9	4	0,5	1,125	0,5	0,625
6	100	8	3	0,75	2	0,75	1,25
7	100	9	3	1	3	1	2
8	100	7	2	0,75	2,625	0,5	2,125
9	100	9	2	0,5	2,25	0,5	1,75

$X_R - X_A$ = Unterschied zwischen relativer und absoluter Betrachtung

Als Ergebnis ist zu sehen, daß die Anwendung der relativen Betrachtungsweise zu Verbesserungen des Betriebsergebnisses zwischen 0,667 % in Zeile 1 bis 2 % in Zeile 7 führt. Dies läßt sich auch nicht mehr mit der Forderung nach ausreichender Verzinsung des Eigenkapitals rechtfertigen[27], dessen Einbeziehung in das Beispiel 2 zu einer anteiligen Verminderung des Anpassungssatzes hätte führen müssen. Dies belegt, daß die relative Betrachtungsweise zu Ergebnissen gelangt, die mit den dargestellten Grundsätzen des billigen Ermessens nicht mehr in Einklang stehen. Da dem Kreditgeber jedoch ein Ermessensspielraum zuzugestehen ist, ferner auch aus Praktikabilitätsgründen, wird vorgeschlagen, den Wert Z_V, das ist der nominale Betrag in %, um den sich die Passivverzinsung ändert, als Grenzwert anzunehmen, bis zu dem Anpassungen allenfalls noch billigem Ermessen entsprechen. Dadurch wird dem Kreditgeber genügend Spielraum belassen. Der spekulative Charakter bestehender Inkongruenzen ist durch variable Zinssätze ohnedies nicht zu beseitigen. Überdies ist zu beachten, daß ein Anspruch des Darlehensnehmers auf Herabsetzung besteht, was bedeutet, daß im Falle von kapitalmarktbedingten Zinssenkungen die gleiche Berechnungsweise Anwendung finden muß, was im Falle einer relativen Betrachtungsweise ebenfalls zu unangemessenen Ergebnis-

[27] Vgl. dazu den Hinweis von Rolfes KuK 1985, 528, 529, wonach Zinsänderungsrisiken auch bei variabler Verzinsung im Hinblick auf eine Einschränkung der Verzinsung des Eigenkapitals bestehen.

sen führen würde, da Erhöhung und Herabsetzung des Zinssatzes nur verschiedene Seiten desselben Vorganges sind.

Als Resümee wird daher festgehalten, daß eine Zinsanpassung sich dann im Rahmen des billigen Ermessens bewegt, wenn sie sich zwischen folgenden Werten bewegt:

(1) Anpassungswert orientiert am absoluten Wert der Veränderung der Passivverzinsung der von einer kapitalmarktbedingten Änderung betroffenen Refinanzierungsart unter Berücksichtigung deren Anteils am Gesamtvolumen, bis zum
(2) absoluten Wert der Anpassung der Refinanzierungsseite, ausgedrückt in %.

Die hier vorgeschlagene Lösung hat folgende Vorzüge:

(1) Der Umfang an die Darlegungs- und Beweislast des Darlehensgebers wird nicht überspannt. Bankinterna sind nicht offenzulegen.
(2) Es braucht nicht auf Zinsstatistiken, wie z. B. die Monatsberichte der Deutschen Bundesbank zurückgegriffen zu werden, denen keine Aussagekraft hinsichtlich der Refinanzierungsstruktur des jeweiligen Kreditgebers zukommt.
(3) Es wird vermieden, daß andere Faktoren in die Zinsanpassung mit einbezogen werden, außer der Refinanzierungsart, die Anlaß zur Zinsanpassung gegeben hat.
(4) Alle richterlich zu treffenden Feststellungen halten sich im Rahmen des § 287 ZPO, ohne daß es auf die Einholung von Sachverständigengutachten ankommt.
(5) Kompensierende Faktoren können, soweit vorgetragen, auf die gleiche Art und Weise ermittelt werden.
(6) Weitere Änderungen anderer Refinanzierungsarten können kumulativ in gleicher Weise Berücksichtigung finden.
(7) Das Verfahren ist für alle Beteiligten, auch im Hinblick auf das Prozeßrisiko, leicht überprüfbar.

6.3 Revisibilität

Nach § 549 Abs. 1 ZPO kann die Revision auf die Verletzung einer Vorschrift gestützt werden, deren Geltungsbereich sich über den Bezirk eines Oberlandesgerichtes hinauserstreckt. Unter dieser Voraussetzung sind auch Allgemeine Geschäftsbedingungen revisibel[1]. Dieser Fall kann auch, trotz grundsätzlich örtlich beschränkten Wirkungskreises, bei Sparkassen und Kreditgenossenschaften gegeben sein[2].

Nach allg. Meinung gehört die ergänzende Vertragsauslegung, die auch bei der Überprüfung der Wirksamkeit von Zinsanpassungsklauseln von Bedeutung

[1] Vgl. Palandt/Heinrichs, 46. Aufl., § 5 AGBG Anm 6; Albers in Baumbach/Lauterbach, 45. Aufl., § 549 ZPO, Anm 4 A.

[2] Vgl. BGH WM 1977, 834.

sein kann[3], grundsätzlich zum Bereich der Tatsachenfeststellung[4]. Soweit es hierbei allerdings nicht nur um die bloße Ermittlung ihrer tatsächlichen Voraussetzungen geht, ist Revisibilität gegeben[5]. Der revisionsgerichtlichen Überprüfung unterliegen die Fragen,

— ob die Auslegung möglich ist, und
— ob sie gesetzliche Auslegungsgrundsätze, Erfahrungsregeln und Denkgesetze verletzt[6].

Ist die Auslegung durch das Berufungsurteil lückenhaft und kommen weitere Feststellungen nicht in Betracht, nimmt das Revisionsgericht die Auslegung selbst vor. Auch typische Klauseln, wie gerade Zinsanpassungsklauseln kann das Revisionsgericht frei auslegen[7]. Im übrigen ist die Abgrenzung zwischen Tatsachenermittlung und rechtlicher Beurteilung weitgehend umstritten[8]. Es sollte Revisibilität immer dann angenommen werden, wenn aus einem durch Auslegung ermittelten objektiven Vertragszweck Aussagen über den hypothetischen Parteiwillen gemacht worden sind[9]. Auch die Frage der richtigen Zinsberechnungsmethode kann Rechtsfrage und damit revisibel sein[10], soweit es nicht um die Ermittlung der rechnerisch richtigen Zinshöhe, sondern um das durch Auslegung zu ermittelnde Ziel der Rechenoperation geht. Während in der Regel die richtige Zinsberechnungsmethode nicht durch Auslegung Allgemeiner Geschäftsbedingungen zu ermitteln ist, ist die rechtliche Zulässigkeit von Annäherungsmethoden Rechts- und nicht Tatfrage, auch soweit deren Zulässigkeit auf § 287 Abs. 2 ZPO gestützt wird[11].

Die Billigkeit im Sinne von § 315 Abs. 3 S. 1 und 2 BGB dagegen ist ein revisibler Rechtsbegriff[12]. Die Überprüfung betrifft die Fragen, ob die Tatbestandsmerkmale richtig erkannt sind bzw. die Subsumtion fehlerhaft ist. In der Wahl allerdings innerhalb des Ermessensrahmens[13] ist das Gericht frei. Die Revisionsmöglichkeit erstreckt sich aber auch hier auf die Voraussetzungen der Ermessensermächtigung, die Einhaltung des Ermessensrahmens und Ermessensfehler[14].

---

[3] Vgl. oben 4.2.1.4 „Ergänzende Vertragsauslegung".

[4] Vgl. Soergel/Knopp, 11. Aufl., § 157 BGB Rdnr 126 und dessen Kritik in der Rdnr 127.

[5] Vgl. MünchKomm/Mayer-Maly, 2. Aufl., § 157 BGB Rdnr 51.

[6] Vgl. Soergel/Knopp, 11. Aufl., § 157 BGB Rdnr 126 mwN.

[7] Vgl. Soergel/Knopp aaO; so geschehen im Urteil des BGH vom 6. 3. 1986 — III ZR 195/84 — BGHZ 97, 212ff (weitere Fundst. siehe Kap. 1 Fußn 5).

[8] Vgl. MünchKomm/Mayer-Maly, 2. Aufl., § 157 BGB Rdnr 49 mwN.

[9] Vgl. MünchKomm/Mayer-Maly aaO Rdnr 51.

[10] Vgl. Staudinger/Karsten Schmidt, 12. Aufl., § 246 BGB Rdnr 157.

[11] So Staudinger/Karsten Schmidt aaO.

[12] Vgl. BGH NJW 1961, 1251, 1252; Staudinger/Mayer-Maly, 12. Aufl., § 315 BGB Rdnr 79.

[13] Vgl. oben 5.2.3.1.1 „Ermessensspielraum" und 6.2 „Darlegungs- und Beweislast".

[14] Vgl. Neumann-Duesberg JZ 1952, 705, 706.

7. Zusammenfassung

Die wichtigsten Ergebnisse der Arbeit lassen sich wie folgt zusammenfassen:

(1) Für die Rechtsanwendung:

(a) Es ist strikt zu unterscheiden zwischen Anpassungsklausel und Anpassungsvorgang. Variable Zinssatzklauseln lassen zwar eine jederzeitige Anpassung zu. Soweit sie den Zinssatz nicht an eine feste Bezugsgröße binden (Zinsgleitklauseln), sondern dem Darlehensgeber ein einseitiges Leistungsbestimmungsrecht nach billigem Ermessen gemäß § 315 BGB einräumen, sind zwei bedeutende Einschränkungen für das Verständnis solcher Klauseln zu machen. Jedenfalls bei unbestimmt gefaßten Klauseln erreichen diese eine Anpassungsmöglichkeit nur

- in Abhängigkeit einer kapitalmarktbedingten Änderung der Refinanzierungssituation und
- nur unter Einhaltung einer gewissen Kongruenz zwischen Änderung der Refinanzierungssituation und Anpassung und ferner
- nur unter Zubilligung eines Anspruchs des Darlehensnehmers auf Herabsetzung des Zinssatzes unter gleichen Voraussetzungen mit umgekehrtem Vorzeichen.

Was die Wirksamkeit dieser Klauseln angeht, dürften sich für die Praxis kaum noch Probleme stellen, weder aus AGB-rechtlicher noch aus währungsrechtlicher Sicht.

(b) Bei der Überprüfung des Anpassungsvorganges ist wiederum strikt zu unterscheiden, zwischen den Voraussetzungen und dem Umfang einer Anpassung.

Die Voraussetzungen einer Anpassung, nämlich

- wesentliche Veränderung der maßgeblichen Verhältnisse, in der Regel der Refinanzierungssituation aufgrund kapitalmarktbedingter Änderungen,
- bankinterne Festsetzung oder empfangsbedürftige Erklärung
- mit nur eingeschränkter Rückwirkung

unterliegen nicht einem billigen Ermessen, und damit auch nicht einer Überprüfung nach § 315 BGB. Der Bereich des billigen Ermessens ist ausschließlich dem Umfang der Anpassung zugewiesen.

Bei der Anpassung ist das durch den Nominalzinssatz des Vertragsschlusses erzeugte Äquivalenzverhältnis zwischen Leistung und Gegenleistung zu wahren. Dieses Äquivalenzverhältnis ist abzuleiten

— aus dem Rechtsgedanken des Vorrangprinzips des § 4 AGBG, selbst bei Festlegung des Ursprungszinssatzes in Form einer Hauptleistungspflicht-AGB, sowie
— aus dem Rechtsgedanken des § 315 BGB, wonach bei einseitigen Leistungsbestimmungsrechten die beiderseitigen Interessen angemessen zu berücksichtigen sind.

(c) Dies geschieht durch Orientierung des Umfangs der Anpassung an im wesentlichen zwei Faktoren:
— an dem Anteil der von einer kapitalmarktbedingten Änderung erfaßten Refinanzierungsart am Gesamtrefinanzierungsvolumen sowie
— am absoluten Ausmaß der Veränderung der betreffenden Refinanzierungsart.

Eine Anpassung des Zinssatzes über das Ausmaß der Änderung der Passivverzinsung hinaus rechtfertigt den Schluß, daß unter Abweichung von den Grundsätzen billigen Ermessens andere Faktoren in die Anpassung mit einbezogen wurden (Grenzwert).

(d) Bei einem Zinsvorbehalt, der die erstmalige einseitige Festlegung des Zinssatzes bereits bei Vertragsabschluß durch den Darlehensgeber vorsieht, ist der Umfang des Ermessensspielraumes weiter: Der Darlehensgeber muß sich hier nur in den Grenzen halten, wie sie durch den Markt vorgegeben sind (z. B. die Streubreiten aus den Zinsstatistiken der Monatsberichte der Deutschen Bundesbank).

Für spätere Zinsanpassungen gelten auch hier die gleichen Rechtsgrundsätze wie zu Zinsänderungsklauseln.

(e) Offen ist die Rechtslage bei Kündigungsklauseln, die nach Ablauf der Zinsbindungsfrist eine einseitige Neufestsetzung durch den Darlehensgeber bei Fortsetzung des Kreditvertrages ermöglichen. Hier gleicht der Rechtszustand bei Ablauf der Zinsbindungsfrist eher demjenigen des Zinsvorbehaltes, jedenfalls dann, wenn eine Änderungskündigung ausgesprochen ist.

(2) Für die bankbetriebliche Praxis:

Zinsänderungsklauseln können, da sie nicht eine jederzeitige Anpassung in beliebiger Höhe ermöglichen, Zinsänderungsrisiken nicht beseitigen, sondern nur einschränken.

(3) Für die Formularpraxis der Banken:

Sollen andere Kalkulationsbestandteile als kapitalmarktbedingte Änderungen der Refinanzierungssituation eine Anpassung rechtfertigen, muß über neue Fassungen von Anpassungsklauseln nachgedacht werden.

Literaturverzeichnis

Abels, Reinhard/*Stannigel*, Hellmut: Gewinnplanung bei Sparkassen, in B.Bl. 1969, S. 97-99

Ahrens, Martin: Der Zinsanspruch im Konsumentenratenkredit bei Spätleistung des Schuldners, in DB 1987, S. 315-320

Altjohnn, Horst Wilhelm: Der Bankvertrag, ein Beitrag zur Dogmatik des Bankrechts, Diss., München, 1962

Bader, Johann: Anmerkungen zur Erwiderung von Schmuck (BB 1986, S. 1794-1797), in BB 1986, S. 1797

— Nichtige Tilgungsregelungen in Bank-Formular-Kreditverträgen und ihre Behandlung, in BB 1986, S. 543-547

— Nichtige Zins- und Tilgungsregelungen in § 20 und § 6 Abs. 2 der Allgemeinen Bedingungen für Bausparverträge (ABB) und ihre Behandlung. Eine Ergänzung zu BB 1986 S. 543ff, in BB 1987, S. 348-352

Bärmann, Johannes/*Brink*, Ulrich/*Scheerer*, Hans-Peter: Europäisches Geld-, Bank- und Börsenrecht, Teil 1, Berlin, 1974

Bankgeschäftliches Formularbuch: (Hrsg) Schütz, Wilhelm, 18. Ausgabe, Köln, 1969

Bank-Lexikon: Handwörterbuch für das Bank- und Sparkassenwesen mit Bankenverzeichnis, Schriftleitung: Grosjean, Rene Klaus, Löffelholz, Josef, Müller, Gerhard, 9. Auflage, Wiesbaden, 1983

Bartsch, Michael: Zu Preissteigerungsklauseln in AGB, insbesondere zu Tagespreisklausel, in DB, 1983, S. 214-217

Basedow, Jürgen: Kollektiver Rechtsschutz und individuelle Rechte. Die Auswirkungen des Verbandprozesses auf die Inzidentkontrolle von AGB, in AcP 182 (1982), S. 335-371

Bauer, Günter: Das AGB-Gesetz und seine Auswirkungen auf das Recht der Allgemeinen Versicherungsbedingungen (AVB), in BB 1978, S. 476-480

Baumbach, Adolf/*Duden*, Konrad/*Hopt*, Klaus J.: Handelsgesetzbuch: mit GmbH & Co., Recht der Allgemeinen Geschäftsbedingungen und Handelsklauseln, Bank- und Börsenrecht, erläutert von: Hopt, Klaus J., begründet von: Baumbach, Adolf, fortgeführt bis zu 24. Aufl., von: Duden, Konrad, 27. neubearb. u. erweit. Auflage, München, 1987

Baumbach, Adolf/*Lauterbach*, Wolfgang/*Albers*, Jan/*Hartmann*, Peter: Zivilprozeßordnung mit Gerichtsverfassungsgesetz und anderen Nebengesetzen. Begründet von Baumbach, Adolf, fortgeführt von Lauterbach, Wolfgang, nunmehr verfaßt von Albers, Jan und Hartmann, Peter. 45. neubearbeitete Aufl., München, 1987

Baumgärtel, Gottfried: Handbuch der Beweislast im Privatrecht, Bd. 1, Allg. Teil und Schuldrecht BGB, unter Mitarbeit von: Laumen, Hans-Willi, Strieder, Joachim, Wittmann, Arno, Köln, Berlin, Bonn, München, 1981, Bd. 3, AGBG, bearbeitet von: Hohmann, Gerhard, UWG, bearbeitet von: Ulrich, Gustav-Adolf, Köln, Berlin, Bonn, München, 1987

Baums, Theodor: Zinsberechnungsklauseln in Darlehnsverträgen, WM Sonderbeilage Nr. 2/1987, S. 1-20

Baur, Jürgen: Vertragliche Anpassungsregeln, dargestellt am Beispiel langfristiger Energielieferungsverträge, Heidelberg, 1983

Bechthold, Rainer: Ende der Tagespreisklausel-Diskussion? in BB 1983, S. 1636-1639

Becker, Helmut: Anmerkung zum Urteil des OLG Hamm vom 16. 11. 1984 — 20 V 132/83, in WuB I A. Nr. 14 AGB-Banken 1.85

Belke, Rolf: Die Strafzinsen im Kreditgewerbe — ihre Begrenzung aus dem Zinseszinsverbot und ihr Verhältnis zu den gesetzlichen Verzugsfolgen, in BB 1968, S. 1219-1228

Below, Franz-Heinrich: Die Bankiersgeschäfte im Sinne des Handelsgesetzbuches und des Depotgesetzes vom 5. Juli 1896, Diss., Marburg a. d. L., 1932

Benöhr, Hans-Peter: Das sogenannte Synallagma in den Konsensualkontrakten des klassischen römischen Rechts, Hamburg, 1965

Bericht der Studienkommission: Grundsatzfragen der Kreditwirtschaft, Schriftenreihe des Bundesministeriums der Finanzen, Heft 28, 1979

Bettermann, Karl-August: Die Geldentwertung als Rechtsproblem, in ZRP, 1974, S. 13-19

Bieg, Hartmut: Bankbilanzen und Bankaufsicht, München, 1983

Bilda, Klaus: Zur Wirkung vertraglicher Anpassungsklauseln, in MDR 1973, S. 537-542

— Anpassungsklauseln in Verträgen. Gleitklauseln, Preisvorbehalte und ähnliche Sicherungsmittel, 2. stark erw. Auflage, Berlin, 1973

— Anmerkung zum Urteil des BGH vom 19. 4. 1974 — VIII ZR 49/73 (München) — NJW 1974, S. 1947 (LS) = NJW 1974, S. 1464, in NJW 1974, S. 1947

Blei, Reinhard: Früherkennung von Bankenrisiken — dargestellt am Beispiel der Herstatt-Bank, Diss., Berlin, 1984

Blohm, Bernhard: Die Unersättlichen, in Zeit, 19. 9. 1986, S. 29-30

Blomeyer, Arwed: Zivilprozeßrecht. Erkenntnisverfahren, Berlin , Göttingen und Heidelberg, 1963

Boest, Reinhard: Die neue Preisangabenverordnung, in NJW 1985, S. 1440-1443

Bötticher, Eduard: Gestaltungsrecht und Unterwerfung im Privatrecht, Berlin, 1964

Bohle, Wolfgang/*Micklitz*, Hans-W.: Erfahrungen mit dem AGB-Gesetz im nichtkaufmännischen Bereich. Eine Zwischenbilanz nach sechs Jahren, in BB, Beilage Nr. 11, 1983, S. 1-22

Bohndorf, Michael: Wertsicherungsklauseln. Theorie und Rechtsvergleichung, Diss., Hamburg, 1966

Bruchner, Helmut: (LG Stuttgart) Zinsberechnungs-/Tilgungsverrechnungsklausel bei Annuitätendarlehen; Vereinbarkeit mit § 9 AGBG, in WuB I E 4. — 2.87

Brych, Friedrich: Anmerkung zum Urteil des LG Stuttgart vom 23. 12. 1986 — 25.0.530/86 — DB 1987, S. 271, in DB 1987, S. 271-272

— Anmerkung zum Urteil des OLG Frankfurt a. M., vom 27. 6. 1985 — 1 U 143/84, DB 1987, S. 42, in DB 1987, S. 42-43

Büschgen, Hans Egon: Geld, Kapital und Kredit. Festschrift zum 70. Geburtstag von Heinrich Rittershausen, Stuttgart, 1968

— Bankbetriebslehre, Wiesbaden, 1972

— Die Eignung des in der Zinsstatistik „Ratenkredite" der Deutschen Bundesbank veröffentlichten Durchschnittszinses als repräsentativer Preis. Beurteilung der Preise einzelner Ratenkreditkontrakte sowie der Preispolitik einzelner Ratenkreditanbieter, in BB Beilage 9/1984

Bundesregierung: Entwurf eines Gesetzes zur Regelung des Rechts der Allgemeinen Geschäftsbedingungen (AGB-Gesetz), Bundestagsdrucksache 7/3919, vom 6. 8. 1975

Bunte, Hermann-Josef: Interessenkollision und Interessenabwägung im Vertragshändlervertrag. Anmerkungen zum Urteil des LG Frankfurt vom 3. 8. 1982 — 2/13.0. 40/82 (ZIP 1982, S. 1224), in ZIP 1982, S. 1166-1172

— Handbuch der Allgemeinen Geschäftsbedingungen, München, 1982

— Anmerkung zum Urteil des BGH vom 31. 1. 1985 — III ZR 105/83 (KG) — in ZIP 1985, S. 469-470

— Zehn Jahre AGB-Gesetz — Rückblick und Ausblick, in NJW 1987, S. 921-928

Cahn, Andreas/*Farrenkopf,* Stefan: Probleme der Verjährung von Kostenerstattungsansprüchen beim Kreditgeschäft, in ZIP 1986, 416-418

Canaris, Claus-Wilhelm: Die Vertrauenshaftung im deutschen Privatrecht, München, 1971

— Der Zinsbegriff und seine rechtliche Bedeutung, in NJW 1978, S. 1891-1898

— Schranken der Privatautonomie zum Schutz des Kreditnehmers, in ZIP 1980, S. 709-722

— Handelsgesetzbuch. Großkommentar, 3. neubearbeitete Aufl., Dritter Band, 3. Teil, Bankvertragsrecht, 2. Bearbeitung, Berlin, New York, 1981

— Die Verjährung des Rückzahlungsanspruchs des Kreditnehmers bei sittenwidrigen Ratenkrediten, in ZIP 1986, S. 273-282

— Die Auswirkungen der Sittenwidrigkeit von Ratenkreditverträgen auf Folgekreditverträge, in WM 1986, S. 1453-1465

— Die Aufrechnung mit verjährten Rückzahlungsansprüchen aus nichtigen Ratenkreditverträgen. Zugleich eine Besprechung des Urteils des BGH vom 2. 10. 1986 — III ZR 163/85 ZIP 1987, S. 22, in ZIP 1987, S. 1-5

— Zinsberechnungs- und Tilgungsverrechnungsklauseln beim Annuitätendarlehen. Zugleich ein Beitrag zur Abgrenzung von § 8 und § 9 AGB-Gesetz, in NJW 1987, S. 609-617

Consbruch, Johannes: Ende der staatlichen Zinsregelung für Kreditinstitute, in BB 1967, S. 394-395

— Revidierte „Allgemeine Geschäftsbedingungen" im Kreditwesengewerbe, in BB 1969, S. 9-10

Decken, Christoph von der: Dispositionsgrundlagen für das langfristige Geschäft, in ZgK 1971, S. 672-678

Deutsche Bundesbank: Neufassung der Genehmigungsgrundsätze. Mitteilung der Deutschen Bundesbank Nr. 1018/64, Nr. 160 vom 29. 8. 1964, in BB 1964, S. 1018-1019

Dieckhöner, Bruno: Rentabilitätsrisiken aus dem Hypothekargeschäft von Kreditinstituten in Zeiten der Geldentwertung. Schriftenreihe des Instituts für Kredit- und Finanzwirtschaft, (Hrsg) Süchting, Joachim, Bd. 11, Wiesbaden, 1984

Diederichs, Petra/*Rixecker,* Roland: Die neuere Rechtsprechung des Bundesgerichtshofes zum Darlehensrecht, in WM-Sonderbeilage Nr. 7/1985

Diepen, Gerhard: Der Bankbetrieb. Lehrbuch und Aufgabensammlung nach dem gleichnamigen Werk von Prof. Dr. Karl Fr. Hagenmüller, 10., durchgesehene Auflage, Wiesbaden, 1984

Dörner, Heinrich: Verbraucherschutz bei privatem Direktunterricht, in NJW 1979, S. 241-248

Duden, Konrad: Anmerkung zum Urteil des BGH's vom 3. 10. 1953, in JZ 1954, S. 357

Ebel, Hans-Rudolf: Preisänderungsklauseln in Stromlieferungsverträgen für Sonderabnehmer nach Aufhebung des Preisstops von 1936, in DB 1982, S. 2607-2610

Elbern, Marlene/*Moll,* Gabriele: Privatkredite-Zinsvergleiche, in Capital (Heft 1) 1985, S. 43-44

Emmerich, Volker: Der Verzug bei Ratenkrediten und kein Ende, in WM 1986, S. 541-546

Erman, Walter: Handkommentar zum Bürgerlichen Gesetzbuch mit Einführungsgesetz, AGBG, Abzahlungs-, Beurkundungs-, Wohnungseigentums-, Schiffsrechte-, Ehe- und Hausratsverordnungsgesetz unter Einarbeitung weiterer einschlägiger Bestimmungen in zwei Bänden, früher herausgegeben von: Erman, Walter, (Hrsg) Westermann, H. P., 7. neubearbeitete Auflage 1. und 2. Band, Münster Westfalen, 1981

Ertl, Gunter: Inflation, Privatrecht und Wertsicherung, Wien, 1980

Falter, Manuel: Die Praxis des Kreditgeschäfts bei Sparkassen und anderen Kreditinstituten, 5. Auflage, Stuttgart, 1962

Fehl, Norbert: Systematik des Rechtes der Allgemeinen Geschäftsbedingungen. Die Auswirkungen des AGB-Gesetzes auf den Hypothekarkredit nach den Hypothekenbankgesetz. Abhandlungen zum Arbeits- und Wirtschaftsrecht, begründet von: Siebert, W. Band 33, Heidelberg, 1979

Feuerborn, Sabine: BGH zur Verzugszinsberechnung bei rückständigen Darlehensraten, in Sparkasse 1985, S. 155-156

Finanzministerium Baden-Württemberg: Schreiben vom 18. 2. 1987 — U 4300 — 28, 87 in BB 1987, 571 mit Anm. Löwe

Fischer, Reinfrid: Verzugsfolgen und Schadenspauschalierung bei fällig gestelltem Kredit; Verstoß gegen § 11 Nr. 5a AGBG, in WuB I E 1. — 14.85

— Anmerkung zum Urteil des BGH vom 31. 1. 1985 — III ZR 105/83 (KG) -, in WuB I E 1. — 14.85

— Anmerkung zum Urteil des BGH vom 6. 11. 1986 — III ZR 70/86 —, in EWiR § 138 BGB 2/87, S. 219

Flechsig, Rolf: Kundenkalkulation in Kreditinstituten. Schriftenreihe des Instituts für Kreditwesen der Westfälischen Wilhelms-Universität Münster, Frankfurt a. M., 1982

Flume, Werner: Das Rechtsgeschäft, 3. Auflage, Berlin, 1979

Fögen, Herrmann: Bedeutung, Anwendungsbereich und Grundsätze für die Anwendung von § 3 S. 2 des WährG (Sachwertklauseln), in BB 1958, S. 1259-1267

— Genehmigungsbedürftige „Wertsicherungsklauseln" und nicht genehmigungsbedürftige „Leistungsvorbehalte" (Billigkeitsklauseln), in BB 1967, S. 738-740

— Geld- und Währungsrecht, München, 1969

Franke, Hartmut: Das Bankensystem. Wesen, Arten, Funktionen, Veränderungen, Diss., Mainz, 1974

Friedel, Berd: Das Spiel um Milliarden „Bankenmacht", in Stern, 20. 11. 1986, S. 98-108

Fuchs, Hans-Ulrich: Zur Lehre vom allgemeinen Bankvertrag, Frankfurt a. M. und Bern, 1982

Gabler Wirtschafts-Lexikon: Band 2, L — Z, 11. neubearbeitete Auflage, Wiesbaden, 1983

Gerke, Wolfgang: Gleitklauseln im Geld- u. Kapitalverkehr, Mark = Mark, Schriftenreihe für Kreditwirtschaft und Finanzierung, (Hrsg) Hagenmüller, K. F., Engels, Wolfram, Kolbeck, Rosemarie, Band 1, Wiesbaden, 1980

Goedecke, Wolfgang/*Kerl,* Volkher: Die Hypothekenbanken, 2. neubearb. Auflage, Frankfurt a. M., 1974

Graba, Hans-Ulrich: Kommentar zum Gesetz zur Regelung des Rechts der Allgemeinen Geschäftsbedingungen, von: Schlosser, Peter, Coester-Waltjen, Dagmar, Graba, Hans-Ulrich, Bielefeld, 1977

Grunsky, Wolfgang: Anmerkung zum Urteil des BAG vom 15. 12. 1976, — 5 AZR 600/75 — abgedruckt in SAE 1977, S. 220-224

Gutzwiller, Peter-Christoph: Vertragliche Abreden zur Sicherung des Geldwerts, insbesondere Gleitklauseln. Eine vergleichende Darstellung der Rechtslage in Frankreich, Deutschland und in der Schweiz. Schriftenreihe des Instituts für Internationales Recht und Internationale Beziehungen, Basel und Stuttgart, 1972

Häuser, Franz: LG Stuttgart. Annuitätendarlehen, Zinsverrechnungsklausel, Inhaltskontrolle, in EWiR § 9 AGBG 2/1987, S. 7

Häuser, Franz/*Welter,* Reinhard: Neues Recht der Darlehenskündigung. Von § 247 BGB zu § 609 BGB, in NJW 1987, S. 17-21

Hagenmüller, Karl Friedrich: Der Bankbetrieb, Band I: Strukturlehre — Kapitalbeschaffung der Kreditinstitute, 1976, Band II: Aktivgeschäfte und Dienstleistungsgeschäfte, 1976, Band III: Rechnungswesen — Bankpolitik, 1977, 4. Auflage, Wiesbaden, 1976-1977

— Die Bestimmungsfaktoren preispolitischer Autonomie bei Kreditinstituten, in: Geld, Kapital und Kredit, Festschrift zum 70. Geburtstag von Heinrich Rittershausen, S. 158-170, (Hrsg) Büschgen, Hans E., Stuttgart, 1968

Herbst, Gerhard: Sparkassen, (in Handbuch des Real- und Kommunalkredits), (Hrsg) Steffan, Franz, 2. neubearbeitete Auflage Frankfurt a. M., 1977

Herr, Robert: Das Ende der Zukunftszinsen?, in NJW 1988, 3137-3138

Herschel, Wilhelm: Anmerkung zum Urteil des KG's vom 24. 2. 1937, 20 U 6205/36, in JW 1937, S. 1407-1408

Hesberg, Dieter: Risikovorsorge durch Kreditausfall- und Zinsänderungsrückstellungen im Jahresabschluß von Banken in KuK 1983, S. 531-567

Heymann, Ekkehardt von: Rechtliche und wirtschaftliche Aspekte der Kündigung von Darlehen nach § 247 BGB, in BB 1983 Beilage 8, S. 1-36

— Neuregelung des Kündigungsrechts nach § 247 BGB, in BB 1987, S. 415-420

Hiebler, Franz: Die Praxis der Kreditgewährung. Mit Erläuterungsbeispielen und einer Kreditinventur, 3. neubearb. Auflage, Wiesbaden, 1972

Hönn, Günther: Kompensation gestörter Vertragsparität. Schriften des Instituts für Arbeits- und Wirtschaftsrecht der Universität zu Köln, Band 43, München, 1982

Horn, Norbert: Geldwertveränderungen, Privatrecht und Wirtschaftsordnung, Karlsruhe, 1975

— Neuverhandlungspflicht, in AcP 181 (1981), S. 255-287

Immenga, Ulrich: Die Zinsfreigabe und das Recht der Wettbewerbsbeschränkungen, in BB 1967, S. 696-700

Ippisch, Wolfgang: Bankbetriebliches Zinsspannen-Management: instrumentelle Aspekte einer Fristen- und Rentabilitätssteuerung bei sich wandelnden Bilanzstrukturen. Schriftenreihe des Instituts für Kredit- und Versicherungswirtschaft. Abteilung Bankbetriebslehre, Bd. 6, (Hrsg) Bühler, Wilhelm, Wien, 1984

Jährig, Alfred/*Schuck*, Hans: Handbuch des Kreditgegeschäfts, 4. Aufl., Wiesbaden, 1982

Jahr, Günther: Implikationen des anhaltenden Geldwertschwundes in der Rechtsordnung der BRD. Kurzfassung eines Gutachtens, i. A. des Sachverständigenrates erstattet. Deutscher Bundestag, 5. Wahlperiode, Drucksache V/1160, S. 178ff, Bonn, 1966

Jauernig, Othmar: BGB mit Gesetz zur Regelung des Rechts der Allgemeinen Geschäftsbedingungen, herausgeg. und erläutert von Othmar Jauernig, 3. neubearbeitete Auflage, München, 1984

Jung, Eckhart: Die Rechtsprechung zu den Neuwagen-Verkaufsbedingungen und ihre Folgen für die Praxis, in BB 1981, S. 1606-1610

— Anmerkung zum Urteil des LG's Nürnberg-Fürth vom 27. 1. 1982, 11 S 59/81, in BB 1982, S. 458-459

Kaeferlein, Hans: Der Bankkredit und seine Sicherungen. Dargestellt an praktischen Fällen mit Urkunden und Formblättern 7. Auflage, Stuttgart, 1953

Kilimann, Ralf: Der Schaden des Ratenkreditgebers beim Zahlungsverzug im Konsumentenkredit, in NJW 1987, S. 618-625

Klinke, Ulrich: Causa und genetisches Synallagma. Zur Struktur der Zuwendungsgeschäfte. Schriften zum Bürgerlichen Recht, Band 77, Berlin, 1983

Knüppel, Karl: Der Kreditvertrag, Diss., Greifswald, 1919

Koch, Arwed: Banken und Bankgeschäfte unter besonderer Berücksichtigung der Rechtsverhältnisse, Jena, 1931

Koch, Arwed/*Schütz*, Wilhelm: Bankgeschäftliches Formularbuch. Mit Unterstützung des Zentralverbandes des Deutschen Bank- und Bankiergewerbes (e. V.), Berlin, 1920

Koch, Eckart/*Stübing*, Jürgen: Allgemeine Geschäftsbedingungen, Kommentar zum Gesetz zur Regelung des Rechts der Allgemeinen Geschäftsbedingungen, Neuwied und Darmstadt, 1977

Köndgen, Johannes/*König*, Conrad: Grenzen zulässiger Konditionenanpassung beim Hypothekenkredit, in ZIP 1984, S. 129-140

Kötz, Hein: Die Rückwirkung von Unterlassungsurteilen gemäß §§ 13ff AGB-Gesetz. Dargestellt am Beispiel der Tagespreisklauseln, in BB 1982, S. 644-648

Kollhosser, Helmut: Zur Tilgungsverrechnung bei Amortisationsdarlehen, in ZIP 1986, S. 1429-1440

Kornblum, Udo: Die Rechtsnatur der Bestimmung der Leistung in den §§ 315-319 BGB, in AcP 168, S. 450-469

Kronke, Herbert: Zur Funktion und Dogmatik der Leistungsbestimmung nach § 315 BGB, in AcP 183, S. 113-144

Krümmel, Hans-Jacob: Bankzinsen, Köln, Berlin, Bonn, München, 1964

Krümmel, Hans-Jacob/*Rudolph*, Bernd *(Hrsg)*: Innovationen im Kreditmanagement. Vorträge und Berichte der Tagung Innovationen im Kreditmanagement am 27. 9. 1984, Frankfurt a. M., 1985

Kühnen, Harald: Die geschäftspolitische Risikobeurteilung im Universalbankensystem, in Geld, Kapital und Kredit, Festschrift zum 70. Geburtstag von Heinrich Rittershausen, S. 145-157, Stuttgart, 1968

Küpper, Werner: Zinssätze für Kalkulationen bei Geldwertänderungen: die Bemessung kalkulatorischer Zinssätze bei Preiskalkulationen aufgrund von Selbstkosten unter Berücksichtigung von Geldwertänderungen. Reihe Wirtschaftswissenschaften, Frankfurt, 1984

Kugler, Albert: Konzeptionelle Ansätze zur Analyse und Gestaltung von Zinsänderungsrisiken in Kreditinstituten. Europäische Hochschulschriften: Reihe 5, Volks- und Betriebswirtschaft, Bd. 595, Frankfurt a. M., Bern, New York, 1985

Kunth, Bernd: Die Anpassung von Preisen in langfristigen Lieferverträgen. Unter besonderer Berücksichtigung von Energielieferverträgen, in BB 1978, S. 178-181

Kunth, Bernd/*Wollburg*, Ralph: Preisanpassungsklauseln in Energielieferverträgen und § 9 AGB-Gesetz, in BB 1985, S. 230-238

Kunz, Wolfgang: Die neue Preisangabenverordnung (PAng.V), in MDR 1985, S. 539-542

Landsberg, Peter: Zinsabstandswahrung bei variablem Darlehenszins. „Zinsvorausregelung“ der Kreissparkasse Köln, in Sparkasse 1983, S. 451

Lang, Dietrich: Anmerkung zum Beschluß des BGH vom 7. 4. 1961 — V ZB 2/61 -, in Sparkasse 1961, S. 240

Larenz, Karl: Lehrbuch des Schuldrechts Erster Band, Teil 1, 14. neubearbeitete Auflage, München, 1987

— Allgemeiner Teil des Deutschen Bürgerlichen Rechts, 6. neubearbeitete Auflage, München, 1983

Lexikon des Kreditwesens: (Hrsg) Pröhl, H., Loseblattsammlung, Peine und Hannover, o. J. (1951)

Löwe, Walter: Erwiderung auf den Aufsatz von Kötz, in BB 1982, S. 648-651

— Folgerungen aus der Verwerfung der Tagespreisklausel in den Neuwagen-Verkaufsbedingungen durch den Bundesgerichtshof, in BB 1982, S. 152-158

— Anmerkung zum Urteil des OLG Düsseldorf vom 16. 9. 1983 — 25 U 110/83, in BB 1983, S. 152-158

— Anmerkung zum Urteil des BGH vom 8. 11. 1985 — V ZR 113/84 — BB 1986, S. 151, in BB 1986, S. 152-154

— Keine Inhaltskontrolle von Tilgungsverrechnungsklauseln beim Annuitätendarlehen? in NJW 1987, S. 937-940

— Anmerkung zum Schreiben des Finanzministeriums Baden-Württemberg — U 4300 — 28/87 vom 18. 2. 1987, in BB 1987, S. 571-572

Löwe, Walter/*Westphalen,* Graf von Friedrich/*Trinkner,* Reinhold: Kommentar zum Gesetz zur Regelung des Rechts der Allgemeinen Geschäftsbedingungen, Heidelberg, 1977

— Großkommentar zum AGB-Gesetz. Gesetz zur Regelung des Rechts der Allgemeinen Geschäftsbedingungen. Band II, §§ 10-30, 2. Auflage, Heidelberg, 1983

— Großkommentar zum AGB-Gesetz. Gesetz zur Regelung des Rechts der Allgemeinen Geschäftsbedingungen, Band III: Einzelklauseln und Klauselwerke, 2. neubearbeitete und wesentlich erweiterte Auflage, Heidelberg, 1985

Luenterbusch, Armin: Die privatrechtlichen Auswirkungen des Gesetzes über das Kreditwesen auf Einlagen- und Kreditgeschäfte, Diss., Köln, 1968

Lukes, Rudolf: § 315 BGB als Ausgangspunkt für die Inhaltskontrolle Allgemeiner Geschäftsbedingungen, in NJW 1963, S. 1897-1901

Maydell, Bernd von: Geldschuld und Geldwert. Die Bedeutung von Änderungen des Geldwertes für die Geldschulden, München, 1974

Mayer-Maly, Theo: De se queri debere, officia erga se und Verschulden gegen sich selbst, in Festschrift für Kaser, Max zum 70. Geburtstag, S. 229-264, (Hrsg) Medicus, Dieter, Seiler, Hans-Hermann, 1. Auflage, München, 1976

Meyer, Hans-Dieter: Die Kreditwirtschaft im Gesetz gegen Wettbewerbsbeschränkungen, Wunstdorf/Hamm, 1966

Micklitz, Hans-W.: Haftungsbeschränkung in Allgemeinen Geschäftsbedingungen des Chemisch-Reinigungsgewerbes, BGH-Urteil vom 12. 5. 1980, VII ZR 166/79, (BB 1980, S. 1011), in BB 1980, S. 1821-1823

Mittelbach, Rolf: Wertsicherungsklauseln im Zivil- und Steuerrecht, 4. Auflage, Ludwigshafen, 1980

Moser, Ludwig: Die Kreditinstitute im Gesetz gegen Wettbewerbsbeschränkungen, Diss., Mainz, 1961

Müller, Mario: Die Banken verdienen prächtig und die Kunden zahlen die Zeche, in FR 19. 4. 1986, S. 5

Münstermann, Walter: Anmerkung zum Urteil des LG Frankfurt a. M. vom 5. 12. 1984 — 2/1 S 140/84, in WuB I E 1. — 8.85

— Die Unbrauchbarkeit des sog. „Schwerpunktzinses" als Vergleichsmaßstab für § 138 Abs. 1 BGB bei Ratenkrediten, in WM 1986, S. 929-933

Mundorf, Hans: Die Macht der Banken, in ZIP — Kolumne 1987, S. 139

Neumann-Duesberg, Horst: Gerichtliche Ermessensentscheidungen nach den §§ 315ff BGB, in JZ 1952, S. 705-711

Nielsen, Jens: Das Bankrecht. Grundbegriffe in Frage und Antwort, 4. Auflage, Schloss Bleckede a.d. Elbe 1978

Obst, Georg/*Hintner,* Otto: Geld-, Bank-und Börsenwesen. Ein Handbuch. (Hrsg) Kloten, Norbert, und von Stein, Johann Heinrich, 37. völlig neu gestaltete Auflage, Stuttgart, 1980

Oestereich, Dieter: Der Zinssatz in § 1115 Abs. 1 BGB. Eine Stellungnahme zu den Beschlüssen des OLG's Zweibrücken, sowie der Landgerichte Koblenz, Frankenthal, Bad Kreuznach, Köln und Bielefeld, in MDR 1979, S. 13-17

— Zur Rechtsnatur des Damnums(Auszahlungsdisagios) Abgrenzung zum rechtlichen Zinsbegriff, in WM 1979, S. 822-825

Palandt: BGB mit Einführungsgesetz und Nebengesetzen, bearbeitet von: Helmut Heinrichs, 46. neubearb. Auflage, München, 1987

Perdelwitz, Johannes/*Fabricius,* Paulus/*Kleiner,* Eberhard: Das preußische Sparkassenrecht, 2. Auflage, Berlin und Köln, 1955

Pickart, Heinz: Die Rechtsprechung des Bundesgerichtshofes auf dem Gebiet des Vertragshilferechts, in WM 1955, S. 243-248

— Die Rechtsprechung des Bundesgerichtshofes zum Vertragshilferecht und zur Schuldenregelung des BVF-Gesetzes, in WM 1957, S. 566-577

Pleyer, Klemens/*Battes,* Robert: Geltung und Auslegung Allgemeiner Geschäftsbedingungen im Verkehr der Banken untereinander, in DB 1971, S. 1289-1295

Priewasser, Erich: Bankbetriebslehre, 2. erweiterte und ergänzte Auflage, München und Wien, 1986

Rasch, Harold: Geldentwertung und langfristige Verträge, in BB 1971, S. 753-756

Reifner, Udo: Der Verzugsschaden der Bank im Konsumententenkredit, in ZIP 1987, S. 545-554

Reuter, Rolf: Zur Zulässigkeit des Preisänderungsvorbehalts in den Neuwagen-Verkaufsbedingungen, Anmerkung zum Urteil des OLG's Ffm vom 12. 6. 1980, DB 1980, S. 2235, in DB 1981, S. 71-73

RGRK: Das Bürgerliche Gesetzbuch mit besonderer Berücksichtigung der Rechtsprechung des Reichsgerichts und des Bundesgerichtshofes. Kommentar, hrsg. von Mitgliedern des Bundesgerichtshofs, 12. neubearb. Aufl., Band II, 1. Teil, §§ 241-413, bearbeitet von: Alff, Richard, Ballhaus, Werner, Weber, Reinhold, Berlin, New York, 1976, Band II, 2. Teil, §§ 414-610 (Anhang nach § 455: Abzahlungsgesetz), 12. Aufl., bearb. von: Ballhaus, Werner, Gelhaar, Wolfgang, Kessler, Heinrich, Mezger, Robert, Weber, Reinhold, Berlin, New York, 1978, zit: RGRK-Bearbeiter

Rolfes, Bernd: Ansätze zur Steuerung von Zinsänderungsrisiken, in KuK 1985, S. 528-552

Rosenberg, Leo/*Schwab*, Karl-Heinz: Zivilprozeßrecht, begründet von: Rosenberg, Leo, fortgeführt von: Schwab, Karl-Heinz, 11. neubearbeitete Auflage, München, 1974

Roth, Herbert: Die Inhaltskontrolle nicht ausgehandelter Individualverträge im Privatrechtssystem, in BB 1987, S. 977-984

Rothoeft, Dietrich: Gegenwertkontrolle bei langfristigen Verträgen über Liegenschaften, in NJW 1986, S. 2211-2220

Rottenburg, Franz von: Die Reform des gesetzlichen Kündigungsrechts für Darlehen — statt Zinssatz-Fristenregelung —, in WM 1987, S. 1-6

Rudolph, Bernd: Zinsänderungsrisiken und die Strategie der durchschnittlichen Selbstliquidationsperiode, in KuK 1979, S. 181-206

Rüßmann, Helmut: Die „ergänzende Auslegung" Allgemeiner Geschäftsbedingungen, in BB 1987, S. 843-848

Schaarschmidt, Wilhelm: Die Sparkassenkredite: die rechtlichen Grundlagen des Kredits, seiner Sicherung und Einziehung, 7. überarbeitete von: Capeller, Rupert, Engelken, Heiko, Fischer, Reinfrid, Herbst, Gerhard, Lang, Dietrich, Sperl, Gerhard, Stuttgart, 1984

Schäfer, Friedrich-Wilhelm/*Xylander*, Günther: Der variable Darlehenszins — Comeback auf neuem Weg. Eine Produktvariante der Stadtsparkasse Wuppertal, in Sparkasse 1983, S. 281-282

Schinnerer, Erich: Bankverträge, Teil 1, 2. Auflage, Wien 1961

Schirmacher, Albrecht: Wie Banken ihre Kreditkunden schröpfen — Zinsspanne, in Capital (Heft 12) 1984 S. 249

Schlegelberger, Franz: Handelsgesetzbuch, in der seit dem 1. Oktober 1937 geltenden Fassung, Kommentar von: *Gessler*, Ernst, 5. neubearbeitete Auflage München, 1973

Schlenke, Reinhard: Allgemeine Geschäftsbedingungen der Banken und AGB-Gesetz. Untersuchungen über das Spar-, Giro- und Kreditwesen, Abt. Rechtswissenschaft, Band 42, (Hrsg) Hadding, Walter, Schneider, Uwe H., Berlin, 1984

Schlenzka, Peter F.: Ansätze zur Mindestmargenkalkulation bei der Steuerung des Kreditgeschäfts, in: Innovationen im Kreditmanagement. Vorträge und Berichte der Tagung Innovationen im Kreditmanagement am 27. 9. 1984, S. 42-57, (Hrsg) Krümmel, Hans J., Rudolph, Bernd, Frankfurt a. M., 1985

Schlosser, Peter: Gestaltungsklagen und Gestaltungsurteile, Bielefeld, 1966

— AGB-Gesetz, Gesetz zur Regelung des Rechts der Allgemeinen Geschäftsbedingungen, Kommentar, Berlin, 1980

— Entwicklungstendenzen im Recht der Allgemeinen Geschäftsbedingungen, in ZIP 1985, S. 449-462

Schlosser, Peter/*Coeşter-Waltjen,* Dagmar/*Graba,* Hans-Ulrich: Kommentar zum Gesetz zur Regelung des Rechts der Allgemeinen Geschäftsbedingungen, Bielefeld, 1977

Schloz, Dieter: Das Recht der Wertsicherungsklauseln seit der Währungsreform, Diss., Heidelberg, 1962

Schmalenbach, Eugen: Kapital, Kredit und Zins, 3. Auflage, Köln und Opladen, 1951

— Kostenrechnung und Preispolitik, 7. Auflage, Köln und Opladen, 1956

Schmidt, Dirk: Die Vorstände öffentlich-rechtlicher Kreditinstitute als Amtsträger. Besprechung des BGH-Urteils vom 10. 3. 1983, 4 StR 375/82 (ZIP 1983, S. 543), in ZIP 1983, S. 1038-1041

Schmidt, Hartmut: Wege zur Ermittlung und Beurteilung der Marktzinsrisiken von Banken, in KuK 1981, S. 249-286

Schmidt, Karsten: Die Rechtsfolgen der Kündigung nach § 247 Abs. 1 BGB. Plädoyer für ihre Anpassung an ein verändertes Normverständnis, in BB 1982, S. 2075-2079

— Geldrecht: Kommentar zum gesamten Geld-, Währungs- und Zinsrecht, Berlin, 1983

Schmidt-Rimpler, Walter: Die Gegenseitigkeit bei einseitig bedingten Verträgen, insbesondere beim Versicherungsvertrag. Zugleich ein Beitrag zur Lehre vom Synallagma. Abhandlungen aud dem gesamten Bürgerlichen Recht Handelsrecht und Wirtschaftsrecht, Stuttgart, 1968

Schmuck, Herbert: Auswirkungen des AGB-Gesetzes auf Darlehensverträge und Anleihebedingungen der Realkreditinstitute. Der langfristige Kredit, 1977

— Zur Rechtswirksamkeit der sogenannten nachträglichen Tilgungsverrechnung bei Annuitätendarlehen. A. Erwiderung auf den Aufsatz von Bader BB 1986, S. 543, in BB 1986, S. 1794-1797

Schoenle, Herbert: Bank- und Börsenrecht. Ein Kurzlehrbuch, 3. Auflage, München, 1984

Scholten, Rainald: Die Kreditgebühren der Teilzahlungsbanken und das Zinseszinsverbot, in NJW 1968, S. 385-386

Scholz, Franz-Josef: Die Verordnung zur Regelung von Preisangaben vom 14. 3. 1985 (BGBl. 1985, Teil I, S. 580ff) — Eine Einführung für die Kreditwirtschaft -, Bretten, 1985

— Die Verzugsschadensproblematik bei Ratenkrediten aus der Sicht der Bankpraxis, in ZIP 1986, S. 545-558

— Zinsen und Schadenersatz bei fristlos gekündigtem Darlehensvertrag. OLG Hamm, Urteil vom 28. 6. 1985 — 11 U 129/84, BB 1985, S. 1933ff, in BB 1986, S. 157-159

Scholz, Walter: Zinsänderungsrisiken im Jahresabschluß der Kreditinstitute, in Kredit und Kapital, 1979, S. 517-544

Schwarz, Axel: Bestimmtheitsgrundsatz und variabler Zins in vorformulierten Kreditverträgen, in NJW 1987, S. 626-629

Seidenzahl, Fritz (Hrsg): Bank und Börsenlexikon, 2. Auflage, Freiburg i. Br., 1965

Soergel, Hans-Theodor/*Siebert*, Wolfgang: Bürgerliches Gesetzbuch: mit Einführungsgesetz und Nebengesetzen, neu herausgegeben von: Siebert, Wolfgang, 11. neubearbeitete Aufl., Stuttgart, 1986

Staab, Helmut: Gestaltungsklage und Gestaltungsrecht im Zivilprozeß, Diss., Saarbrücken, 1967

Staudinger, Julius von: Kommentar zum Bürgerlichen Gesetzbuch mit Einführungsgesetz und Nebengesetzen. Recht der Schuldverhältnisse, 12. neubearbeitete Auflage, 2. Buch, Recht der Schuldverhältnisse, Berlin, 1983

Steffan, Franz (Hrsg): Handbuch des Real- und Kommunalkredits, 2. Auflage, Frankfurt a. M., 1977

Stein, Friedrich/*Jonas*, Martin: Kommentar zur Zivilprozeßordnung/Stein-Jonas. Bearbeitet von Grunsky, Wolfgang, Leipold, Dieter, Münzberg, Wolfgang, Schlosser, Peter, Schumann, Ekkehard. Zweiter Band, Teilband 1, §§ 253-299a. 20. Auflage, Tübingen, 1987

Steindorff, Ernst: Vorvertrag zur Vertragsänderung, in BB 1983, S. 1127-1131

Steiner, Jürgen: Verzugsschaden bei Ratenkrediten. Aktuelle Probleme und Lösungsansätze aus betriebswirtschaftlicher Sicht, in DB 1986, S. 895-900

— Kosten- und preisorientierte Bemessung des Verzugsschadens bei Krediten, in DB 1986, S. 1557-1562

Steinmetz, Wolfgang: Anmerkung zu den Urteilen des BGH vom 10. 7. 1986 — III ZR 133/85 (Celle) und III ZR 47/85 (Schleswig), in NJW 1986, 2569-2570

Steppeler, Wolfgang: Entscheidung des BGH zur Verzugszins-Regelung bei Krediten, in Sparkasse 1985, S. 241-244

— Zur Zulässigkeit der nachschüssigen Tilgungsverrechnung. Urteil des LG Stuttgart vom 30. 9. 1986 (nicht rechtskräftig), in Sparkasse 1986, S. 556-558

— Grundsatzentscheidung des BGH zu Zinsänderungsklauseln in Kreditverträgen, in Sparkasse 1986, S. 318-320

— Grundsatzentscheidung Urteil des Bundesgerichtshofs zur Verzugszins-Regelung bei Krediten, in Sparkasse 1986, S. 121-122

Strauch, Max: Bankpraxis. Aufbau und Überwachung des Filialbetriebes. Kreditgewährung — Bilanzkunde — Kreditsicherung — Wichtige Gesetzesbestimmungen — Filialbuchhaltung — Bankgeschäftliche Formulare und anderes, 2. Auflage, Stuttgart, 1921

Stübing, Jürgen: Tatsachenbestätigungen und Fiktionen in AGB, in NJW 1978, S. 1606-1611

Stuetzel, Wolfgang: Das Mark-gleich-Mark-Prinzip und unsere Wirtschaftsordnung: über den sogenannten Nominalismus, insbesondere im Schuld- und Steuerrecht. Schriften zur monetären Ökonomie, (Hrsg) Duwendag, Dieter, Band 7, 1. Auflage, Baden-Baden, 1979

Stützle, Rudolf: Anmerkung zum Urteil des BGH vom 6. 3. 1986 — III ZR 195/84 (München), in WuB I E 1. — 13.86

Szagunn, Volkart: Bedingungen und Bezugsgrößen in Wertsicherungsklauseln, in BB 1959, S. 205-207

Szagunn, Volkart/*Wohlschiess*, Karl: Gesetz über das Kreditwesen, Kommentar, 4. neubearbeitete und erweiterte Auflage, Stuttgart, Berlin, Köln, Mainz, 1986

Terpitz, Werner: Kündigungsklauseln in den Hypothekarkreditverträgen der Kreditinstitute, Festschrift für Johannes Bärmann, zum 70. Geburtstag, (Hrsg) Lutter, Marcus, Kollhosser, Helmut, Trusen, Winfried, S. 953-967, München, 1975

Thamm, Manfred: Beweislastregeln in Allgemeinen Geschäftsbedingungen, in BB 1971, S. 292-294

Thiele, Wolfgang: Anmerkung zum Urteil des BGH vom 30. 9. 1970 — V ZR 39/70 (OLG Düsseldorf), JZ 1971, S. 291, in JZ 1971, S. 292-294

Trinkner, Reinhold: Vorschlag einer Generalklausel zu den Allgemeinen Geschäftsbedingungen (Inhaltskontrolle), in BB 1973, S. 1501-1502

— Anmerkung zum BGH-Urteil vom 18. 5. 1983, VIII ZR 20/82, (BB 1983, S. 921), in BB 1983, S. 924-925

— Anmerkung zum Urteil des OLG's Düsseldorf vom 16. 9. 1983, 25 U 110/83, in BB 1983, S. 2014

Trinkner, Reinhold/*Wolfer*, Maria: Nachträgliche Tilgungsverrechnung bei Annuitäten-Darlehen, in BB 1987, 425-428

Trost, E./*Schütz*, Wilhelm: Bankgeschäftliches Formularbuch, 15. Ausgabe, Berlin, 1960

Ulmer, Peter: Teilunwirksamkeit von teilweise unangemessenen AGB-Klauseln zum Verhältnis von geltungserhaltender Reduktion und ergänzender Vertragsauslegung, in NJW 1981, S. 2025-2033

— Der Kaufpreis für Neuwagen bei Unwirksamkeit der Tagespreisklausel. Vertragsrechtliche Auswirkungen des BGH-Urteils vom 7. 10. 1981, in BB 1982, S. 1125-1132

Ulmer, Peter/*Brandner*, Hans Erich/*Hensen*, Horst-Diether/*Schmidt*, Harry: AGB-Gesetz. Kommentar zum Gesetz zur Regelung des Rechts der Allgemeinen Geschäftsbedingungen, 5. völlig überarbeitete und wesentlich erweiterte Auflage, Köln, 1987

Ulrich, Franz Heinrich: Eigenkapital und Kreditgewährung, in: Geld, Kapital und Kredit, Festschrift zum 70. Geburtstag von Heinrich Rittershausen, S. 171-181, (Hrsg) Büschgen, Hans E., Stuttgart, 1968

Vahlens Großes Wirtschaftslexikon: (Hrsg) Dichtl, Erwin und Issing, Otmar. Band 2, L-Z, München, 1987

Vallenthin, Wilhelm: Rechtsgrundlagen des Bankgeschäfts, Frankfurt a. M., 1974

Vollkommer, Max: Anmerkung zu BAG AP Nr. 13 zu § 315 BGB, in AP 1972, H. 5/6, Bl. 195-200, Hueck-Nipperdey-Dietz, Nachschlagewerk des BAG — Arbeitsrechtliche Praxis, München und Berlin, 1972

Wassner, Fernando: Schizophrenie, ZIP Kolumne, in ZIP 1986, S. 683

Werhahn, Jürgen/*Schebesta*, Michael: Die neuen Bankbedingungen. Erläuterte Textausgabe der Allgemeinen Geschäftsbedingungen nebst Sonderbedingungen. (Schriftenreihe „Das Bankrecht"; Bd. 1, Wiesbaden, 1980, und Ergänzung zur AGB-Novelle 1984, Wiesbaden, 1985

Westermann, Harm Peter: Recht und Wirtschaft in Geschichte und Gegenwart. Festschrift für Johannes Bärmann zum 70. Geburtstag, in AcP 176 S. 535-539

Westphalen, Friedrich Graf von: Die AGB der Privatbanken im Licht der jüngsten Judikatur und Literatur, in WM 1980, S. 1406-1427

— Die Banken — AGB in Rechtsprechung und Literatur — eine Übersicht, in WM 1984, S. 2-18

— Grundschulddarlehen — Kontrollkriterien des AGBG, in ZIP 1984, S. 1-10

Wilhelm, Jochen: Die Bereitschaft der Banken zur Risikoübernahme im Bankgeschäft, in KuK 1982, S. 572-601

Wolf, Eckhard: Die neuere Rechtsprechung des BGH's zum Kreditgeschäft, in WM 1981, S. 110-118

Wolf, Manfred: Preisanpassungsklauseln in Allgemeinen Geschäftsbedingungen unter Kaufleuten, in ZIP 1987, S. 341-353

Wolf, Manfred/*Horn*, Norbert/*Lindacher*, Walter: AGB-Gesetz. Gesetz zur Regelung des Rechts der Allgemeinen Geschäftsbedingungen. Kommentar, München, 1984

Wondrak, Bernhard: Zur Steuerung des Zinsänderungsrisikos in Kreditinstituten, in KuK 1986, S. 401-416

Zahn, Johannes: Die deutsche Bank- und Kreditgesetzgebung, Berlin und Leipzig, 1937

Zimmerer, Carl: Zinsbestandteile, in Kreditwesen, 1985, S. 21-23

Zöller, Richard: Zivilprozeßordnung mit Gerichtsverfassungsgesetz und den Einführungsgesetzen, mit Internationalem Zivilprozeßrecht, Kostenanmerkungen. Begründet von: Zöller, Richard. Bearbeitet von: Geimer, Reinhold, Schneider, Egon, Gummer, Peter, Stephan, Dieter, Mühlbauer, Josef, Stöber, Kurt, Philippi, Peter, Vollkommer, Max. 15. neubearbeitete Aufl., Köln, 1987

Zoller, Edgar: Voraussetzungen und Rechtsnatur deklaratorischer AGB im Sinne des § 8 AGBG, in BB 1987, S. 421-425

FSC
www.fsc.org
MIX
Papier | Fördert gute Waldnutzung
FSC® C083411

Kolibri 360 GmbH
Ferdinand-Jühlke-Straße 7
99095 Erfurt, Deutschland
produktsicherheit@kolibri360.de

Druck:
CPI Druckdienstleistungen GmbH
im Auftrag der
Kolibri 360 GmbH
Ferdinand-Jühlke-Str. 7
99095 Erfurt